Philosophie für den Alltag

ARTHUR SCHOPENHAUER

Philosophie für den Alltag

# ARTHUR SCHOPENHAUER

*

*Ausgewählt von Hans Joachim Hoof*
*Mit einem Vorwort von Thomas Hoof*

MANUSCRIPTUM

ISBN 978-3-933497-30-7


Gestaltung: Helmut Pöppel, Peiting
Umschlaggestaltung: Achim Schmidt, Waltrop
3. Auflage 2008

# Inhaltsverzeichnis

*»Im unendlichen Raum zahllose leuchtende Kugeln, um jede von welchen etwan ein Dutzend kleinerer, beleuchteter sich wälzt, die inwendig heiß, mit erstarrter, kalter Rinde überzogen sind, auf der ein Schimmelüberzug lebende und erkennende Wesen erzeugt hat – dies ist die empirische Wahrheit, das Reale, die Welt.«*

Arthur Schopenhauer

## Schopenhauer als Lebenslehrer?

Kann man Lebenskunst von jemandem lernen, der das Leben für etwas hält, was besser nicht wäre, für den Glück und Genuß eine nur aus der Ferne sichtbare Fata Morgana und einzig Leid und Schmerz Realitäten sind?

Es ist häufig darauf hingewiesen worden, daß Schopenhauers Philosophie doppelbödig ist: Hinter der im Großen und Kleinen pessimistischen Weltsicht baut sich, überraschend, eine ganz pragmatische Haltung des »Dennoch« auf, ein achselzuckendes »Wenn auch«, mit dem, wer an Schopenhauer geschult ist, sich rüstet, das Leben zu bewältigen, das einem eben nicht zum Genuß gegeben ist, sondern als ein zu erledigendes Pensum auferlegt wurde.

Das Mittel dazu ist Philosophie im ursprünglichen Sinn, die Fähigkeit, alles um einen herum immer wieder als befremdlich, merkwürdig und wundernswert wahrzunehmen. Es ist, wie Georg Simmel in bezug auf Schopenhauer sagte, eine »Philosophie von innen« (zu der man offenbar nicht auf akademischem Wege und durch die Teilnahme an Kongressen kommt, sondern eher dadurch, daß man viel mit seinem Pudel spazierengeht). Sie erlaubt es, ein kurzes Stück zurückzutreten, kurzzeitig herabzusteigen von der Bühne des Theatrum mundi, um dann – Pflicht ist Pflicht – doch wieder mitzuspielen, aber mit vermehrter Gelassenheit und der ironischen Reserve zur Welt und zu sich selbst, die in der Distanz gewonnen wurde. Diese Fähigkeit, nicht mehr nur Mitspieler, sondern auch Zuschauer, lachhafte Bühnenperson und lächelnder Beobachter gleichzeitig zu sein, verhilft zu einer »entspannten« Welthaltung, die ihrerseits aber offenbar auch Kraft verleiht und handlungsfähig macht: Nicht von ungefähr ist ausgerechnet Schopenhauer, der Philosoph der Willensverneinung, in indirekter Linie Urahn der meisten Methodiken und Selbstmanagement-Lehren unserer Zeit, die ja alle von dem Schopenhauerianer Viktor Großmann rechtlich oder zumindest geistig lizensiert sind.
Manchmal scheint es, als sei die Lebenslehre Schopenhauers erst heute ganz und gar zeitgenössisch gewor-

den: Das Glück (mit seinen trivialen Unterabteilungen persönliche Freiheit, Selbstverwirklichung, Erlebnis, Spaß) wird im 20. Jahrhundert als etwas empfunden, auf das man ein Bezugsrecht habe, und demzufolge mit geradezu berserkerhafter Wut eingeklagt. Stets zu haben, weil zu kaufen, ist es aber natürlich allenfalls in seinen Kümmerformen Zerstreuung, Unterhaltung, Spaß und Quietsch-Vergnügtheit, die aber dann epidemisch wieder in bohrende Langeweile, bodenlose Tristesse und jenes namenlose Unglück umkippen, das Therapeuten und Suchtberatern so mächtig viel zu tun gibt. Schopenhauer hatte übrigens eindringlich gewarnt: Um unglücklich zu werden, sei das sicherste Mittel, daß man verlange, dauernd glücklich zu sein. Eine »stille, heitere Gemütsruhe« sei das Äußerste, was an »Glück« erreichbar sei, indem man nicht allzu viel erwarte und vor allem aus sich selbst heraus lebe.

Ganz unnötig also, daß der grimmige Frankfurter Philosoph von allen auf Heiterkeit Bedachten als jemand gefürchtet wird, der die Stimmung verdirbt. Es gibt eben auch eine Heiterkeit außerhalb der – mit schrillem Schrei nach unten ziehenden – Spaßvogelschwärme.

Wilhelm Busch und Wilhelm Raabe – die großen deutschen Humoristen des 19. Jahrhunderts – waren beide Schopenhauerianer, und Theodor Fontane lernte von dem Meister: *»Man kann seinen Pessimismus auch … auf*

*Heiterkeit abrichten. Mehr, man kann auch wirklich wieder heiter dabei werden ... Man erkennt zuletzt in allem ein Gesetz, überzeugt sich, daß es nie anders war, und findet für sich persönlich sein Genüge in Arbeit und Pflichterfüllung. Das Den-Dingen-scharf-ins-Gesicht-Sehn ist nur momentan schrecklich; bald gewöhnt man sich nicht nur daran, sondern findet in der gewonnenen Erkenntnis ... eine nicht geringe Befriedigung.«*

Thomas Hoof

# Editorische Notiz

Schopenhauers Philosophie und Denken zerlegt in alphabetische Brosamen von *Abhärtung* bis *Zukunft* aus einem Gesamtwerk von einigen tausend Seiten. Darüber hinaus haben wir behutsame Eingriffe in Orthographie und Interpunktion Schopenhauers vorgenommen. Ein bedrohliches Sakrileg, denn Schopenhauer selbst war es, der über all jene, die es wagen sollten, Hand an sein Werk zu legen, den Fluch verhängte: *»Erfüllt mit Indignation über die schändliche Verstümmelung der deutschen Sprache, welche, durch die Hände mehrerer Tausende schlechter Schriftsteller und urtheilsloser Menschen, seit einer Reihe von Jahren, mit eben so viel Eifer wie Unverstand, methodisch und con amore, betrieben wird, sehe ich mich zu folgender Erklärung genöthigt: Meinen Fluch über Jeden, der, bei künftigen Drucken meiner Werke, irgend etwas daran wissentlich ändert, sei es eine Periode, oder auch nur ein Wort, eine Silbe, ein Buchstabe, ein Interpunktionszeichen.«*

Über Schopenhauers z. T. eigenwillige Rechtschreibung und Zeichensetzung ist schon häufig lamentiert worden. Unter den Herausgebern seiner Werke ist deswegen mancher philologische Streit entbrannt, der hier nicht weiter erörtert werden soll. Wir wollen dem ungeübten Schopenhauer-Leser die Themenvielfalt dieses großen Philosophen näherbringen und haben nicht zuletzt deshalb Rechtschreibung und Interpunktion den heutigen Regeln vorsichtig angeglichen. Die Wahl der Stichwörter ergab sich teilweise direkt aus dem Text, in den übrigen Fällen haben wir versucht, den Inhalt sinnentsprechend aufzuschlüsseln.

Schopenhauer war ein eifriger Benutzer fremdsprachiger Zitate. Um dem Leser das lästige Nachschlagen der Übersetzungen im Anhang zu ersparen, findet er diese gleich im Anschluß an das jeweilige Zitat.

Unserer Auswahl liegt die von Ludger Lütkehaus im Haffmans Verlag herausgegebene fünfbändige Ausgabe zugrunde, die wir dem Leser zur weiteren Beschäftigung nur wärmstens empfehlen können. Außerdem haben wir den von A. Hübscher edierten handschriftlichen Nachlaß benutzt, der leider vergriffen ist.

## Abhärtung

Man härte sich dadurch ab, daß man dem Körper, sowohl im ganzen wie in jedem Teile, solange man gesund ist, recht viel Anstrengung und Beschwerde auflege und sich gewöhne, widrigen Einflüssen jeder Art zu widerstehen. Sobald hingegen ein krankhafter Zustand, sei es des Ganzen, oder eines Teiles, sich kundgibt, ist sogleich das entgegengesetzte Verfahren zu ergreifen und der kranke Leib oder Teil desselben auf alle Weise zu schonen und zu pflegen: Denn das Leidende und Geschwächte ist keiner Abhärtung fähig.

## Abrichtung

Sogar an ABRICHTUNGSFÄHIGKEIT übertrifft der Mensch alle Tiere. Die Moslem sind abgerichtet, fünfmal des Tages, das Gesicht gegen Mekka gerichtet, zu beten: tun es unverbrüchlich. Christen sind abgerichtet, bei gewissen Gelegenheiten ein Kreuz zu schlagen, sich zu verneigen u. dgl.; wie denn überhaupt die Religion das rechte Meisterstück der Abrichtung ist, nämlich die Abrichtung der Denkfähigkeit; daher man bekanntlich nicht früh genug damit anfangen kann. Es gibt keine Absurdität, die so handgreiflich wäre, daß man sie nicht allen Menschen fest in den Kopf setzen könnte, wenn man nur schon vor ihrem sechsten Jahre anfinge, sie ihnen einzuprägen, indem man unablässig und mit feierlichstem Ernst sie ihnen vorsagte. Denn, wie die Abrichtung der Tiere, so gelingt auch die des Menschen nur in früher Jugend vollkommen.

*

Unsere Höflichkeitsbezeugungen und Komplimente, besonders die respektvollen Attentions gegen die Damen, beruhen auf Abrichtung, unsere Achtung vor Geburt, Stand und Titel desgleichen. Ebenso unser abgemessen stufenweises Übelnehmen gegen uns gerichteter Äußerungen: Engländer sind abgerichtet, den Vorwurf, daß sie keine *gentlemen* seien, noch mehr aber den der Lüge, Franzosen den der Feigheit *(lâche)*, Deutsche den der Dummheit für ein todeswürdiges Verbrechen zu halten usw. – Viele Leute sind zu einer unverbrüchlichen Ehrlichkeit in einer Art abgerichtet, während sie in allen übrigen wenig davon aufzuweisen haben. So stiehlt mancher kein Geld, aber alles unmittelbar Genießbare. Mancher Kaufmann betrügt ohne Skrupel; aber stehlen würde er schlechterdings nicht.

## Abstammung des Menschen

Wenn die NATUR DEN LETZTEN SCHRITT bis zum Menschen, statt vom AFFEN aus, vom HUNDE oder ELEFANTEN aus genommen hätte, wie ganz anders wäre da der Mensch. Er wäre ein vernünftiger Elefant oder vernünftiger Hund, statt daß er jetzt ein vernünftiger Affe ist. Sie nahm ihn vom Affen aus, weil es der kürzeste [Schritt] war; aber durch eine kleine Änderung ihres früheren Ganges wäre er von einer andern Stelle aus kürzer geworden.

### Achtung vor dem Alter

Die Achtung vor dem Alter scheint darauf zu beruhen, daß die Ehre junger Leute zwar als Voraussetzung angenommen, aber noch nicht erprobt ist, daher eigentlich auf Kredit besteht. Bei den Älteren aber hat es sich im Laufe des Lebens ausweisen müssen, ob sie durch ihren Wandel ihre Ehre behaupten konnten. Denn weder die Jahre an sich, als welche auch Tiere, und einige in viel höherer Zahl, erreichen, noch auch die Erfahrung als bloße, nähere Kenntnis vom Laufe der Welt sind hinreichender Grund für die Achtung der Jüngeren gegen die Älteren, welche doch überall gefordert wird: Die bloße Schwäche des höheren Alters würde mehr auf Schonung als auf Achtung Anspruch geben. Merkwürdig aber ist es, daß dem Menschen ein gewisser Respekt vor weißen Haaren angeboren und daher wirklich instinktiv ist. Runzeln, ein ungleich sichereres Kennzeichen des Alters, erregen diesen Respekt keineswegs: Nie wird von ehrwürdigen Runzeln, aber stets vom ehrwürdigen weißen Haare geredet.

## Affekte

Der WILLE als das Ding an sich ist der gemeinsame Stoff aller Wesen, das durchgängige Element der Dinge: Wir haben ihn sonach mit allen und jedem Menschen, ja, mit den Tieren und sogar noch weiter abwärts gemein. In ihm als solchem sind wir sonach jedem gleich, sofern alles und jedes vom Willen erfüllt ist und davon strotzt. Dagegen ist das, was Wesen über Wesen, Mensch über Mensch erhebt, die Erkenntnis. Deshalb sollten unsere Äußerungen, soviel als möglich, sich auf sie beschränken, und nur sie sollte hervortreten. Denn der WILLE als das durchaus Gemeinsame ist eben auch DAS GEMEINE. Demgemäß ist jedes heftige Hervortreten desselben GEMEIN; d. h. es setzt uns herab zu einem bloßen Beispiele und Exemplare der Gattung, denn wir zeigen alsdann eben nur den Charakter derselben. Gemein daher ist aller Zorn, unbändige Freude, aller Haß, alle Furcht, kurz, jeder Affekt, d. h. jede Bewegung des Willens, wann sie so stark wird, daß sie im Bewußtsein das Erkennen entschieden überwiegt und den Menschen mehr als ein wollendes denn als ein erkennendes Wesen erscheinen läßt. Einem solchen Affekte hingegeben, wird das größte Genie dem gemeinsten Erdensohne gleich. Wer hingegen schlechthin ungemein, also groß sein will, darf nie die überwiegenden Bewegungen des Willens sein Bewußtsein ganz einnehmen lassen, wie sehr auch er dazu sollicitiert werde. Er muß z. B. die gehässige Gesinnung der andern wahrnehmen können, ohne die seinige dadurch erregt zu fühlen: Ja, es gibt kein sichereres Merkmal der Größe, als kränkende oder beleidigende Äußerungen unbeachtet hingehn zu lassen, indem man sie, eben wie unzählige andere Irrtümer, der schwachen Erkenntnis des Redenden ohne weiteres zuschreibt und daher sie bloß wahrnimmt, ohne sie zu empfinden.

## Affektiertheit

Für *stile empesé [stocksteifer Stil]* findet man im Deutschen keinen genau entsprechenden Ausdruck; desto häufiger aber die Sache selbst. Wenn mit Preziosität verbunden, ist er in Büchern, was im Umgange die affektierte Gravität, Vornehmigkeit und Preziosität, und ebenso unerträglich. Die Geistesarmut kleidet sich gern darin wie im Leben die Dummheit in die Gravität und Formalität. Wer preziös schreibt, gleicht dem, der sich herausputzt, um nicht mit dem Pöbel verwechselt und vermengt zu werden; eine Gefahr, welche der *Gentleman,* auch im schlechtesten Anzuge, nicht läuft. Wie man daher an einer gewissen Kleiderpracht und dem *tiré à quatre épingles [wörtl.: mit vier Stecknadeln befestigt; geschniegelt und gebügelt]* den Plebejer erkennt, so am preziösen Stil den Alltagskopf.

## Alltagsköpfe

Was den leidigen Alltagsköpfen, von denen die Welt vollgepfropft ist, eigentlich abgeht, sind zwei nahe verwandte Fähigkeiten, nämlich die, zu urteilen, und die, eigene Gedanken zu haben. Aber beide fehlen ihnen in einem Grade, von welchem, wer nicht zu ihnen gehört, sich nicht leicht einen Begriff macht und eben deshalb auch nicht von der Trübseligkeit ihrer Existenz.

## Alltagsmensch

Der Alltagsmensch scheut die körperliche, aber noch mehr die geistige Anstrengung; darum ist er so unwissend, so gedankenlos und so urteilslos.

## Alter

Der Grundcharakterzug des höhern Alters ist das Enttäuschtsein: Die Illusionen sind verschwunden, welche bis dahin dem Leben seinen Reiz und der Tätigkeit ihren Sporn verliehen; man hat das Nichtige und Leere aller Herrlichkeiten der Welt, zumal des Prunkes, Glanzes und Hoheitsscheins erkannt; man hat erfahren, daß hinter den meisten gewünschten Dingen und ersehnten Genüssen gar wenig steckt und ist so allmählich zu der Einsicht in die große Armut und Leere unsers ganzen Daseins gelangt.

*

Wie dem auch sei, die Jugend ist die Zeit der Unruhe, das Alter die der Ruhe; schon hieraus ließe sich auf ihr beiderseitiges Wohlbehagen schließen. Erst im späteren Alter erlangt der Mensch ganz eigentlich das horazische *nil admirari [nichts bewundern]*, d.h. die unmittelbare, aufrichtige und feste Überzeugung von der Eitelkeit aller Dinge und der Hohlheit aller Herrlichkeiten der Welt; die Chimären sind verschwunden. Er wähnt nicht mehr, daß irgendwo, sei es im Palast oder der Hütte, eine besondere Glückseligkeit wohne, eine größerc, als im wesentlichen auch er überall genießt, wenn er von leiblichen oder geistigen Schmerzen eben frei ist. Das Große und das Kleine, das Vornehme und Geringe nach dem Maßstab der Welt sind für ihn nicht mehr unterschieden. Dies gibt dem Alten eine besondere Gemütsruhe, in welcher er lächelnd auf die Gaukeleien der Welt herabsieht. Er ist vollkommen enttäuscht und weiß, daß das menschliche Leben, was man auch tun mag, es herauszuputzen und zu behängen, doch bald durch allen solchen Jahrmarktsflitter in seiner Dürftigkeit durchscheint und, wie man es auch färbe und schmücke, doch überall im wesentlichen dasselbe ist, ein Dasein, dessen wahrer Wert jedesmal nur nach der Abwesenheit der Schmerzen, nicht nach der Anwesenheit der Genüsse, noch weniger des Prunkes zu schätzen ist.

*

Wenn man auch noch so alt wird, so fühlt man doch im Innern sich ganz und gar als denselben, der man war, als man jung, ja, als man noch ein Kind war.

*

Die Heiterkeit und der Lebensmut unserer Jugend beruht zum Teil darauf, daß wir, bergauf gehend, den Tod nicht sehen, weil er am Fuß der anderen Seite des Berges liegt. Haben wir aber den Gipfel überschritten, dann werden wir des Todes, welchen wir bis dahin nur vom Hörensagen kannten, wirklich ansichtig, wodurch, da zu derselben Zeit die Lebenskraft zu ebben beginnt, auch der Lebensmut sinkt, so daß jetzt ein trüber Ernst den jugendlichen Übermut verdrängt und auch dem Gesichte sich aufdrückt. Solange wir jung sind, man mag uns sagen, was man will, halten wir das Leben für endlos und gehen danach mit der Zeit um. Je älter wir werden, desto mehr ökonomisieren wir unsere Zeit. Denn im späteren Alter erregt jeder verlebte Tag eine Empfindung, welche der verwandt ist, die bei jedem Schritt ein zum Hochgericht geführter Delinquent hat.

*

Die zweite Hälfte des Lebens wie die zweite Hälfte einer musikalischen Periode enthält weniger Strebsamkeit, aber mehr Beruhigung als die erste, welches überhaupt darauf beruht, daß man in der Jugend denkt, in der Welt sei wunder was für Glück und Genuß anzutreffen, nur schwer dazu zu gelangen, während man im Alter weiß, daß da nichts zu holen ist, also, vollkommen darüber beruhigt, eine erträgliche Gegenwart genießt und sogar an Kleinigkeiten Freude hat.

*

Das Leben in den Jahren des Alters gleicht dem fünften Akt eines Trauerspiels: Man weiß, daß ein tragisches Ende nahe ist, aber man weiß noch nicht, welches es sein wird. Allerdings hat man, wenn man alt ist, nur noch den Tod vor sich; aber wenn man jung ist, hat man das Leben vor sich, und es fragt sich, welches von beiden bedenklicher sei und ob nicht, im ganzen genommen, das Leben eine Sache sei, die es besser ist, hinter sich als vor sich zu haben.

*

Die Abnahme der Körperkräfte schadet wenig, wenn man ihrer nicht zum Erwerbe bedarf. Armut im Alter ist ein großes Unglück. Ist diese gebannt und die Gesundheit geblieben, so kann das Alter ein sehr erträglicher Teil des Lebens sein. Bequemlichkeit und Sicherheit sind seine Hauptbedürfnisse: Daher liebt man im Alter noch mehr als früher das Geld, weil es den Ersatz für die fehlenden Kräfte gibt. Von der Venus entlassen, wird man gern eine Aufheiterung beim Bacchus suchen.

## Altersweisheit

In der Jugend herrscht die Anschauung, im Alter das Denken vor: Daher ist jene die Zeit für Poesie, dieses mehr für Philosophie. Auch praktisch läßt man sich in der Jugend durch das Angeschaute und dessen Eindruck, im Alter nur durch das Denken bestimmen. Zum Teil beruht dies darauf, daß erst im Alter anschauliche Fälle in hinlänglicher Anzahl dagewesen und den Begriffen subsumiert worden sind, um diesen volle Bedeutung, Gehalt und Kredit zu verschaffen und zugleich den Eindruck der Anschauung durch die Gewohnheit zu mäßigen. Hingegen ist in der Jugend, besonders auf lebhafte und phantasiereiche Köpfe, der Eindruck des Anschaulichen, mithin auch der Außenseite der Dinge, so überwiegend, daß sie die Welt ansehn als ein Bild; daher ihnen hauptsächlich angelegen ist, wie sie darauf figurieren und sich ausnehmen – mehr, als wie ihnen innerlich dabei zumute sei. Dieses zeigt sich schon in der persönlichen Eitelkeit und Putzsucht der Jünglinge.

## Altruismus

Ein Mensch, der vermöge seines Charakters den Bestrebungen anderer nicht gern hinderlich, vielmehr, soweit er füglich kann, günstig und förderlich ist, der also andere nicht verletzt, vielmehr ihnen, wo er kann, Hilfe und Beistand leistet, wird von ihnen, in ebenderselben Rücksicht ein GUTER MENSCH genannt, mithin der Begriff gut von demselben relativen, empirischen und im passiven Subjekt gelegenen Gesichtspunkte aus auf ihn angewandt. Untersuchen wir nun aber den Charakter eines solchen Menschen nicht bloß in Hinsicht auf andere, sondern an sich selbst, so wissen wir, daß eine ganz unmittelbare Teilnahme am Wohl und Wehe anderer, als deren Quelle wir das Mitleid erkannt haben, es ist, aus welcher die Tugenden der Gerechtigkeit und Menschenliebe in ihm hervorgehen. Gehen wir aber auf das Wesentliche eines solchen Charakters zurück, so finden wir es unleugbar darin, DASS ER WENIGER ALS DIE ÜBRIGEN EINEN UNTERSCHIED ZWISCHEN SICH UND ANDERN MACHT. Dieser UNTERSCHIED ist in den Augen des boshaften Charakters so groß, daß ihm fremdes Leiden unmittelbar Genuß ist, den er deshalb ohne weitern eigenen Vorteil, ja, selbst diesem entgegen, sucht. Derselbe UNTERSCHIED ist in den Augen des Egoisten noch groß genug, damit er, um einen kleinen Vorteil für sich zu erlangen, großen Schaden anderer als Mittel gebrauche. Diesen beiden ist also zwischen dem ICH, welches sich auf ihre eigene Person beschränkt, und dem NICHT-ICH, welches die übrige Welt begreift, eine weite Kluft, ein mächtiger UNTERSCHIED: *Pereat mundus, dum ego salvus sim [Mag die Welt zugrunde gehen, solange ich nur erhalten bin]*, ist ihre Maxime. Dem guten

Menschen hingegen ist dieser UNTERSCHIED keineswegs so groß, ja, in den Handlungen des Edelmuts erscheint er als aufgehoben, indem hier das fremde Wohl auf Kosten des eigenen befördert, also das fremde Ich dem eigenen gleichgesetzt wird: und wo VIELE andere zu retten sind, wird das eigene Ich ihnen gänzlich zum Opfer gebracht, indem der einzelne für viele sein Leben hingibt.

### Altwerden

Je älter man wird, desto weniger SPUREN läßt, was man sieht, tut und erlebt, IM GEISTE ZURÜCK, denn es macht keinen Eindruck mehr: Man ist abgestumpft; daher hat die Zeit unsres LEBENS eine beschleunigte Bewegung wie eine herabrollende Kugel: Die Tage werden immer unbedeutender und dadurch kürzer. – Große Wahrheiten lassen sich nur erschauen, nicht errechnen, d. h. sie werden durch den Eindruck hervorgerufen: Und dieser eben nimmt so sehr ab in der zweiten Hälfte des Lebens. Daher ist die Jugend die befruchtende Zeit, der Frühling des Geistes, und von ihrer Benutzung hängt alles ab. – Im spätern Alter können wir mehr auf andre, auf die Welt, wirken, weil wir vollendet sind und nicht mehr dem Eindruck angehören; aber die Welt wirkt weniger auf uns. Es ist die Zeit des Tuns, nicht des Erkennens.

## Anpassung

Keiner kann ÜBER sich sehn. Hiermit will ich sagen: Jeder sieht am andern nur so viel, als er selbst auch ist; denn er kann ihn nur nach Maßgabe seiner eigenen Intelligenz fassen und verstehn. Ist nun diese von der niedrigsten Art, so werden alle Geistesgaben, auch die größten, ihre Wirkung auf ihn verfehlen und er an dem Besitzer derselben nichts wahrnehmen als bloß das Niedrigste in dessen Individualität, also nur dessen sämtliche Schwächen, Temperaments- und Charakterfehler. Daraus wird er für ihn zusammengesetzt sein. Die höheren geistigen Fähigkeiten desselben sind für ihn so wenig vorhanden wie die Farbe für den Blinden. Denn alle Geister sind dem unsichtbar, der keinen hat, und jede Wertschätzung ist ein Produkt aus dem Werte des Geschätzten mit der Erkenntnissphäre des Schätzers. Hieraus folgt, daß man sich mit jedem, mit dem man spricht, nivelliert, indem alles, was man vor ihm voraushaben kann, verschwindet und sogar die dazu erforderte Selbstverleugnung völlig unerkannt bleibt. Erwägt man nun, wie durchaus niedrig gesinnt und niedrig begabt, also wie durchaus gemein die meisten Menschen sind, so wird man einsehn, daß es nicht möglich ist, mit ihnen zu reden, ohne auf solche Zeit (nach Analogie der elektrischen Verteilung) selbst GEMEIN zu werden, und dann wird man den eigentlichen Sinn und das Treffende des Ausdrucks »sich gemein machen« gründlich verstehn, jedoch auch gern jede Gesellschaft meiden, mit welcher man nur mittelst der *partie honteuse [Schändlichkeit]* seiner Natur kommunizieren kann. Auch wird man einsehn, daß Dummköpfen und Narren gegenüber es nur einen Weg gibt, seinen Verstand an den Tag zu legen, und der ist, daß man mit ihnen nicht redet. Aber freilich wird alsdann in der Gesellschaft manchem bisweilen zumute sein wie einem Tänzer, der auf einen Ball gekommen wäre, wo er lauter Lahme anträfe: Mit wem soll er tanzen?

## Anschauung

Begriffe mit Begriffen vergleichen – das können sie alle so ziemlich, aber BEGRIFFE MIT ANSCHAUUNGEN VERGLEICHEN ist eine Gabe der Auserwählten: Sie bedingt, je nach dem Grade ihrer Vollkommenheit, Witz, Urteilskraft, Scharfsinn, Genie. Bei der ersteren Fähigkeit aber kommt nie viel heraus als etwa vernünftige Betrachtungen.

## Arbeit

Die Arbeit, Not, Mühe des Lebens sind Vorhänge, welche uns sonst jene Leere verbergen: Wir strengen uns unablässig an, um solche wegzuschaffen, überzeugt, dahinter stecke das Eldorado, und sie nur seien uns im Wege. Sind sie weggeschafft, so zeigt sich uns die Basis des Lebens, der dürre Sand, auf dem alles ruht, die unverhüllte Leere, das Nichts ohne weitre Entschuldigung. Wir gleichen dem Affen, der nach zwanzig abgewickelten Papieren einen Stein gefunden hat. Nun schaffen wir, nach Wegräumung der ursprünglichen, neue künstliche Vorhänge an, drapieren sie so perplex als möglich, daß man immer viel Beschäftigung finde, ehe man zum Leeren durchdringe: Mit diesen Vorhängen meine ich die Belustigungen und Zerstreuungen aller und jeder Art. Aber sie sind eine dürftige Hülle: Wer sie braucht, weiß schon, daß dahinter sowenig als davor steckt; die Leere schimmert immer durch.

*

Tätigkeit, etwas treiben oder nur lernen ist zum Glück des Menschen notwendig. Er will seine Kräfte in Tätigkeit setzen und den Erfolg dieser Tätigkeit irgendwie wahrnehmen. (Vielleicht weil es ihm dafür bürgt, daß seine Bedürfnisse durch seine Kräfte gedeckt werden können.) – Darum fühlt man sich auf langen Vergnügungsreisen dann und wann sehr unglücklich. – Sich zu mühen und mit Widerstand zu kämpfen ist das wesentlichste Bedürfnis der menschlichen Natur: Der Stillstand, der allgenugsam wäre im ruhigen Genuß, ist ihm etwas Unmögliches; Hindernisse überwinden ist der vollste

Genuß seines Daseins: Es gibt für ihn nichts Besseres. Diese Hindernisse mögen nun materieller Art sein, wie beim Handeln und Treiben, oder geistiger Art, wie beim Lernen und Forschen: Der Kampf mit ihnen und der Sieg über sie ist der Vollgenuß seines Daseins. Fehlt ihm die Gelegenheit dazu, so macht er sie, wie er kann: Unbewußt treibt ihn dann seine Natur, entweder Händel zu suchen oder Intrigen anzuspinnen oder Gaunereien und sonst Schlechtigkeiten: nach Umständen.

*

Die große Mehrzahl der Menschen muß notwendig der schweren körperlichen Arbeit obliegen, die zur Herbeischaffung des endlosen Bedarfs des ganzen Geschlechts unerläßlich erfordert ist; nicht nur läßt dies keine Zeit zur Bildung, zum Lernen, zum Nachdenken, sondern, vermöge des entschiedenen Antagonismus zwischen Irritabilität und Sensibilität stumpft die viele und angestrengte körperliche Arbeit den Geist ab, macht ihn schwer, plump, ungelenk und daher unfähig, andere als ganz einfache und palpable Verhältnisse zu fassen. Unter diese Kategorie nun aber fallen wenigstens neun Zehntel des Menschengeschlechts.

## Ärger

Von zehn Dingen, die uns ärgern, würden neun es nicht vermögen, wenn wir sie recht gründlich aus ihren Ursachen verständen und daher ihre Notwendigkeit oder ihre wahre Beschaffenheit einsähen; und dies würden wir viel öfter, wenn wir sie früher zum Gegenstand der Überlegung als des Verdrusses machten.

### Argumente

Wer gute Gründe seines Gegners nicht gelten läßt, beweist einen entweder direkt schwachen oder durch die Herrschaft des eigenen Willens unterdrückten, also indirekt schwachen Verstand: Daher soll man nur, wo etwa Amt und Pflicht es heischen, mit einem solchen sich herumhetzen.

### Askese

Der innere Geist und Sinn des echten Klosterlebens, wie der Askese überhaupt, ist dieser, daß man sich eines bessern Daseins, als unseres ist, würdig und fähig erkannt hat und diese Überzeugung dadurch bekräftigen und erhalten will, daß man, was diese Welt bietet, verachtet, alle ihre Genüsse als wertlos von sich wirft und nun das Ende dieses, seines eitlen Köders beraubten Lebens mit Ruhe und Zuversicht abwartet, um einst die Stunde des Todes als die der Erlösung willkommen zu heißen. Das Saniassitum hat ganz dieselbe Tendenz und Bedeutung.

## Astrologie

Einen großartigen Beweis von der erbärmlichen SUBJEKTIVITÄT der Menschen, infolge welcher sie alles auf sich beziehn und von jedem Gedanken sogleich in gerader Linie auf sich zurückgehn, liefert die ASTROLOGIE, welche den Gang der großen Weltkörper auf das armselige Ich bezieht, wie auch die Kometen am Himmel in Verbindung bringt mit den irdischen Händeln und Lumpereien. Dies aber ist zu allen und schon in den ältesten Zeiten geschehen.

## Auffassung

Nicht was die Dinge objektiv und wirklich sind, sondern was sie für uns, in unserer Auffassung sind, macht uns glücklich oder unglücklich.

## Auffassungsgabe.

Die Welt, in der jeder lebt, hängt zunächst ab von seiner Auffassung derselben, richtet sich daher nach der Verschiedenheit der Köpfe: Dieser gemäß wird sie arm, schal und flach oder reich, interessant und bedeutungsvoll ausfallen. Während z. B. mancher den andern beneidet um die interessanten Begebenheiten, die ihm in seinem Leben aufgestoßen sind, sollte er ihn vielmehr um die Auffassungsgabe beneiden, welche jenen Begebenheiten die Bedeutsamkeit verlieh, die sie in seiner

Beschreibung haben: Denn dieselbe Begebenheit, welche in einem geistreichen Kopfe sich so interessant darstellt, würde, von einem flachen Alltagskopf aufgefaßt, auch nur eine schale Szene aus der Alltagswelt sein.

## Ausdruck

Wie die schöne Körperform bei der leichtesten oder bei gar keiner Bekleidung am vorteilhaftesten sichtbar ist und daher ein sehr schöner Mensch, wenn er zugleich Geschmack hätte und auch demselben folgen dürfte, am liebsten beinahe nackt, nur nach Weise der Antiken bekleidet gehen würde, – ebenso nun wird jeder schöne und gedankenreiche Geist sich immer auf die natürlichste, unumwundenste, einfachste Weise ausdrücken, bestrebt, wenn es irgend möglich ist, seine Gedanken andern mitzuteilen, um dadurch die Einsamkeit, die er in einer Welt wie dieser empfinden muß, sich zu erleichtern; umgekehrt nun aber wird Geistesarmut, Verworrenheit, Verschrobenheit sich in die gesuchtesten Ausdrücke und dunkelsten Redensarten kleiden, um so in schwierige und pomphafte Phrasen kleine, winzige, nüchterne oder alltägliche Gedanken zu verhüllen, demjenigen gleich, der, weil ihm die Majestät der Schönheit abgeht, diesen Mangel durch die Kleidung ersetzen will und unter barbarischem Putz, Flittern, Federn, Krausen, Puffen und Mantel die Winzigkeit oder Häßlichkeit seiner Person zu verstecken sucht. So verlegen wie dieser, wenn er nackt gehen sollte, wäre mancher Autor, wenn man ihn zwänge, sein so pomphaftes, dunkles Buch in dessen kleinen, klaren Inhalt zu übersetzen.

### Ausdruck

Dunkelheit und Undeutlichkeit des Ausdrucks ist allemal und überall ein sehr schlimmes Zeichen. Denn in 99 Fällen unter 100 rührt sie her von der Undeutlichkeit des Gedankens, welche selbst wiederum fast immer aus einem ursprünglichen Mißverhältnis, Inkonsistenz und also Unrichtigkeit desselben entspringt. Wenn in einem Kopfe ein richtiger Gedanke aufsteigt, strebt er schon nach der Deutlichkeit und wird sie bald erreichen; das deutlich Gedachte aber findet leicht seinen angemessenen Ausdruck.

### Auskommen

Die Basis unsers Wesens und folglich auch unsers Glücks ist unsere animalische Natur. Daher ist für unsere Wohlfahrt Gesundheit das Wesentlichste, nächst dieser aber die Mittel zu unserer Erhaltung, also ein sorgenfreies Auskommen. Ehre, Glanz, Rang, Ruhm, soviel Wert auch mancher darauf legen mag, können mit jenen wesentlichen Gütern nicht kompetieren noch sie ersetzen; vielmehr würden sie erforderlichenfalls unbedenklich für jene hingegeben werden. Dieserwegen wird es zu unserm Glücke beitragen, wenn wir beizeiten die simple Einsicht erlangen, daß jeder zunächst und wirklich in seiner eigenen Haut lebt, nicht aber in der Meinung anderer, und daß demnach unser realer und persönlicher Zustand, wie er durch Gesundheit, Temperament, Fähigkeiten, Einkommen, Weib, Kind, Freunde, Wohnort usw. bestimmt wird, für unser Glück hundertmal wichtiger ist, als was es andern beliebt, aus uns zu machen.

## Autoritäten

Die Leute, welche so eifrig und eilig sind, strittige Fragen durch Anführung von Autoritäten zu entscheiden, sind eigentlich froh, wenn sie statt eigenen Verstandes und Einsicht, daran es fehlt, fremde ins Feld stellen können. Ihre Zahl ist Legion.

## Barmherzigkeit

Der ist der Klügste, welcher keine Barmherzigkeit übt, weil er weiß, daß ihm keine widerfährt.

## Bedachtsamkeit

Man überlege ein Vorhaben reiflich und wiederholt, ehe man dasselbe ins Werk setzt, und selbst nachdem man alles auf das gründlichste durchdacht hat, räume man noch der Unzulänglichkeit aller menschlichen Erkenntnis etwas ein, infolge welcher es immer noch Umstände geben kann, die zu erforschen oder vorherzusehn unmöglich ist und welche die ganze Berechnung unrichtig machen könnten. Dieses Bedenken wird stets ein Gewicht auf die negative Schale legen und uns anraten, in wichtigen Dingen ohne Not nichts zu rühren: *quieta non movere [was ruht, nicht bewegen]*. Ist man aber einmal zum Entschluß gekommen und hat Hand ans Werk gelegt, so daß jetzt alles seinen Verlauf zu nehmen hat und nur noch der Ausgang abzuwarten steht, dann ängstige man sich nicht durch wiederholtes Bedenken der möglichen Gefahr; vielmehr entschlage man der Sache sich jetzt gänzlich, halte das ganze Gedankenfach derselben verschlossen, sich mit der Überzeugung beruhigend, daß man alles zu seiner Zeit reiflich erwogen habe. Diesen Rat erteilt auch das italienische Sprichwort »*legala bene e poi lascia la an-*

*dare«,* welches Goethe übersetzt: »Du, sattle gut, und reite getrost«; – wie denn, beiläufig gesagt, ein großer Teil seiner unter der Rubrik »Sprichwörtlich« gegebenen Gnomen übersetzte Sprichwörter sind. – Kommt dennoch ein schlimmer Ausgang, so ist es, weil alle menschlichen Angelegenheiten dem Zufall und dem Irrtum unterliegen.

**Bedürfnisse**

Richtig und schön hat der große Glückseligkeitslehrer EPIKUROS die menschlichen Bedürfnisse in drei Klassen geteilt. Erstlich, die natürlichen und notwendigen: Es sind die, welche, wenn nicht befriedigt, Schmerz verursachen. Folglich gehört hierher nur *victus et amictus [Nahrung und Kleidung].* Sie sind leicht zu befriedigen. Zweitens die natürlichen, jedoch nicht notwendigen: Es ist das Bedürfnis der Geschlechtsbefriedigung, wiewohl Epikur dies im Berichte des Laertius nicht ausspricht (...)Dieses Bedürfnis zu befriedigen hält schon schwerer. Drittens, die weder natürlichen noch notwendigen: Es sind die des Luxus, der Üppigkeit, des Prunkes und Glanzes; sie sind endlos und ihre Befriedigung ist sehr schwer.

*

Der Mensch, wie er in der Regel ist, hat ursprünglich für nichts anderes Sinn als für die Befriedigung seiner physischen Bedürfnisse und Gelüste und danach für etwas Unterhaltung und Kurzweil.

## Begehren

Alles Wollen entspringt aus Bedürfnis, also aus Mangel, also aus Leiden. Diesem macht die Erfüllung ein Ende; jedoch gegen einen Wunsch, der erfüllt wird, bleiben wenigstens zehn versagt; ferner, das Begehren dauert lange, die Forderungen gehen ins Unendliche; die Erfüllung ist kurz und kärglich bemessen. Sogar aber ist die endliche Befriedigung selbst nur scheinbar. Der erfüllte Wunsch macht gleich einem neuen Platz: Jener ist ein erkannter, dieser ein noch unerkannter Irrtum. Dauernde, nicht mehr weichende Befriedigung kann kein erlangtes Objekt des Wollens geben, sondern es gleicht immer nur dem Almosen, das, dem Bettler zugeworfen, sein Leben heute fristet, um seine Qual auf morgen zu verlängern.

## Begeisterung

In höherm Sinne sind sogar die Stunden der Begeisterung mit ihren Augenblicken der Erleuchtung und eigentlichen Konzeption nur die *lucida intervalla [Zeiträume klaren Bewußtseins]* des Genies. Demnach könnte man sagen, das Genie wohne nur ein Stockwerk höher als der Wahnsinn. Aber wirkt doch sogar die Vernunft des Vernünftigen eigentlich nur in *lucidis intervallis:* Denn er ist es auch nicht immer. Auch der Kluge ist es nicht jederzeit; selbst der bloß Gelehrte ist es nicht jeden Augenblick: Denn bisweilen wird er die ihm geläufigsten Dinge nicht sich zurückrufen und ordentlich zusammenbringen können. Kurzum, *nemo omnibus horis sapit [keiner ist zu jeder Stunde weise]*. Alles dieses scheint auf eine gewisse Flut und Ebbe der Säfte des Gehirns oder Spannung und Abspannung der Fibern desselben hinzudeuten. Wenn nun bei einer Springflut dieser Art irgendeine neue und tiefe Einsicht uns plötzlich aufgeht, wobei natürlich unsre Gedanken einen hohen Grad von Lebhaftigkeit erreichen, so wird der Anlaß dazu allemal ein anschaulicher sein, und eine intuitive Einsicht wird jedem großen Gedanken zum Grunde liegen. Denn Worte erwecken Gedanken in andern, Bilder in uns.

**Begierden**

Unsern Wünschen ein Ziel stecken, unsere Begierden im Zaume halten, unsern Zorn bändigen, stets eingedenk, daß dem einzelnen nur ein unendlich kleiner Teil alles Wünschenswerten erreichbar ist, hingegen viele Übel jeden treffen müssen, also mit einem Worte, *abstinere et sustinere [entsagen und ertragen]*, – ist eine Regel, ohne deren Beobachtung weder Reichtum noch Macht verhindern können, daß wir uns armselig fühlen.

## Beharren

Es ist ganz natürlich, daß wir gegen jede neue Ansicht, über deren Gegenstand wir irgendein Urteil uns schon festgestellt haben, uns abwehrend und verneinend verhalten. Denn sie dringt feindlich in das vorläufig abgeschlossene System unserer Überzeugungen, erschüttert die dadurch erlangte Beruhigung, mutet uns neue Bemühungen zu und erklärt alte für verloren. Demgemäß ist eine uns von Irrtümern zurückbringende Wahrheit einer Arznei zu vergleichen, sowohl durch ihren bittern und widerlichen Geschmack als auch dadurch, daß sie nicht im Augenblick des Einnehmens, sondern erst nach einiger Zeit ihre Wirkung äußert. Sehn wir also schon das Individuum hartnäckig im Festhalten seiner Irrtümer, so ist es die Masse und Menge der Menschen noch viel mehr: An ihren einmal gefaßten Meinungen können Erfahrung und Belehrung sich jahrhundertelang vergeblich abarbeiten.

## Beischlaf

Es könnte uns jedoch auch bedünken, der Teufel habe nur sein Spiel dabei verstecken wollen. Denn der Beischlaf ist sein Handgeld und die Welt sein Reich. Hat man denn nicht bemerkt, wie *illico post coitum cachinnus auditur Diaboli [man gleich nach dem Beischlaf das Lachen des Teufels hört]?* – welches, ernstlich gesprochen, darauf beruht, daß die Geschlechtsbegierde, zumal wenn, durch Fixieren auf ein bestimmtes Weib, zur Verliebtheit konzentriert, die Quintessenz der ganzen Prellerei dieser nobeln Welt ist; da sie so unaussprechlich, unendlich und überschwenglich viel verspricht und dann so erbärmlich wenig hält.

## Belehrung

Was der Mensch eigentlich und überhaupt will, die Anstrebung seines innersten Wesens und das Ziel, dem er ihr gemäß nachgeht, dies können wir durch äußere Einwirkung auf ihn, durch Belehrung, nimmermehr ändern: Sonst könnten wir ihn umschaffen.

## Beleidigung

Was heißt überhaupt einen beleidigen? Es heißt: ihn an der hohen Meinung, die er von sich selber hat, irre machen.

## Beredsamkeit

Beredsamkeit ist die Fähigkeit, unsere Ansicht einer Sache oder unsere Gesinnung hinsichtlich derselben auch in andern zu erregen, unser Gefühl darüber in ihnen zu entzünden und sie so in Sympathie mit uns zu versetzen; dies alles aber dadurch, daß wir mittelst Worten den Strom unserer Gedanken in ihren Kopf leiten, mit solcher Gewalt, daß er den ihrer eigenen von dem Gange, den sie bereits genommen, ablenkt und in seinen Lauf mit fortreißt. Dies Meisterstück wird um so größer sein, je mehr der Gang ihrer Gedanken vorher von dem unserigen abwich. Hieraus wird leicht begreiflich, warum die eigene Überzeugung und die Leidenschaft beredt macht und überhaupt Beredsamkeit mehr Gabe der Natur als Werk der Kunst ist; doch wird auch hier die Kunst die Natur unterstützen.

### Bescheidenheit

Sie ist eine HEUCHELEI, die durch fremde Erbärmlichkeit, welche geschont sein will, entschuldigt wird.

*

Was ist denn Bescheidenheit anderes als geheuchelte Demut, mittelst welcher man in einer von niederträchtigem Neide strotzenden Welt für Vorzüge und Verdienste die Verzeihung derer erbetteln will, die keine haben? Denn wer sich keine anmaßt, weil er wirklich keine hat, ist nicht bescheiden, sondern nur ehrlich.

*

Die BESCHEIDENHEIT EINES GROSSEN GEISTES ist eine *contradictio in adjecto [ein Widerspruch in sich]*: Ein solcher müßte danach den Meinungen und

Ansichten, der Art und Manier andrer, und zwar einer ungeheuren Anzahl andrer, Wert und Gültigkeit einräumen und seine sehr abweichenden Gedanken und Ansichten nach jenen modifizieren oder sie unterdrücken: Dann brächte er eben auch hervor, was die andern (hervorbringen). Das Große, Wahre und Außerordentliche kann er nur hervorbringen, indem er die Art und Weise, die Gedanken und Ansichten seiner Zeitgenossen durchaus für nichts achtet und ungestört schafft, was sie tadeln und verachtet, was sie loben. Ohne diese ARROGANZ wird kein großer Mann.

*

Endlich hat Goethe es unumwunden gesagt: »Nur die Lumpe sind bescheiden.« Aber noch unfehlbarer wäre die Behauptung gewesen, daß die, welche so eifrig von andern Bescheidenheit fordern, auf Bescheidenheit dringen, unablässig rufen: »Nur bescheiden! Um Gottes willen, nur bescheiden!« ZUVERLÄSSIG LUMPE SIND, d. h. völlig verdienstlose Wichte, Fabrikware der Natur, ordentliche Mitglieder des Packs der Menschheit. Denn wer selbst Verdienste hat, läßt auch Verdienste gelten, – versteht sich echte und wirkliche. Aber der, dem selbst alle Vorzüge und Verdienste mangeln, wünscht, daß es gar keine gäbe: Ihr Anblick an andern spannt ihn auf die Folter; der blasse, grüne, gelbe Neid verzehrt sein Inneres: Er möchte alle persönlich Bevorzugten vernichten und ausrotten; muß er sie aber leider leben lassen, so soll es nur unter der Bedingung sein, daß sie ihre Vorzüge verstecken, völlig verleugnen, ja abschwören. Dies also ist die Wurzel der so häufigen Lobreden auf die Bescheidenheit.

**Beschränkung**

Alle Beschränkung beglückt. Je enger unser Gesichts-, Wirkungs- und Berührungskreis, desto glücklicher sind wir; je weiter, desto öfter fühlen wir uns gequält oder geängstigt. Denn mit ihm vermehren und vergrößern sich die Sorgen, Wünsche und Schrecknisse. Darum sind sogar Blinde nicht so unglücklich, wie es uns *a priori* scheinen muß: Dies bezeugt die sanfte, fast heitere Ruhe in ihren Gesichtszügen. Auch beruht es zum Teil auf dieser Regel, daß die zweite Hälfte des Lebens trauriger ausfällt als die erste. Denn im Laufe des Lebens wird der Horizont unsrer Zwecke und Beziehungen immer weiter. In der Kindheit ist er auf die nächste Umgebung und die engsten Verhältnisse beschränkt, im Jünglingsalter reicht er schon bedeutend weiter; im Mannesalter umfaßt er unsern ganzen Lebenslauf, ja, erstreckt sich oft auf die entferntesten Verhältnisse, auf Staaten und Völker; im Greisenalter umfaßt er die Nachkommen.

## Besitz

Das Recht des Besitzes ist zwar ethisch und rationell ungleich besser begründet als das Recht der Geburt, jedoch ist es mit diesem verwandt und verwachsen, welches man daher schwerlich würde wegschneiden können, ohne jenes in Gefahr zu setzen. Der Grund hievon ist, daß der meiste Besitz ererbt, folglich auch eine Art Geburtsrecht ist; wie denn eben der alte Adel auch nur den Namen des Stammgutes führt, also durch denselben bloß seinen Besitz ausdrückt. – Demgemäß sollten alle Besitzenden, wenn sie, statt neidisch zu sein, klug wären, auch der Erhaltung der Rechte der Geburt anhängen. Der Adel als solcher gewährt sonach den doppelten Nutzen, daß er einerseits das Recht des Besitzes und andrerseits das Geburtsrecht des Königs zu stützen hilft: Denn der König ist der erste Edelmann im Lande, behandelt auch in der Regel den Adligen als einen geringen Anverwandten und ganz anders als den noch so hoch betrauten Bürgerlichen. Es ist auch ganz natürlich, daß er mehr Zutrauen zu denen hat, deren Vorfahren meistens die ersten Diener und stets die nächste Umgebung seiner Vorfahren gewesen sind. Mit Recht beruft deshalb ein Edelmann sich auf seinen Namen, wann er, bei etwan entstehendem Verdacht, seinem Könige die Versicherung seiner Treue und Ergebenheit wiederholt. Allerdings ist der Charakter vom Vater erblich, wie meinen Lesern bekannt ist. Borniert und lächerlich ist es, nicht darauf sehn zu wollen, wessen Sohn einer ist.

### Besitzgier

Unsre beständige UNZUFRIEDENHEIT hat großenteils ihren Grund darin, daß schon der Selbsterhaltungstrieb, übergehend in Selbstsucht, uns die Maxime zur Pflicht macht, stets achtzuhaben auf das, was uns abgeht, um danach für dessen Herbeischaffung zu sorgen. Daher sind wir stets bedacht aufzufinden, was uns fehlt und darauf unsre Betrachtung zu richten; was wir aber besitzen, läßt jene Maxime uns ungestört übersehn; daher wir, sobald wir etwas erlangt haben, ihm viel weniger Aufmerksamkeit schenken als vorher, selten bedenken, was wir besitzen, stets, was uns fehlt.

### Besonnenheit

Um mit vollkommener BESONNENHEIT zu leben und aus der eigenen Erfahrung alle Belehrung, die sie enthält, herauszuziehn, ist erfordert, daß man oft zurückdenke und was man erlebt, getan, erfahren und dabei empfunden hat, rekapituliere, auch sein ehemaliges Urteil mit seinem gegenwärtigen, seinen Vorsatz und Streben mit dem Erfolg und der Befriedigung durch denselben vergleiche. Dies ist die Repetition des Privatissimums, welches jedem die Erfahrung liest.

Auch läßt die eigene Erfahrung sich ansehn als der Text, Nachdenken und Kenntnisse als der Kommentar dazu. Viel Nachdenken und Kenntnisse bei wenig Erfahrung gleicht den Ausgaben, deren Seiten zwei Zeilen Text und vierzig Zeilen Kommentar darbieten. Viel Erfahrung bei wenig Nachdenken und geringen Kenntnissen gleicht den bipontinischen Ausgaben ohne Noten, welche vieles unverstanden lassen.

### Bestien

Wie man gefährliche Bestien wohl fürchtet, aber nicht haßt, so halte ich es mit den Menschen.

### Beweggründe

Oft wird einer, der mich zu dem zu überreden sucht, was SEINEM Vorteil und nicht MEINEM gemäß ist, selbst glauben, daß seine EINSICHT seine Rede lenke und nicht seine ABSICHT, d. i. sein Wille: Dann ist es gut, daß ICH merke, welches der Ursprung sei, wenn er selbst auch darin irrt. Er kann dabei so weit gehen, offenbare Lügen zu sagen, ohne sich für den Augenblick dessen bewußt zu sein. So sehr lenkt der Wille die Erkenntnis. Also: Mancher glaubt aus Einsicht zu reden und redet bloß aus Absicht, und sein eignes Zeugnis hierüber ist ungültig, aber das Zeugnis seines Interesses ist gültig.

## Bewegung

Das Leben besteht in der Bewegung und hat sein Wesen in ihr. Wenn nun hierbei, wie es bei der ganz und gar sitzenden Lebensweise unzähliger Menschen der Fall ist, die äußere Bewegung so gut wie ganz fehlt, so entsteht ein schreiendes und verderbliches Mißverhältnis zwischen der äußern Ruhe und dem innern Tumult. Denn sogar will die beständige innere Bewegung durch die äußere etwas unterstützt sein; jenes Mißverhältnis aber wird dem anolog, wenn infolge irgendeines Affekts es in unserm Innern kocht, wir aber nach außen nichts davon sehen lassen dürfen.

## Bewußtsein

Für das Wohlsein des Menschen, ja, für die ganze Weise seines Daseins, ist die Hauptsache offenbar das, was in ihm selbst besteht oder vorgeht. Hier nämlich liegt unmittelbar sein inneres Behagen oder Unbehagen, als welches zunächst das Resultat seines Empfindens, Wollens und Denkens ist, während alles außerhalb Gelegene doch nur mittelbar darauf Einfluß hat. Daher affizieren dieselben äußern Vorgänge oder Verhältnisse jeden ganz anders, und bei gleicher Umgebung lebt doch jeder in einer andern Welt. Denn nur mit seinen eigenen Vorstellungen, Gefühlen und Willensbewegungen hat er es unmittelbar zu tun: Die Außendinge haben nur, sofern sie diese veranlassen, Einfluß auf ihn. Die Welt, in der jeder lebt, hängt zunächst ab von seiner Auffassung derselben, richtet sich daher nach der Verschiedenheit der Köpfe: Dieser gemäß wird sie arm, schal und flach oder reich, interessant und bedeutungsvoll ausfallen. Während z. B. mancher den andern beneidet um die interessanten Begebenheiten, die ihm in seinem Leben aufgestoßen sind, sollte er ihn vielmehr um die Auffassungsgabe beneiden, welche jenen Begebenheiten die Bedeutsamkeit verlieh, die sie in seiner Beschreibung haben: Denn dieselbe Begebenheit, welche in einem geistreichen Kopfe sich so interessant darstellt, würde, von einem flachen Alltagskopf aufgefaßt, auch nur eine schale Szene aus der Alltagswelt sein. Im höchsten Grade zeigt sich dies bei manchen Gedichten Goethes und Byrons, denen offenbar reale Vorgänge zum Grunde liegen: Ein törichter Leser ist imstande, dabei den Dichter um die allerliebste Begebenheit zu beneiden, statt um die mächtige Phantasie, welche aus einem ziemlich alltäglichen Vorfall etwas so Großes und Schönes zu machen fähig war. Desgleichen sieht der Melancholikus eine Trauerspielszene, wo der Sanguinikus nur einen interessanten Konflikt und der Phlegmatikus etwas Unbedeutendes vor sich hat. Dies alles beruht darauf, daß jede Wirklichkeit, d. h. jede erfüllte Gegenwart, aus zwei Hälften besteht, dem Subjekt und dem Objekt, wiewohl in so notwendiger und enger Verbindung wie Oxygen und Hydrogen im Wasser. Bei völlig gleicher objektiver Hälfte, aber verschiedener subjektiver ist daher, so gut wie im umgekehrten Fall, die gegenwärtige Wirklichkeit eine ganz andere: Die schönste und beste objektive Hälfte bei stumpfer, schlechter subjektiver, gibt doch nur eine schlechte Wirklichkeit und Gegenwart; gleich einer schönen Gegend in schlechtem Wetter oder im Reflex einer schlechten *Camera obscura.* Oder planer zu reden: Jeder steckt in seinem Bewußtsein wie in seiner Haut und lebt unmittelbar nur in demselben: Daher ist ihm von außen nicht sehr zu helfen. Weil nämlich alles, was für den Menschen da ist und vorgeht, unmittelbar immer nur in seinem Bewußtsein da ist und für dieses vorgeht, so ist offenbar die Beschaffenheit des Bewußtseins selbst das zunächst Wesentliche, und auf dieselbe kommt es in den meisten Fällen mehr an als auf die Gestalten, die sich darin darstellen.

**Bildung**

Da Vernunft allen, Urteilskraft wenigen zuteil geworden, so ist die Folge, daß der Mensch dem Wahne offensteht, indem er allen nur erdenklichen Chimären preisgegeben ist, die man ihm einredet und die, als Motive seines Wollens wirkend, ihn zu Verkehrtheiten und Torheiten jeder

Art, zu den unerhörtesten Extravaganzen, wie auch zu den seiner tierischen Natur widerstrebendsten Handlungen bewegen können. Eigentliche Bildung, bei welcher Erkenntnis und Urteil Hand in Hand gehen, kann nur wenigen zugewandt werden, und noch wenigere sind fähig, sie aufzunehmen. Für den großen Haufen tritt überall an ihre Stelle eine Art Abrichtung: Sie wird bewerkstelligt durch Beispiel, Gewohnheit und sehr frühzeitiges, festes Einprägen gewisser Begriffe, ehe irgend Erfahrung, Verstand und Urteilskraft da wären, das Werk zu stören. So werden Gedanken eingeimpft, die nachher so fest und durch keine Belehrung zu erschüttern haften, als wären sie angeboren, wofür sie auch oft, selbst von Philosophen, angesehen worden sind.

*

Bildung verhält sich zu natürlichen Vorzügen des Intellekts wie eine wächserne Nase zu einer wirklichen, auch wie Planeten und Monde zu Sonnen. Denn vermöge seiner Bildung sagt der Mensch nicht, was er denkt, sondern was andre gedacht haben und er gelernt hat, und er tut nicht sogleich, was er möchte, sondern was man ihn zu tun gewöhnt hat.

### Bosheit

Bei gleichem Grade von Bosheit kann der eine auf dem Rade, der andere ruhig im Schoße der Seinigen sterben.

Es kann derselbe Grad von Bosheit sein, der sich bei EINEM Volke in groben Zügen, in Mord und Kannibalismus, beim ANDERN hingegen in Hofintrigen, Unterdrückungen und feinen Ränken aller Art fein und leise *en miniature* ausspricht: Das Wesen bleibt dasselbe.

*

Kein Mann von GENIE war je ein Bösewicht, weil die Bosheit die Äußerung eines so heftigen Wollens ist, daß selbiges den Intellekt allein zu seinem Dienste braucht und nicht zuläßt, daß er frei werde zu einer rein objektiven Betrachtung der Dinge. Ein Bösewicht kann einen gewaltigen Intellekt haben, aber er kann ihn nur auf das richten, was irgendwie Beziehung auf seinen Willen hat; er kann daher ein großer Feldherr, Staatsmann usw. sein; er kann TALENT haben. Das Wort bedeutet ursprünglich GELD und bezeichnet die Fähigkeiten, durch welche man den Beifall der Menge und folglich Geld erwirbt.

## Brotgelehrte

Gewerbsleute, welche für sich nebst Weib und Kind den nötigen Unterhalt suchen, sind nicht geeignet, dabei zugleich Wahrheit zu suchen, als welche zu allen Zeiten ein gefährlicher Gefährte und ein unwillkommener Gast gewesen ist, auch deshalb nackt dargestellt wird, weil sie nichts auszuteilen hat, sondern nur ihrer selbst wegen angestrebt sein will. Man kann nicht zweien Herren dienen: Jene beiden Bestrebungen vereinigen zu wollen führt zur Heuchelei, Augendienerei, Achselträgerei; da wird man aus einem Priester der Wahrheit ein Verfechter des Irrtums, lehrt und behauptet mit Eifer Dinge, deren Unwahrheit man längst erkannt hat; da gibt man sich her, ein Zeit- und Kopfverderber der Jugend und ein Proner einflußreicher Pfuscher und frömmelnder Strohköpfe zu sein und alles literarische Gewissen zu verleugnen. Den Philosophen am allermeisten gilt der schöne Vers:

»Du bist ein Barde, Freund, sind deine Augen helle?
Gnügt dir die Eiche und die Quelle?«

### Bücher

Ein Buch kann nie mehr sein als der Abdruck (das schwache Abbild) der Gedanken des Verfassers. Diese Gedanken können von Wert sein erstlich in Hinsicht des Stoffs, worüber er gedacht hat; zweitens in Hinsicht der Form, was er gedacht hat. Beim Worüber ist viel Unterschied, dadurch Bücher Vorzüge bekommen; denn alles auf Erfahrung Gegründete gehört hierher, also alles Historische und alles Physische jeder Art. Hier liegt als das Auszeichnende im Objekt, und das Buch kann wichtig sein, wer auch immer der Verfasser sei. Beim Was liegt dagegen das Auszeichnende im

Subjekt: Die Gegenstände können solche sein, welche allen Menschen zugänglich sind, aber die Form der Auffassung, das Was des Denkens liegt im Subjekt; ist in diesem Sinn das Buch vortrefflich und ohnegleichen, so ist es der Verfasser auch. Daher wenn ein Buch berühmt ist, so muß man sehr unterscheiden, ob wegen des Stoffs oder der Form.

*

Xerxes hat, nach Herodot, beim Anblick seines unübersehbaren Heeres geweint, indem er bedachte, daß von diesen allen nach hundert Jahren keiner am Leben sein würde: Wer möchte da nicht weinen beim Anblick des dicken Meßkatalogs, wenn er bedenkt, daß von allen diesen Büchern schon nach zehn Jahren keines mehr am Leben sein wird.

*

Das große Publikum meint, es sei mit den Büchern wie mit den Eiern: Sie müssen frisch genossen werden; daher greift es stets nach dem Neuen.

## Carpe diem

Weil die GEGENWART allein die real erfüllte Zeit ist und unser ganzes wirkliches Dasein in ihr konzentriert und auf sie beschränkt ist, so sollte man sie stets einer heitern Aufnahme würdigen, jede erträgliche und von unmittelbaren Schmerzen freie Gegenwart mit Bewußtsein als solche genießen, d. h. sie nicht trüben durch verdrießliche Gesichter über die verfehlten Hoffnungen der Vergangenheit oder die Sorgen der Zukunft.

*

Wir verleben unsere schönen Tage, ohne sie zu bemerken: Erst wenn die schlimmen kommen, wünschen wir jene zurück. Tausend heitere, angenehme Stunden lassen wir mit verdrießlichem Gesicht ungenossen an uns vorüberziehen, um nachher, zu trüber Zeit, mit vergeblicher Sehnsucht ihnen nachzuseufzen. Statt dessen sollten wir jede erträgliche Gegenwart, auch die alltägliche, welche wir jetzt so gleichgültig vorüberziehen lassen und wohl gar noch ungeduldig nachschieben, in Ehren halten, stets eingedenk, daß sie eben jetzt hinüberwallt in jene Apotheose der Vergangenheit, woselbst sie fortan, vom Lichte der Unvergänglichkeit umstrahlt, vom Gedächtnisse aufbewahrt wird, um, wenn dieses einst, besonders zur schlimmen Stunde, den Vorhang lüftet, als ein Gegenstand unserer innigen Sehnsucht sich darzustellen.

## Charakter

Das bloße Wollen und auch Können an sich ist noch nicht zureichend, sondern ein Mensch muß auch WISSEN, was er will und WISSEN, was er kann: Erst so wird er Charakter zeigen, und erst dann kann er etwas Rechtes vollbringen. Bevor er dahin gelangt, ist er, ungeachtet der natürlichen Konsequenz des empirischen Charakters, doch charakterlos, und obwohl er im ganzen sich treu bleiben und seine Bahn durchlaufen muß, von seinem Dämon gezogen, so wird er doch keine schnurgerechte, sondern eine zitternde, ungleiche Linie beschreiben, schwanken, abweichen, umkehren, sich Reue und Schmerz bereiten: Dies alles, weil er im Großen und Kleinen so vieles, als dem Menschen möglich und erreichbar, vor sich sieht und doch nicht weiß, was davon allein ihm gemäß und ihm ausführbar, ja, auch nur ihm genießbar ist.

*

Der individuelle Charakter ist ANGEBOREN: Er ist kein Werk der Kunst oder der dem Zufall unterworfenen Umstände, sondern das Werk der Natur selbst. Er offenbart sich schon im Kinde, zeigt dort im Kleinen, was er künftig im Großen sein wird. Daher legen bei der allergleichesten Erziehung und Umgebung zwei Kinder den grundverschiedensten Charakter aufs deutlichste an den Tag: Es ist derselbe, den sie als Greise tragen werden.

*

Der Charakter des Menschen ist EMPIRISCH. Durch Erfahrung allein lernt man ihn kennen, nicht bloß an andern, sondern auch an sich selbst. Daher wird man oft, wie über andere, so auch über sich selbst enttäuscht, wenn man entdeckt, daß man diese oder jene Eigenschaft, z. B. Gerechtigkeit, Uneigennützigkeit, Mut, nicht in dem Grade besitzt, als man gütigst voraussetzte.

*

Der Charakter des Menschen ist KONSTANT. Er bleibt derselbe, das ganze Leben hindurch. Unter der veränderlichen Hülle seiner Jahre, seiner Verhältnisse, selbst seiner Kenntnisse und Ansichten steckt, wie ein Krebs in seiner Schale, der identische und eigentliche Mensch, ganz unverändert und immer derselbe. Bloß in der Richtung und dem Stoff erfährt sein Charakter die scheinbaren Modifikationen, welche Folge der Verschiedenheit der Lebensalter und ihrer Bedürfnisse sind. DER MENSCH ÄNDERT SICH NIE: Wie er in einem Falle gehandelt hat, so wird er unter völlig gleichen Umständen (zu denen jedoch auch die richtige Kenntnis dieser Umstände gehört) stets wieder handeln. Die Bestätigung dieser Wahrheit kann man aus der täglichen Erfahrung entnehmen; am frappantesten aber erhält man sie, wenn man einen Bekannten nach zwanzig bis dreißig Jahren wiederfindet und ihn nun bald genau auf denselben Streichen betrifft wie ehemals.

*

Wie der ganze Baum nur die stets wiederholte Erscheinung eines und desselben Triebes ist, der sich am einfachsten in der Faser darstellt und in der Zusammensetzung zu Blatt, Stiel, Ast, Stamm wiederholt und leicht darin zu erkennen ist, so sind alle Taten des Menschen nur die stets wiederholte, in der Form etwas abwechselnde Äußerung seines intelligiblen Charakters, und die aus der Summe derselben hervorgehende Induktion gibt seinen empirischen Charakter.

*

Wer im Kleinen rücksichtslos ist, wird im Großen ruchlos sein. – Wer die kleinen Charakterzüge unbeachtet läßt, hat es sich selber zuzuschreiben, wenn er nachmals aus den großen den betreffenden Charakter zu seinem Schaden kennenlernt. – Nach demselben Prinzip soll man auch mit sogenannten guten Freunden, selbst über Kleinigkeiten, wenn sie einen boshaften oder schlechten oder gemeinen Charakter verraten, sogleich brechen, um dadurch ihren großen schlechten Streichen vorzubeugen, die nur auf Gelegenheit warten, sich einzustellen. Stets denke man: Besser allein als unter Verrätern.

*

Warum der eine boshaft, der andere gut ist, hängt nicht von Motiven und äußerer Einwirkung, etwan von Lehren und Predigten ab und ist schlechthin in diesem Sinne unerklärlich. Aber ob ein Böser seine Bosheit zeigt in kleinlichen Ungerechtigkeiten, feigen Ränken, niedrigen Schurkereien, die er im engen Kreise seiner Umgebungen ausübt, oder ob er als ein Eroberer Völker unterdrückt, eine Welt in Jammer stürzt, das Blut von Millionen vergießt: Dies ist die äußere Form seiner Erscheinung, das Unwesentliche derselben, und hängt ab von den Umständen, in die ihn das Schicksal setzte, von den Umgebungen, von den äußern Einflüssen, von den Motiven; aber nie ist seine Entscheidung auf diese Motive aus ihnen erklärlich: Sie geht hervor aus dem Willen, dessen Erscheinung dieser Mensch ist.

*

Wie die Natur konsequent ist, so ist es der Charakter: Ihm gemäß muß jede einzelne Handlung ausfallen, wie jedes Phänomen dem Naturgesetz gemäß ausfällt; die Ursache im letzteren Fall und das Motiv im ersteren sind nur die Gelegenheitsursachen. Der Wille, dessen Erscheinung das ganze Sein und Leben des Menschen ist, kann sich im einzelnen Fall nicht verleugnen, und was der Mensch im ganzen will, wird er auch stets im einzelnen wollen.

*

Die krassesten Irrtümer, die elendesten Albernheiten unsrer Jugendjahre erzählen wir lachend und ungescheut, weil sie Angelegenheiten des Intellekts waren, der durch Belehrung und Erfahrung Berichtigung und Bildung erhält, und das Erzählen und Lachen über frühere Irrtümer und Albernheiten schon beweist, daß wir davon zurückgekommen sind. Anders aber verhält es sich mit etwaigen schlechten Streichen, Bosheiten und Hinterlisten unsrer Kinderjahre: Die wird ein kluger Mann nicht auftischen, denn er weiß, daß sie auch über seinen gegenwärtigen Charakter Zeugnis ablegen.

*

Dieser ist nichts anderes als möglichst vollkommene Kenntnis der eigenen Individualität: Er ist das abstrakte, folglich deutliche Wissen von den unabänderlichen Eigenschaften seines eigenen empirischen Charakters und von dem Maß und der Richtung seiner geistigen und körperlichen Kräfte, also von den gesamten Stärken und Schwächen der eigenen Individualität. Dies setzt uns in den Stand, die an sich einmal unveränderliche Rolle der eigenen Person, die wir vorhin regellos naturalisierten, jetzt besonnen und methodisch durchzuführen und die Lücken, welche Launen oder Schwächen darin verursachen, nach Anleitung fester Begriffe auszufüllen. Die durch unsere individuelle Natur ohnehin notwendige

Handlungsweise haben wir jetzt auf deutlich bewußte, uns stets gegenwärtige Maximen gebracht, nach denen wir sie so besonnen durchführen, als wäre es eine erlernte, ohne hierbei je irre zu werden durch den vorübergehenden Einfluß der Stimmung oder des Eindrucks der Gegenwart, ohne gehemmt zu werden durch das Bittere oder Süße einer im Wege angetroffenen Einzelheit, ohne Zaudern, ohne Schwanken, ohne Inkonsequenzen. Wir werden nun nicht mehr als Neulinge warten, versuchen, umhertappen, um zu sehen, was wir eigentlich wollen und was wir vermögen; sondern wir wissen es ein für allemal, haben bei jeder Wahl nur allgemeine Sätze auf einzelne Fälle anzuwenden und gelangen gleich zum Entschluß. Wir kennen unsern Willen im allgemeinen und lassen uns nicht durch Stimmung oder äußere Aufforderung verleiten, im einzelnen zu beschließen, was ihm im ganzen entgegen ist. Wir kennen ebenso die Art und das Maß unserer Kräfte und unserer Schwächen und werden uns dadurch viele Schmerzen ersparen. Denn es gibt eigentlich gar keinen Genuß anders als im Gebrauch und Gefühl der eigenen Kräfte, und der größte Schmerz ist wahrgenommener Mangel an Kräften, wo man ihrer bedarf. Haben wir nun erforscht, wo unsere Stärken und wo unsere Schwächen liegen, so werden wir unsere hervorstechenden natürlichen Anlagen ausbilden, gebrauchen, auf alle Weise zu nutzen suchen und immer uns dahin wenden, wo diese taugen und gelten, aber durchaus und mit Selbstüberwindung die Bestrebungen vermeiden, zu denen wir von Natur geringe Anlagen haben; werden uns hüten, das zu versuchen, was uns doch nicht gelingt. Nur wer dahin gelangt ist, wird stets mit voller Besonnenheit ganz er selbst sein und wird nie von sich selbst im Stiche gelassen werden, weil er immer wußte, was er sich selber zumuten konnte. Er wird alsdann oft der Freude teilhaft werden, seine Stärken zu fühlen, und selten den Schmerz erfahren, an seine Schwächen erinnert zu werden, welches letztere Demütigung ist, die vielleicht den größten Geistesschmerz verursacht: Daher man es viel besser ertragen kann, sein Mißgeschick als sein Ungeschick deutlich ins Auge zu fassen.

## Charakterunterschiede

Die letzte Frage, deren Beantwortung zur Vollständigkeit des (...) Fundaments der Ethik gehört, ist diese: Worauf beruht der so große Unterschied im moralischen Verhalten der Menschen? Wenn Mitleid die Grundtriebfeder aller echten, d. h. uneigennützigen Gerechtigkeit und Menschenliebe ist; warum wird der eine, der andere aber nicht dadurch bewogen? – Vermag vielleicht die Ethik, indem sie die moralische Triebfeder aufdeckt, auch sie in Tätigkeit zu versetzen? Kann sie den hartherzigen Menschen in einen mitleidigen und dadurch in einen gerechten und menschenfreundlichen umschaffen? – Gewiß nicht: Der Unterschied der Charaktere ist angeboren und unvertilgbar. Dem Boshaften ist seine Bosheit so angeboren wie der Schlange ihre Giftzähne und Giftblase; und so wenig wie sie kann er es ändern.

## Dasein

Unser Dasein hat keinen Grund und Boden, darauf es fußte als die dahinschwindende Gegenwart. Daher hat es wesentlich die beständige Bewegung zur Form, ohne Möglichkeit der von uns stets angestrebten Ruhe. Es gleicht dem Laufe eines bergab Rennenden, der, wenn er stillstehen wollte, fallen müßte und nur durch Weiterrennen sich auf den Beinen erhält.

*

Was alles Lebende beschäftigt und in Bewegung erhält, ist das Streben nach DASEIN. Mit dem Dasein aber, wenn es ihnen gesichert ist, wissen sie nichts anzufangen. Daher ist das zweite, was sie in Bewegung setzen, das Streben, die Last des Daseins loszuwerden, unfühlbar zu machen, kurz, der Langeweile zu entgehn.

## Demagogie

Überall und zu allen Zeiten hat es viel Unzufriedenheit mit den Regierungen, Gesetzen und öffentlichen Einrichtungen gegeben, großenteils aber nur, weil man stets bereit ist, diesen das Elend zur Last zu legen, welches dem menschlichen Dasein selbst unzertrennlich anhängt, indem es, mythisch zu reden, der Fluch ist, den Adam empfing und mit ihm sein ganzes Geschlecht. Jedoch nie ist jene falsche Vorspiegelung auf lügenhaftere und frechere Weise gemacht worden als von den Demagogen der »Jetztzeit«. Diese nämlich sind als Feinde des Christentums Optimisten: Die Welt ist ihnen »Selbstzweck« und daher an sich selbst, d. h. ihrer natürlichen Beschaffenheit nach, ganz vortrefflich eingerichtet, ein rechter Wohnplatz der Glückseligkeit. Die nun hiergegen schreienden, kolossalen Übel der Welt schreiben sie gänzlich den Regierungen zu: Täten nämlich nur diese ihre Schuldigkeit, so würde der Himmel auf Erden existieren, d. h. alle würden ohne Mühe und Not vollauf fressen, saufen, sich propagieren und krepieren können: Denn dies ist die Paraphrase ihres »Selbstzwecks«.

## Denken

Je weniger einer denkt, desto mehr hat er die Augen überall: Das Sehn muß bei ihm die Stelle des Denkens vertreten.

*

Wie die zahlreichste Bibliothek, wenn ungeordnet, nicht so viel Nutzen schafft als eine sehr mäßige, aber wohlgeordnete, ebenso ist die größte Menge von Kenntnissen, wenn nicht eigenes Denken sie durchgearbeitet hat, viel weniger wert als eine weit geringere, die aber vielfältig durchdacht worden. Denn erst durch das allseitige Kombinieren dessen, was man weiß, durch das Vergleichen jeder Wahrheit mit jeder andern, eignet man sein eigenes Wissen sich vollständig an und bekommt es in seine Gewalt. Durchdenken kann man nur, was man weiß, daher man etwas lernen soll; aber man weiß auch nur, was man durchdacht hat.

*

Die Feder ist dem Denken, was der Stock dem Gehn; aber der leichteste Gang ist ohne Stock, und das vollkommenste Denken geht ohne Feder vor sich. Erst wenn man anfängt alt zu werden, bedient man sich gern des Stockes und gern der Feder.

*

Wohin Denken ohne Experimentieren führt, hat uns das Mittelalter gezeigt; aber dies Jahrhundert ist bestimmt, uns sehn zu lassen, wohin Experimentieren ohne Denken führt und was bei der Jugendbildung herauskommt, die sich auf Physik und Chemie beschränkt.

*

Sowenig wie das Lesen kann die bloße Erfahrung das Denken ersetzen. Die reine Empirie verhält sich zum Denken wie Essen zum Verdauen und Assimilieren. Wenn jene sich brüstet, daß sie allein durch ihre Entdeckungen das menschliche Wissen gefördert habe, so ist es, wie wenn der Mund sich rühmen wollte, daß der Bestand des Leibes sein Werk allein sei.

*

Die meisten Menschen haben, wenn auch nicht mit deutlichem Bewußtsein, doch im Grunde ihres Herzens als oberste Maxime und Richtschnur ihres Wandels den Vorsatz, mit dem kleinstmöglichen Aufwand von Gedanken auszukommen, weil ihnen das Denken eine Last und Beschwerde ist.

### Denker

Man kann die Denker einteilen in solche, die FÜR SICH SELBST und solche, die FÜR ANDERE denken; diese sind die Regel, jene die Ausnahme. Erstere sind demnach Selbstdenker im zwiefachen und Egoisten im edelsten Sinne des Wortes. Sie allein sind es, von denen die Welt Belehrung empfängt. Denn nur das Licht, welches einer sich selber angezündet hat, leuchtet nachmals auch anderen.

### Determination

Dem LEIBNIZschen Optimismus widerspricht das augenfällige Elend des Daseins: Die Lehre der Wolfischen Philosophie, daß der Mensch nicht das Werk seines eigenen, sondern fremden Willens sei, ist unvereinbar mit der unbezweifelten moralischen Zurechnungsfähigkeit des Menschen, da er handelt, nachdem er ist; und hat er seine *essentia [Wesen]* und *existentia [Dasein]* von einem andern, so fällt auf diesen die Schuld seiner Vergehen und Schlechtigkeit zurück.

Die Lehre, daß der Mensch aus nichts geschaffen sei,

ist im Widerspruch mit der andern, daß er unsterblich sei: Denn was einen Anfang genommen, wird auch ein absolutes Ende erreichen.

## Deutsche

*Apropos,* ich lege hier für den Fall meines Todes das Bekenntnis ab, daß ich die deutsche Nation wegen ihrer überschwenglichen Dummheit verachte und mich schäme, ihr anzugehören.

## Dilettanten

Dilettanten, Dilettanten! – so werden die, welche eine Wissenschaft oder Kunst aus Liebe zu ihr und Freude an ihr, *per il loro diletto [zu ihrem Vergnügen],* treiben, mit Geringschätzung genannt von denen, die sich des Gewinnes halber darauf gelegt haben, weil sie nur das Geld delektiert, das damit zu verdienen ist. Diese Geringschätzung beruht auf ihrer niederträchtigen Überzeugung, daß keiner eine Sache ernstlich angreifen werde, wenn ihn nicht Not, Hunger oder sonst welche Gier dazu anspornt. Das Publikum ist desselben Geistes und daher derselben Meinung: Hieraus entspringt sein durchgängiger Respekt vor den »Leuten vom Fach« und sein Mißtrauen gegen Dilettanten. In Wahrheit hingegen ist dem Dilettanten die Sache Zweck, dem Manne vom Fach als solchem bloß Mittel; nur der aber wird eine Sache mit ganzem Ernste treiben, dem unmittelbar an ihr gelegen ist und der sich aus Liebe zu ihr damit beschäftigt, sie *con amore [mit Lust]* treibt. Von solchen und nicht von den Lohndienern ist stets das Größte ausgegangen.

### Disputieren

Die KONTROVERSE, das DISPUTIEREN über einen theoretischen Gegenstand, kann ohne Zweifel für beide darin implizierte Parteien sehr fruchtbringend werden, indem es die Gedanken, die sie haben, berichtigt oder bestätigt und auch neue erweckt. Es ist eine Reibung oder Kollision zweier Köpfe, die oft Funken schlägt, jedoch auch darin der Kollision der Körper analog ist, daß der schwächere oft darunter zu leiden hat, während der stärkere sich dabei wohl befindet und nur einen siegreichen Klang vernehmen läßt. Aus dieser Rücksicht ist ein Erfordernis dazu, daß beide Disputanten wenigstens einigermaßen einander gewachsen seien, sowohl an Kenntnissen als an Geist und Gewandtheit. Fehlt es dem einen an den ersteren; so ist er nicht *au niveau [auf der Höhe]* und dadurch den Argumenten des andern nicht zugänglich: Er steht gleichsam beim Kampf außerhalb der Mensur. Fehlt es ihm aber gar am zweiten, so wird die dadurch in ihm bald rege werdende Erbitterung ihn allmählich zu allerlei

Unredlichkeiten, Winkelzügen und Schikanen im Disputieren und, wenn ihm diese nachgewiesen werden, zur Grobheit verleiten.

## Dogmen

So stark ist die Gewalt früh eingeprägter religiöser Dogmen, daß sie das Gewissen und zuletzt alles Mitleid und alle Menschlichkeit zu ersticken vermag. Willst du aber, was frühe Glaubenseinimpfung leistet, mit eigenen Augen und in der Nähe sehn, so betrachte die Engländer. Sieh diese von der Natur vor allen andern begünstigte und mit Verstand, Geist, Urteilskraft und Charakterfestigkeit mehr als alle übrigen ausgestattete Nation, sieh sie, tief unter alle andern herabgesetzt, ja, geradezu verächtlich gemacht durch ihren stupiden Kirchenaberglauben, welcher zwischen ihren übrigen Fähigkeiten ordentlich wie ein fixer Wahn, eine Monomanie, erscheint. Das haben sie bloß dem zu danken, daß die Erziehung in den Händen der Geistlichkeit ist, welche Sorge trägt, ihnen sämtliche Glaubensartikel in frühester Jugend so einzuprägen, daß es bis zu einer Art partieller Gehirnlähmung geht, die sich dann zeitlebens in jener blödsinnigen Bigotterie äußert, durch welche sogar übrigens höchst verständige und geistreiche Leute unter ihnen sich degradieren und uns an ihnen ganz irre werden lassen.

## Dummheit

Mangel an Verstand heißt im eigentlichen Sinne DUMMHEIT und ist eben STUMPFHEIT IN DER ANWENDUNG DES GESETZES DER KAUSALITÄT, Unfähigkeit zur unmittelbaren Auffassung der Verkettungen von Ursache und Wirkung, Motiv und Handlung. Ein Dummer sieht nicht den Zusammenhang der Naturerscheinungen ein, weder wo sie sich selbst überlassen hervortreten, noch wo sie absichtlich gelenkt, d. h. zu Maschinen dienstbar gemacht sind; dieserhalb glaubt er gern an Zauberei und Wunder. Ein Dummer merkt nicht, daß verschiedene Personen scheinbar unabhängig voneinander, in der Tat aber in verabredetem Zusammenhange handeln; er läßt sich daher leicht mystifizieren und intrigieren; er merkt nicht die verheimlichten Motive gegebener Ratschläge, ausgesprochener Urteile usw. Immer aber mangelt ihm nur das eine: Schärfe, Schnelligkeit, Leichtigkeit der Anwendung des Gesetzes der Kausalität, d. i. Kraft des Verstandes.

*

Daß die größte Trefflichkeit des Kopfes mit einer gleichen des Charakters nicht leicht im Verein gefunden wird, erklärt sich genugsam aus der unaussprechlich großen Seltenheit beider, während ihre Gegenteile durchgängig an der Tagesordnung sind; daher man diese auch täglich im Verein antrifft. Inzwischen schließt man nie von einem vorzüglichen Kopf auf einen guten Willen, noch von diesem auf jenen, noch vom Gegenteil auf das Gegenteil, sondern jeder Unbefangene nimmt sie als völlig gesonderte Eigenschaften, deren Vorhandensein jedes für sich durch Erfahrung auszumachen ist. Große Beschränktheit des Kopfes kann mit großer Güte des Herzens zusammenbestehen, und ich glaube nicht, daß Balthazar Gracian recht hat zu sagen: *No ay simple, que no sea malicioso [es gibt keinen Tropf, der nicht boshaft wäre],* obwohl er das spanische Sprichwort: *Nunca la necedad anduvo sin malicia [nie geht die Dummheit ohne die Bosheit],* für sich hat. Jedoch mag es sein, daß manche Dumme aus demselben Grunde wie manche Bucklichte boshaft werden, nämlich aus Erbitterung über die von der Natur erlittene Zurücksetzung, und indem sie gelegentlich, was ihnen an Verstande abgeht, durch Heimtücke zu ersetzen vermeinen, darin einen kurzen Triumph suchend. Hieraus wird beiläufig auch begreiflich, warum einem sehr überlegenen Kopfe gegenüber fast jeder leicht boshaft wird. Andererseits wieder stehen die Dummen sehr oft im Ruf besonderer Herzensgüte, der sich jedoch so selten bestätigt, daß ich mich habe wundern müssen, wie sie ihn erlangten, bis ich den Schlüssel dazu in folgendem gefunden zu haben mir schmeicheln durfte. Jeder wählt, durch einen geheimen Zug bewogen, zu seinem nähern Umgange am liebsten jemanden, dem er an Verstande ein wenig überlegen ist; denn nur bei diesem fühlt er sich behaglich, weil, nach HOBBES, *omnis animi voluptas, omnisque alacritas in eo sita est, quod quis habeat, quibuscum conferens se, possit magnifice sentire de se ipso [weil alle Wonne und alle Heiterkeit darauf beruhen, daß man Menschen habe, im Vergleich zu denen man hoch von sich selbst denken kann].*

*

Daß ausgezeichnet DUMME MENSCHEN so leicht in den Ruf besondrer Güte des Charakters kommen, ohne es verdient zu haben, geschieht dadurch, daß die Mittelmäßigen für ihre besondre Zuneigung zu den ganz Dummen einen Vorwand suchen, indem sie den wahren Grund dieser, nämlich daß es so behaglich und wohltätig für sie ist, sich einmal entschieden überlegen zu fühlen, weder sich noch andern eingestehn. Aus dem umgekehrten Grunde sind Leute von überlegenen Geisteskräften durchgängig verhaßt, zu welchem Hasse allerlei Vorwände gesucht werden.

*

Wir wollen uns überall hüten, ungerecht zu werden. Wie mich oft die Klugheit und bisweilen wieder die Dummheit meines Hundes in Erstaunen gesetzt hat, nicht anders ist es mir mit dem Menschengeschlecht gegangen. Unzählige Male hat mich die Unfähigkeit, gänzliche Urteilslosigkeit und Bestialität desselben in

Entrüstung versetzt, und habe ich in den alten Stoßseufzer *Humani generis et mater nutrixque profecto Stultitia est [Mutter und Amme des Menschengeschlechts ist fürwahr die Dummheit]* einstimmen müssen. Allein zu anderen Zeiten wieder bin ich darüber erstaunt, wie bei einem solchen Geschlecht vielerlei nützliche und schöne Künste und Wissenschaften, wenn auch stets von dem einzelnen, den Ausnahmen, ausgegangen, doch haben entstehen, Wurzel fassen, sich erhalten und vervollkommnen können, und wie dies Geschlecht mit Treue und Ausdauer die Werke großer Geister zwei bis drei Jahrtausende hindurch mittelst Abschreiben und Aufbewahren sich erhalten und vor dem Untergang geschützt hat, unter allen Plagen und Greueln seiner Geschichte; wodurch es bewiesen hat, daß es den Wert derselben erkannte.

## Edelmut

Edelmut erwirbt ganz andre Verehrung als Genie: Ein edler Charakter, bei gänzlichem Mangel intellektueller Auszeichnung und Bildung, steht da wie einer, dem nichts abgeht, dagegen das größte Genie, mit moralischen Fehlern behaftet, nichts weniger als untadelhaft erscheint.

## Egoismus

Wird ein Mensch fest überredet, daß jede Wohltat ihm im künftigen Leben hundertfach vergolten wird, so gilt und wirkt eine solche Überzeugung ganz und gar wie ein sicherer Wechsel auf sehr lange Sicht, und er kann aus Egoismus geben, wie er, bei anderer Einsicht, aus Egoismus nehmen würde.

*

Wenn ein Mensch, sobald Veranlassung da ist und ihn keine äußere Macht abhält, stets geneigt ist, Unrecht zu tun, nennen wir ihn böse. Nach unserer Erklärung des Unrechts heißt dieses, daß ein solcher nicht allein den Willen zum Leben, wie er in seinem Leibe erscheint, bejaht, sondern in dieser Bejahung so weit geht, daß er den in anderen Individuen erscheinenden Willen verneint, was sich darin zeigt, daß er ihre Kräfte zum Dienste seines Willens verlangt und ihr Dasein zu vertilgen sucht, wenn sie den Bestrebungen seines Willens entgegenstehen. Die letzte Quelle hievon ist ein hoher Grad des Egoismus. Zweierlei ist hier sogleich offenbar: ERSTLICH, daß in einem solchen Menschen ein überaus heftiger, weit über die Bejahung seines eigenen Leibes hinausgehender Wille zum Leben sich ausspricht, und ZWEITENS, daß seine Erkenntnis, ganz dem Satz vom Grunde hingegeben und im *principio individuationis [Prinzip der Individuation, d. h. Existenzgrund der Einzelwesen]* befangen, bei dem durch dieses letztere gesetzten gänzlichen Unterschiede zwischen seiner eigenen Person und allen anderen fest stehenbleibt; daher er allein sein eigenes Wohlsein sucht, vollkommen gleichgültig gegen das aller anderen, deren Wesen ihm vielmehr völlig fremd ist, durch eine weite Kluft von dem seinigen geschieden, ja, die er eigentlich nur als Larven, ohne alle Realität, ansieht. Und diese zwei Eigenschaften sind die Grundelemente des bösen Charakters.

*

Auf seinen eigenen Tod blickt jeder als auf der Welt Ende, während er den seiner Bekannten als eine ziemlich gleichgültige Sache vernimmt, wenn er nicht etwan persönlich dabei beteiligt ist. In dem auf den höchsten Grad gesteigerten Bewußtsein, dem menschlichen, muß, wie die Erkenntnis, der Schmerz, die Freude, so auch der Egoismus den höchsten Grad erreicht haben und der durch ihn bedingte Widerstreit der Individuen auf das entsetzlichste hervortreten. Dies sehen wir denn auch überall vor Augen, im Kleinen wie im Großen, sehen es bald von der schrecklichen Seite, im Leben großer Tyrannen und Bösewichter und in weltverheerenden Kriegen, bald von der lächerlichen Seite, wo es das Thema des Lustspiels ist und ganz besonders in Eigendünkel und Eitelkeit hervortritt, welche, so wie kein anderer, Rochefoucauld aufgefaßt und *in abstracto* dargestellt hat; wir sehen es in der Weltgeschichte und in der eigenen Erfahrung. Aber am deutlichsten tritt es hervor, sobald irgendein Haufen Menschen von allem Gesetz und Ordnung entbunden ist: Da zeigt sich sogleich aufs deutlichste das *bellum omnium contra omnes [Krieg aller gegen alle]*, welches Hobbes trefflich geschildert hat.

*

Die Haupt- und Grundtriebfeder im Menschen wie im Tiere ist der EGOISMUS, d. h. der Drang zum Dasein und Wohlsein. – Das deutsche Wort SELBSTSUCHT führt einen falschen Nebenbegriff von Krankheit mit sich. Das Wort EIGENNUTZ aber bezeichnet den Egoismus, sofern er unter Leitung der Vernunft steht, welche ihn befähigt, vermöge der Reflexion seine Zwecke PLANMÄSSIG zu verfolgen; daher man die Tiere wohl egoistisch, aber nicht eigennützig nennen kann. Ich will also für den allgemeinern Begriff das Wort EGOISMUS beibehalten. – Dieser Egoismus ist im Tiere wie im Menschen mit dem innersten Kern und Wesen desselben aufs genaueste verknüpft, ja eigentlich identisch. Daher entspringen in der Regel alle seine Handlungen aus dem Egoismus und aus diesem zunächst ist allemal die Erklärung einer gegebenen Handlung zu versuchen; wie denn auch auf denselben die Berechnung aller Mittel, dadurch man den Menschen nach irgendeinem Ziele hinzulenken sucht, durchgängig gegründet. Der Egoismus ist seiner Natur nach grenzenlos: Der Mensch will unbedingt sein Dasein erhalten, will es von Schmerzen, zu denen auch aller Mangel und Entbehrung gehört, unbedingt frei, will die größtmögliche Summe von Wohlsein und will jeden Genuß, zu dem er fähig ist, ja, sucht womöglich noch neue Fähigkeiten zum Genusse in sich zu entwickeln. Alles, was sich dem Streben seines Egoismus entgegenstellt, erregt seinen Unwillen, Zorn, Haß: Er wird es als seinen Feind zu vernichten suchen. Er will womöglich alles genießen, alles haben; da aber dies unmöglich ist, wenigstens alles beherrschen: »Alles für mich und nichts für die andern« ist sein Wahlspruch. Der Egoismus ist kolossal: Er überragt die Welt. Denn wenn jedem einzelnen die Wahl gegeben würde zwischen seiner eigenen und der übrigen Welt Vernichtung, so brauche ich nicht zu sagen, wohin sie bei den allermeisten ausschlagen würde. Demgemäß macht jeder sich zum

Mittelpunkte der Welt, bezieht alles auf sich und wird, was nur vorgeht, z. B. die größten Veränderungen im Schicksale der Völker, zunächst auf sein Interesse dabei beziehen und, sei dieses auch noch so klein und mittelbar, vor allem daran denken. Keinen größern Kontrast gibt es als den zwischen dem hohen und exklusiven Anteil, den jeder an seinem eigenen Selbst nimmt, und der Gleichgültigkeit, mit der in der Regel alle andern eben jenes Selbst betrachten, wie er ihres.

*

Der Egoismus ist eine so tief wurzelnde Eigenschaft aller Individualität überhaupt, daß, um die Tätigkeit eines individuellen Wesens zu erregen, egoistische Zwecke die einzigen sind, auf welche man mit Sicherheit rechnen kann.

*

Der Egoismus nämlich, von dem wir alle strotzen, und welchen wir als unsere *partie honteuse [Schändlichkeit]* zu verstecken wir die Höflichkeit erfunden haben, guckt aus allen ihm übergeworfenen Schleiern meistens dadurch hervor, daß wir in jedem, der uns vorkommt, wie instinktmäßig zunächst nur ein mögliches Mittel zu irgendeinem unserer stets zahlreichen Zwecke suchen.

*

Der EGOISMUS besteht darin, daß der Mensch wähnt, nur in seiner eignen Person zu existieren, nicht in den andern. Der Tod belehrt ihn eines Bessern: Denn er hebt seine Person gänzlich auf, – läßt ihn nur noch in den andern fortleben: denn das Dasein, welches dem Menschen nach dem Tode bleibt, ist sein Dasein als Ding an sich, d. h. als Wille zum Leben, und solcher erscheint jetzt nur noch in den Erscheinungen, welche aus der Erscheinungsreihe nicht herausgefallen sind, d. h. den noch nicht gestorbenen Wesen. Beim Tode erfährt daher der Egoismus durch die Aufhebung der eignen Person die gänzlichste Durchkreuzung und Zermalmung. Daher die Todesfurcht. Der Tod ist demnach die Belehrung, welche dem Egoismus durch den Lauf der Natur wird.

Denn alles, was entsteht,
Ist wert, daß es zugrunde geht:
Drum besser wär' es, nichts entstünde …

## Ehe

Zu dem, WAS EINER HAT, habe ich Frau und Kinder nicht gerechnet, da er von diesen vielmehr gehabt wird.

*

HEIRATEN heißt das Mögliche tun, einander zum Ekel zu werden.

*

Das gewöhnliche Ziel der sogenannten Karriere junger Männer ist doch nur, daß sie das Lasttier eines Weibes werden.

*

Glückliche Ehen sind bekanntlich selten, eben weil es im Wesen der Ehe liegt, daß ihr Hauptzweck nicht die gegenwärtige, sondern die kommende Generation ist. Indessen sei zum Troste zarter und liebender Gemüter noch hinzugefügt, daß bisweilen der leidenschaftlichen Geschlechtsliebe sich ein Gefühl ganz anderen Ursprungs zugesellt, nämlich wirkliche, auf Übereinstimmung der Gesinnung gegründete Freundschaft, welche jedoch meistens erst dann hervortritt, wann die eigentliche Geschlechtsliebe in der Befriedigung erloschen ist.

## Ehre

Aus den verschiedenen Beziehungen, in denen der Mensch zu andern stehen kann und in Hinsicht auf welche sie Zutrauen zu ihm, also eine gewisse gute Meinung von ihm, zu hegen haben, entstehn mehrere Arten der Ehre. Diese Beziehungen sind hauptsächlich das Mein und Dein, sodann die Leistungen der Anheischigen, endlich das Sexualverhältnis; ihnen entsprechen die bürgerliche Ehre, die Amtsehre und die Sexualehre, jede von welchen noch wieder Unterarten hat. Die weiteste Sphäre hat die bürgerliche Ehre: Sie besteht in der Voraussetzung, daß wir die Rechte eines jeden unbedingt achten und uns nie ungerechter oder gesetzlich unerlaubter Mittel zu unserm Vorteile bedienen werden. Sie ist die Bedingung zur Teilnahme an allem friedlichen Verkehr. Sie geht verloren durch eine einzige offenbar und stark dawiderlaufende Handlung, folglich auch durch jede Kriminalstrafe, wiewohl nur unter Voraussetzung der Gerechtigkeit derselben. Immer aber beruht die Ehre in ihrem letzten Grunde auf der Überzeugung von der Unveränderlichkeit des moralischen Charakters, vermöge welcher eine einzige schlechte Handlung die gleiche moralische Beschaffenheit aller folgenden, sobald ähnliche Umstände eintreten werden, verbürgt; dies bezeugt auch der Englische Ausdruck *character* für Ruf, Reputation, Ehre. Deshalb eben ist die verlorene Ehre nicht wieder herzustellen; es sei denn, daß der Verlust auf Täuschung wie Verleumdung oder falschem Schein beruht hätte.

*

Die Ehre ist das äußere Gewissen und das Gewissen die innere Ehre; – so könnte dies vielleicht manchem gefallen, würde jedoch mehr eine glänzende als eine deutliche und gründliche Erklärung sein. Daher sage ich, die Ehre ist objektiv die Meinung anderer von unserm Wert und subjektiv unsere Furcht vor dieser Meinung. In letzterer Eigenschaft hat sie oft eine sehr heilsame, wenn auch keineswegs rein moralische Wirkung, – im Mann von Ehre.

*

Die Ehre eines Mannes beruht nicht auf dem, was er TUT, sondern auf dem, was er LEIDET, was ihm widerfährt. Wenn nach den Grundsätzen der zuerst erörterten, allgemein geltenden Ehre diese allein abhängt von dem, was ER SELBST sagt oder tut, so hängt hingegen die ritterliche Ehre ab von dem, was irgendein anderer sagt oder tut. Sie liegt sonach in der Hand, ja, hängt an der Zungenspitze eines jeden und kann, wenn dieser zugreift, jeden Augenblick auf immer verlorengehn, falls nicht der Betroffene durch einen bald zu erwähnenden Herstellungsprozeß sie wieder an sich reißt, welches jedoch nur mit Gefahr seines Lebens, seiner Gesundheit, seiner Freiheit, seines Eigentums und seiner Gemütsruhe geschehn kann. Diesem zufolge mag das Tun und Lassen eines Mannes das rechtschaffenste und edelste, sein Gemüt das reinste und sein Kopf der eminenteste sein; so kann dennoch seine Ehre jeden Augenblick verlorengehn, sobald es nämlich irgendeinem, – der nur noch nicht diese Ehrengesetze verletzt hat, übrigens aber der nichtswürdigste Lump, das stupideste Vieh, ein Tagedieb, Spieler, Schuldenmacher, kurz, ein Mensch, der nicht wert ist, daß jener ihn ansieht, sein kann, – beliebt, ihn zu SCHIMPFEN. Sogar wird es meistenteils gerade ein Subjekt solcher Art sein, dem dies beliebt; weil eben, wie SENECA richtig bemerkt, *ut quisque contemptissimus et ludibrio est, ita solutissimae linguae est (De constantia, 11) [je verächtlicher und lächerlicher einer ist, desto loser ist sein Mundwerk]:* Auch wird ein solcher gerade gegen einen wie der zuerst Geschilderte am leichtesten aufgereizt werden, weil die Gegensätze sich hassen und weil der Anblick überwiegender Vorzüge die stille Wut der Nichtswürdigkeit zu erzeugen pflegt.

## Eigennutz

Statt durch Gründe auf den Intellekt wirke man durch Motive auf den Willen, und der Gegner wie auch die Zuhörer, wenn sie gleiches Interesse mit ihm haben, sind sogleich für unsre Meinung gewonnen, und wäre diese aus dem Tollhause geborgt: Denn meistens wiegt ein Lot Wille mehr als ein Zentner Einsicht und Überzeugung. Freilich geht dies nur unter besondern Umständen an. Kann man dem Gegner fühlbar machen, daß seine Meinung, wenn sie gültig würde, seinem Interesse merklichen Abbruch täte, so wird er sie so schnell fahren lassen wie ein heißes Eisen, das er unvorsichtigerweise ergriffen hatte. Z. E. ein Geistlicher verteidigt ein philosophisches Dogma: – Man gebe ihm zu vermerken, daß es mittelbar mit einem Grunddogma seiner Kirche in Widerspruch steht, und er wird es fahrenlassen. Ein Gutsbesitzer behauptet die Vortrefflichkeit des Maschinenwesens in England, wo eine Dampfmaschine vieler Menschen Arbeit tut: Man gebe ihm zu verstehen, daß bald auch die Wagen durch Dampfmaschinen gezogen werden, wo denn die Pferde seiner zahlreichen Stuterei sehr im Preis sinken müssen, – und man wird sehn.

### Eigenschaften

Das Affektieren irgendeiner Eigenschaft, das Sichbrüsten damit, ist ein Selbstgeständnis, daß man sie nicht hat. Sei es Mut oder Gelehrsamkeit oder Geist oder Witz oder Glück bei Weibern oder Reichtum oder vornehmer Stand oder was sonst, womit einer großtut: So kann man daraus schließen, daß es ihm gerade daran in etwas gebricht; denn wer wirklich eine Eigenschaft vollkommen besitzt, dem fällt es nicht ein, sie herauszulegen und zu affektieren, sondern er ist darüber ganz beruhigt.

### Eigensinn

Aller EIGENSINN beruht darauf, daß der Wille sich an die Stelle der Erkenntnis gedrängt hat.

### Eigentum

Beim Anblick dessen, was wir nicht besitzen, steigt gar leicht in uns der Gedanke auf: »Wie, wenn das mein wäre?« und er macht uns die Entbehrung fühlbar. Statt dessen sollten wir öfter fragen: »Wie, wenn das NICHT mein wäre?« Ich meine, wir sollten das, was wir besitzen, bisweilen so anzusehn uns bemühen, wie es uns vorschweben würde, nachdem wir es verloren hätten, und zwar jedes, was es auch sei: Eigentum, Gesundheit, Freunde, Geliebte, Weib, Kind, Pferd und Hund; denn meistens belehrt erst der Verlust uns über den Wert der Dinge. Hingegen infolge der anempfohlenen Betrachtungsweise derselben wird erstlich ihr Besitz uns unmittelbar mehr als zuvor beglücken, und zweitens werden wir auf alle Weise dem Verlust vorbeugen, also das Eigentum nicht in Gefahr bringen, die Freunde nicht erzürnen, die Treue des Weibes nicht der Versuchung aussetzen, die Gesundheit der Kinder bewachen usf. Oft suchen wir die Trübe der Gegenwart aufzuhellen durch Spekulation auf günstige Möglichkeiten und ersinnen vielerlei chimärische Hoffnungen, von denen jede mit einer Enttäuschung schwanger ist, die nicht ausbleibt, wann jene an der harten Wirklichkeit zerschellt. Besser wäre es, die vielen schlimmen Möglichkeiten zum Gegenstand unserer Spekulation zu machen, als welches teils Vorkehrungen zu ihrer Abwehr, teils angenehme Überraschungen, wenn sie sich nicht verwirklichen, veranlassen würde. Sind wir doch, nach etwan ausgestandener Angst, stets merklich heiter.

### Einbildungskraft

Viel Einbildungskraft hat der, dessen anschauende Gehirntätigkeit stark genug ist, nicht jedesmal der Erregung der Sinne zu bedürfen, um in Aktivität zu geraten. Dementsprechend ist die Einbildungskraft um so tätiger, je weniger äußere Anschauung uns durch die Sinne zugeführt wird. Lange Einsamkeit im Gefängnis oder in der Krankenstube, Stille, Dämmerung, Dunkelheit sind ihrer Tätigkeit förderlich: Unter dem Einfluß derselben beginnt sie unaufgefordert ihr Spiel. Umgekehrt, wann der Anschauung viel realer Stoff von außen gegeben wird, wie auf Reisen, im Weltgetümmel, am hellen Mittage, dann feiert die Einbildungskraft und gerät selbst aufgefordert nicht in Tätigkeit: Sie sieht, daß es nicht ihre Zeit ist. Dennoch muß die Einbildungskraft, um sich fruchtbar zu erweisen, vielen Stoff von der Außenwelt empfangen haben; denn diese allein füllt ihre Vorratskammer. Aber es ist mit der Nahrung der Phantasie wie mit der des Leibes: Wann diesem soeben von außen viel Nahrung zugeführt worden, die er zu verdauen hat, dann ist er gerade am untüchtigsten zu jeder Leistung und feiert gern; und doch ist es eben diese Nahrung, der er alle Kräfte verdankt, welche er nachher, zur rechten Zeit, äußert.

### Einsamkeit

Dem intellektuell hochstehenden Menschen gewährt die Einsamkeit einen zweifachen Vorteil: erstlich den, mit sich selber zu sein, und zweitens den, nicht mit anderen zu sein.

*

Zunächst erfordert jede Gesellschaft notwendig eine gegenseitige Akkommodation und Temperatur, daher wird sie, je größer, desto fader. Ganz ER SELBST SEIN darf jeder nur, solange er allein ist: Wer also nicht die Einsamkeit liebt, der liebt auch nicht die Freiheit; denn nur, wann man allein ist, ist man frei: Zwang ist der unzertrennliche Gefährte jeder Gesellschaft. Demgemäß wird jeder in genauer Proportion zum Werte seines eigenen Selbst die Einsamkeit fliehen, ertragen oder lieben. Denn in ihr fühlt der Jämmerliche seine ganze Jämmerlichkeit, der große Geist seine ganze Größe, kurz, jeder sich, als was er ist. Ferner, je höher einer auf der Rangliste der Natur steht, desto einsamer steht er, und zwar wesentlich und unvermeidlich. Dann aber ist es eine Wohltat für ihn, wenn die physische Einsamkeit der geistigen entspricht: Widrigenfalls dringt die häufige Umgebung heterogener Wesen störend, ja, feindlich auf ihn ein, raubt ihm sein Selbst und hat nichts als Ersatz dafür zu geben.

*

Je weniger einer infolge objektiver oder subjektiver Bedingungen nötig hat, mit den Menschen in Berührung zu kommen, desto besser ist er daran. Die EINSAMKEIT und Öde läßt alle ihre Übel auf einmal, wenn auch nicht empfinden, doch übersehn; hingegen die Gesellschaft ist insidiös: Sie verbirgt hinter dem Scheine der Kurzweil, der Mitteilung, des geselligen Genusses usf. große, oft unheilbare Übel. Ein Hauptstudium der Jugend sollte sein, die EINSAMKEIT ERTRAGEN ZU LERNEN; weil sie eine Quelle des Glückes und der Gemütsruhe ist.

## Einsicht

Die wirklichen Denker haben auf EINSICHT, und zwar ihrer selbst wegen, hingearbeitet, weil sie die Welt, in der sie sich befanden, doch irgendwie sich verständlich zu machen inbrünstiglich begehrten, nicht aber, um zu lehren und zu schwätzen. Daher erwächst in ihnen langsam und allmählich infolge anhaltender Meditation eine feste, zusammenhängende Grundansicht, die zu ihrer Basis allemal die ANSCHAULICHE Auffassung der Welt hat und von der Wege ausgehn zu allen speziellen Wahrheiten, welche selbst wieder Licht zurückwerfen auf jene Grundansicht. Daraus folgt denn auch, daß sie über jedes Problem des Lebens und der Welt wenigstens eine entschiedene, wohlverstandene und mit dem Ganzen zusammenhängende Meinung haben und daher niemanden mit leeren Phrasen abzufinden brauchen, wie hingegen jene ersteren tun, die man stets mit dem Vergleichen und Abwägen fremder

Meinungen statt mit den Dingen selbst beschäftigt findet, wonach man glauben könnte, es sei die Rede von entfernten Ländern, über welche man die Berichte der wenigen dort hingelangten Reisenden kritisch zu vergleichen hätte, nicht aber von der auch vor ihnen ausgebreitet und klar daliegenden wirklichen Welt.

*

Ein Mann von richtiger Einsicht unter den Betörten gleicht dem, dessen Uhr richtig geht, in einer Stadt, deren Turmuhren alle falsch gestellt sind. Er allein weiß die wahre Zeit: Aber was hilft es ihm? Alle Welt richtet sich nach den falsch zeigenden Stadtuhren, sogar auch die, welche wissen, daß seine Uhr allein die wahre Zeit angibt.

*

Weder unsere Kenntnisse noch unsere Einsichten werden jemals durch Vergleichen und Diskutieren des von andern Gesagten sonderlich vermehrt werden; denn das ist immer nur, wie wenn man Wasser aus einem Gefäß in ein anderes gießt. Nur durch eigene Betrachtung der Dinge selbst kann Einsicht und Kenntnis wirklich bereichert werden; denn sie allein ist die stets bereite und stets naheliegende lebendige Quelle.

*

Mein Leben in der wirklichen Welt ist ein bittersüßer Trank. Es ist nämlich, wie mein Dasein überhaupt, ein stetes Erwerben von Erkenntnis, Gewinnen von Einsicht, das hier diese wirkliche Welt und mein Verhältnis zu ihr betrifft. Der Gehalt dieser Erkenntnis ist traurig und niederschlagend; aber die Form der Erkenntnis überhaupt, das Gewinnen an Einsicht, das Eindringen in die Wahrheit ist durchaus erfreulich und mischt fortwährend seine Süße in jene Bitterkeit, seltsamerweise.

## Eitelkeit

Bei allem, was wir tun und lassen, wird, fast vor allem andern, die fremde Meinung berücksichtigt, und aus der Sorge um sie werden wir bei genauer Untersuchung fast die Hälfte aller Bekümmernisse und Ängste, die wir jemals empfunden haben, hervorgegangen sehn. Denn sie liegt allem unserm so oft gekränkten, weil so krankhaft empfindlichen Selbstgefühl, allen unsern Eitelkeiten und Prätensionen wie auch unserm Prunken und Großtun zum Grunde. Ohne diese Sorge und Sucht würde der Luxus kaum ein Zehntel dessen sein, was er ist. Aller und jeder Stolz, *point d'honneur* und *puntiglio [das Ehrgefühl und der übertriebene Ehrenstandpunkt]*, so verschiedener Gattung und Sphäre er auch sein kann, beruht auf ihr, – und welche Opfer heischt sie da nicht oft! Sie zeigt sich schon im Kinde, sodann in jedem Lebensalter, jedoch am stärksten im späten, weil dann, beim Versiegen der Fähigkeit zu sinnlichen Genüssen, Eitelkeit und Hochmut nur noch mit dem Geize die Herrschaft zu teilen haben.

*

Unser Dasein in der Meinung anderer wird infolge einer besonderen Schwäche unserer Natur durchgängig viel zu hoch angeschlagen, obgleich schon die leichteste Besinnung lehren könnte, daß es an sich selbst für unser Glück unwesentlich ist. Es ist demnach kaum erklärlich, wie sehr jeder Mensch sich innerlich freut, sooft er Zeichen der günstigen Meinung anderer merkt und seiner Eitelkeit irgendwie geschmeichelt wird. So unausbleiblich, wie die Katze spinnt, wenn man sie streichelt, malt süße Wonne sich auf das Gesicht des Menschen, den man lobt, und zwar in dem Felde seiner Prätension, sei das Lob auch handgreiflich lügenhaft.

*

Am Menschenleben ist, wie an jeder schlechten Ware, die Außenseite mit falschem Schimmer überzogen: Immer verbirgt sich, was leidet; hingegen was jeder an Prunk und Glanz erschwingen kann, trägt er zur Schau, und je mehr ihm innere Zufriedenheit abgeht, desto mehr wünscht er, in der Meinung anderer als ein Beglückter dazustehen: So weit geht die Torheit, und die Meinung anderer ist ein Hauptziel des Strebens eines jeden, obgleich die gänzliche Nichtigkeit desselben schon dadurch sich ausdrückt, daß in fast allen Sprachen Eitelkeit, *vanitas,* ursprünglich Leerheit und Nichtigkeit bedeutet. – Allein auch unter allem diesem Blendwerk können die Qualen des Lebens sehr leicht so anwachsen, und es geschieht ja täglich, daß der sonst über alles gefürchtete Tod mit Begierde ergriffen wird.

*

Die Gunst eines sehr schönen Weibes durch seine Persönlichkeit allein zu gewinnen, ist vielleicht ein noch größrer Genuß für die Eitelkeit als für die Sinnlichkeit, indem man die Gewißheit erhält, daß die eigne Persönlichkeit ein Äquivalent für jene über alle andern geschätzte, bewunderte, vergötterte Person sei. Darum auch ist verschmähte Liebe so schmerzlich, besonders wenn mit gegründeter Eifersucht vereint. An jener Freude wie an diesem Schmerz hat wahrscheinlich die Eitelkeit mehr Anteil als die Sinnlichkeit, weil nur etwas Geistiges, ein Gedanke, nicht bloße Sinnenlust uns so heftig erschüttern kann. Auch kennen die Tiere wohl die Lust, nicht aber jene leidenschaftlichen Freuden und Leiden der Liebe.

## Elternpflicht

Nur EINE Verpflichtung ist mir bekannt, die NICHT mittelst einer Übereinkunft, sondern unmittelbar durch eine bloße Handlung übernommen wird, weil der, gegen den man sie hat, noch nicht da war, als man sie übernahm: Es ist die der Eltern gegen ihre Kinder. Wer ein Kind in die Welt setzt, hat die PFLICHT, es zu erhalten, bis es sich selbst zu erhalten fähig ist; und sollte diese Zeit wie bei einem Blinden, Krüppel, Kretin u. dgl. nie eintreten, so hört auch die Pflicht NIE auf. Denn durch das bloße Nichtleisten der Hilfe, also eine Unterlassung, würde er sein Kind verletzen, ja, dem Untergange zuführen. Die moralische Pflicht der Kinder gegen die Eltern ist nicht so unmittelbar und entschieden. Sie beruht darauf, daß, weil jede Pflicht ein Recht gibt, auch die Eltern eines gegen die Kinder haben müssen, welches bei diesen die Pflicht des Gehorsams begründet, die aber nachmals mit dem Recht, aus welchem sie entstanden ist, auch aufhört. An ihre Stelle wird alsdann Dankbarkeit treten für das, was die Eltern mehr getan als strenge ihre Pflicht war. Jedoch, ein so häßliches, oft selbst empörendes Laster auch der Undank ist, so ist Dankbarkeit doch nicht PFLICHT zu nennen: weil ihr Ausbleiben keine Verletzung des andern, also kein UNRECHT ist.

## Erfahrung

Was der gereifte Mann durch die Erfahrung seines Lebens erlangt hat und wodurch er die Welt anders sieht als der Jüngling und Knabe, ist zunächst UNBEFAN-

GENHEIT. Er allererst sieht die Dinge ganz einfach und nimmt sie für das, was sie sind, während dem Knaben und Jüngling ein Trugbild, zusammengesetzt aus selbstgeschaffenen Grillen, überkommenen Vorurteilen und seltsamen Phantasien, die wahre Welt bedeckte oder verzerrte. Denn das erste, was die Erfahrung zu tun vorfindet, ist, uns von den Hirngespinnsten und falschen Begriffen zu befreien, welche sich in der Jugend angesetzt haben. Vor diesen das jugendliche Alter zu bewahren wäre allerdings die beste Erziehung, wenngleich nur eine negative; ist aber sehr schwer. Man müßte zu diesem Zwecke den Gesichtskreis des Kindes anfangs möglichst enge halten, innerhalb desselben jedoch ihm lauter deutliche und richtige Begriffe beibringen, und erst nachdem es alles darin Gelegene richtig erkannt hätte, denselben allmählich erweitern, stets dafür sorgend, daß nichts Dunkeles, auch nichts halb oder schief Verstandenes, zurückbliebe. Infolge hievon würden seine Begriffe von Dingen und menschlichen Verhältnissen immer noch beschränkt und sehr einfach, dafür aber deutlich und richtig sein, so daß sie stets nur der Erweiterung, nicht der Berichtigung bedürften; und so fort bis ins Jünglingsalter hinein. Diese Methode erfordert insbesondere, daß man keine Romane zu lesen erlaube, sondern sie durch angemessene Biographien ersetze, wie z. B. die FRANKLINS, den Anton Reiser von Moritz u. dgl.

*

Die größte Energie und höchste Spannung der Geisteskräfte findet ohne Zweifel in der Jugend statt, spätestens bis ins 35. Jahr; von dem an nimmt sie, wiewohl sehr langsam, ab. Jedoch sind die späteren Jahre, selbst das Alter, nicht ohne geistige Kompensation dafür. Erfahrung und Gelehrsamkeit sind erst jetzt eigentlich reich geworden: Man hat Zeit und Gelegenheit gehabt, die Dinge von allen Seiten zu betrachten und zu bedenken, hat jedes mit jedem zusammengehalten und ihre Berührungspunkte und Verbindungsglieder herausgefunden, wodurch man sie allererst jetzt so recht im Zusammenhange versteht.

## Erkennen

Alles DENKEN, d. h. in abstrakten Begriffen vorstellen, ist eigentlich ein BLOSSES ERINNERN und dann neu Ordnen des früher Gewußten und dadurch des Angeschauten, welches zu allen Begriffen die Unterlage ist. Ein wirkliches ERKENNEN, d. h. Neues und Frisches perzipieren, ist allein das ANSCHAUEN.

## Erkenntnis

Das Leben der Pflanzen geht auf im bloßen DASEIN. Demnach ist sein Genuß ein rein und absolut subjektives, dumpfes Behagen. Bei den Tieren tritt Erkenntnis hinzu, doch bleibt sie gänzlich auf Motive, und zwar die nächsten, beschränkt. Daher finden auch sie im bloßen Dasein ihre volle Befriedigung, und es reicht zu, ihr Leben auszufüllen. Sie können demnach viele Stunden ganz untätig zubringen, ohne Unbehagen oder Ungeduld zu empfinden, obschon sie nicht denken, sondern bloß anschauen. Nur in den allerklügsten Tieren, wie Hunden und Affen, macht sich schon das Bedürfnis der Beschäftigung und somit die Langeweile fühlbar, daher sie gern spielen, auch wohl sich mit Gaffen nach den Vorübergehenden unterhalten, wodurch sie schon in eine Klasse mit den menschlichen Fenstergaffern treten, die uns allerorten entgegenstarren.

*

Man erkennt aber nichts ganz und vollkommen, als bis man darum herumgekommen und nun von der anderen Seite zum Ausgangspunkt zurückgelangt ist.

## Erlösung

Zwar wünschen alle erlöst zu werden aus dem Zustande des Leidens und des Todes: Sie möchten, wie man sagt, zur ewigen Seligkeit gelangen, ins Himmelreich kommen, aber nur nicht auf eigenen Füßen, sondern hineingetragen möchten sie werden, durch den Lauf der Natur. Allein das ist unmöglich. Daher wird sie zwar uns nie fallen und zu nichts werden lassen; aber sie kann uns nirgends hinbringen als immer nur wieder in die Natur. Wie mißlich es jedoch sei, als ein Teil der Natur zu existieren, erfährt jeder an seinem eigenen Leben und Sterben.

### Ernst

Je mehr ein Mensch des ganzen Ernstes fähig ist, desto herzlicher kann er lachen.

### Ernüchterung

Was das jugendliche Alter trübt, ja unglücklich macht, ist das Jagen nach Glück, in der festen Voraussetzung, es müsse im Leben anzutreffen sein. Daraus entspringt die fortwährend getäuschte Hoffnung und aus dieser die Unzufriedenheit. Gaukelnde Bilder eines geträumten, unbestimmten Glücks schweben, unter kapriziös gewählten Gestalten, uns vor, und wir suchen vergebens ihr Urbild. Daher sind wir in unseren Jünglingsjahren mit unserer Lage und Umgebung, welche sie auch sei, meistens unzufrieden, weil wir ihr zuschreiben, was der Leerheit und Armseligkeit des menschlichen Lebens überall zukommt und mit der wir jetzt die erste Bekanntschaft machen, nachdem wir ganz andere Dinge erwartet haben: Man hätte viel gewonnen, wenn man durch zeitige Belehrung den Wahn, daß in der Welt viel zu holen sei, in den Jünglingen ausrotten könnte.

### Erziehung

Kein Charakter ist so, daß er sich selbst überlassen bleiben und sich ganz und gar gehnlassen dürfte, sondern jeder bedarf der Lenkung durch Begriffe und Maximen. Will man nun aber es hierin weit bringen, nämlich bis zu einem nicht aus unsrer angeborenen Natur, sondern bloß aus vernünftiger Überlegung hervorgegangenen, ganz eigentlich erworbenen und künstlichen Charakter, so wird man gar bald das *Naturam expelles furca, tamen usque recurret [treib die Natur mit der Heugabel aus, sie kehret doch wieder]* bestätigt finden. Man kann nämlich eine Regel für das Betragen gegen andere sehr wohl einsehn, ja, sie selbst auffinden und treffend ausdrücken, und wird dennoch im wirklichen Leben gleich darauf gegen sie verstoßen. Jedoch soll man nicht sich dadurch entmutigen lassen und denken, es sei unmöglich, im Weltleben sein Benehmen nach abstrakten Regeln und Maximen zu leiten und daher am besten, sich eben nur gehnzulassen. Sondern es ist damit wie mit allen theoretischen Vorschriften und Anweisungen für das Praktische: Die Regel verstehn ist das erste, sie ausüben zu lernen ist das zweite. Jenes wird durch Vernunft auf einmal, dieses durch Übung allmählich gewonnen. Man zeigt dem Schüler die Griffe auf dem Instrument, die Paraden und Stöße mit dem Rapier: Er fehlt sogleich trotz dem besten Vorsatze dagegen und meint nun, sie in der Schnelle des Notenlesens und der Hitze des Kampfes zu beobachten sei schier unmöglich. Dennoch lernt er es allmählich, durch Übung, unter Straucheln, Fallen und Aufstehn. Ebenso geht es mit den Regeln der Grammatik im Lateinisch schreiben und -sprechen. Nicht anders also wird der Tölpel zum Hofmann, der Hitzkopf zum feinen Weltmann, der Offene verschlossen, der Edle ironisch. Jedoch wird eine solche, durch lange Gewohnheit erlangte Selbstdressur stets als ein von außen gekommener Zwang wirken, welchem zu widerstreben die Natur nie ganz aufhört und bisweilen unerwartet ihn durchbricht. Denn alles Handeln nach abstrakten Maximen verhält sich zum Handeln aus ursprünglicher, angeborener Neigung wie ein menschliches Kunstwerk, etwan eine Uhr, wo Form und Bewegung dem ihnen fremden Stoffe aufgezwungen sind, zum lebenden Organismus, bei welchem Form und Stoff voneinander durchdrungen und eins sind. An diesem Verhältnis des erworbenen zum angeborenen Charakter bestätigt sich demnach ein Ausspruch des Kaisers Napoleon: *Tout ce qui n'est pas naturel est imparfait [alles, was nicht natürlich ist, ist unvollkommen];* welcher überhaupt eine Regel ist, die von allem und jedem, sei es physisch oder moralisch, gilt, und von der die einzige mir einfallende Ausnahme das den Mineralogen bekannte natürliche Aventurino ist, welches dem künstlichen nicht gleichkommt.

*

Wenn die Welt erst EHRLICH genug geworden sein wird, um Kindern vor dem 15. Jahr keinen RELIGIONSUNTERRICHT zu erteilen, dann wird etwas von ihr zu hoffen sein.

*

Für die Fortschritte der Erkenntnis im Menschengeschlecht ist es eine erschreckliche Sache, daß jedem Menschen, wo immer er auch geboren sei, in früher Jugend GEWISSE BEHAUPTUNGEN EINGEPRÄGT werden, mitsamt der Versicherung, daß er, bei Gefahr, sein ewiges Heil zu verwirken, nie diese Behauptungen in Zweifel ziehn dürfe. Da es Behauptungen sind, welche die Grundlage aller andern betreffen, so entsteht hiedurch eine LÄHMUNG DER GEISTESKRÄFTE, deren Wirkungen sich überallhin erstrecken.

*

Jeder erkennt eigentlich nur das, was er anschaulich auffaßt; was er *in abstracto* weiß, sind bloß Assignaten auf den *fond* seiner anschaulichen Erkenntnis. Nun ist aber keine Erkenntnis MITTEILBAR als die abstrakte. Wie soll man nun, in aller Welt, durch Belehrung und

Schrift auf die Menschen wirken? – Wie ist es möglich? – Was nützt alles Reden und Schreiben? Die Antwort ist, was sie *in abstracto* und unverstanden auf Kredit aufgenommen haben, kommt ihnen zu Nutzen, wann späterhin einmal die anschauliche Erkenntnis hinzutritt. Sie haben zum voraus die rechte Auslegung, und diese hält sie ab, aus eigenen Mitteln falsche zu machen – so langsam geht die Erziehung des Menschengeschlechts.

## Existenzfrage

Ohne Zweifel ist es das Wissen um den Tod und neben diesem die Betrachtung des Leidens und der Not des Lebens, was den stärksten Anstoß zum philosophischen Besinnen und zu metaphysischen Auslegungen der Welt gibt. Wenn unser Leben endlos und schmerzlos wäre, würde es vielleicht doch keinem einfallen zu fragen, warum die Welt da sei und gerade diese Beschaffenheit habe, sondern eben auch sich alles von selbst verstehen.

## Exzentrik

Zur PHILOSOPHIE wie zur Poesie und allen schönen Künsten befähigt nur ein ganz EXZENTRISCHER HANG, der, gegen die Regel der menschlichen Natur, an die Stelle des Strebens nach dem Wohl der eigenen

Person ein völlig objektives, auf eine der Person fremde LEISTUNG gerichtetes Streben setzt und eben dieserhalb sehr treffend EXZENTRISCH heißt.

## Fachidioten

Von dem menschlichen Wissen überhaupt, in jeder Art, existiert der allergrößte Teil stets nur auf dem Papier, als auf welchem dasselbe niedergelegt ist. Nur ein kleiner Teil desselben ist in jedem gegebenen Zeitpunkt in irgendwelchen Köpfen wirklich lebendig. Von dem, was überhaupt wissenswert wäre, kann kein einzelner auch nur den tausendsten Teil wissen. Sogar aber haben die Wissenschaften eine solche Breite der Ausdehnung erlangt, daß, wer etwas »darin leisten« will, nur ein ganz spezielles Fach betreiben darf, unbekümmert um alles andere. Alsdann wird er zwar in seinem Fache über dem Vulgus stehn, in allem übrigen jedoch zu demselben gehören. Kommt nun noch, wie heutzutage immer häufiger wird, die Vernachlässigung der alten Sprachen, welche halb zu lernen nichts hilft, hinzu, wodurch die allgemeine Humanitätsbildung wegfällt, so werden wir Gelehrte sehn, die außerhalb ihres speziellen Faches wahre Ochsen sind. – Überhaupt ist so ein exklusiver Fachgelehrter dem Fabrikarbeiter analog, der sein Leben lang nichts anderes macht als eine bestimmte Schraube, oder Haken, oder Handhabe zu einem bestimmten Werkzeuge oder Maschine, worin er dann freilich eine unglaubliche Virtuosität erlangt. Auch kann man den Fachgelehrten mit einem Manne vergleichen, der in seinem eigenen Hause wohnt, jedoch nie herauskommt. In dem Hause kennt er alles genau, ... aber außerhalb desselben ist ihm alles fremd und unbekannt. – Wahre Bildung zur Humanität hingegen erfordert durchaus Vielseitigkeit und Überblick, also für einen Gelehrten im höhern Sinne allerdings etwas Polyhistoria.

### Fehler

Jede menschliche Vollkommenheit ist einem Fehler verwandt, in welchen überzugehn sie droht, jedoch auch umgekehrt jeder Fehler einer Vollkommenheit. Daher beruht der Irrtum, in welchen wir hinsichtlich eines Menschen geraten, oft darauf, daß wir im Anfang der Bekanntschaft seine Fehler mit den ihnen verwandten Vollkommenheiten verwechseln oder auch umgekehrt: Da scheint uns dann der Vorsichtige feige, der Sparsame geizig oder auch der Verschwender liberal, der Grobian gerade und aufrichtig, der Dummdreiste als mit edelem Selbstvertrauen auftretend u. dgl. m.

### Feigheit

Was kann man denn viel von einer Welt erwarten, in der fast alle bloß leben, weil sie noch nicht haben sich ein Herz fassen können zum Totschießen.

## Fortschritt

Ein Haupthindernis der Fortschritte des Menschengeschlechts ist, daß die Leute nicht auf die hören, welche am gescheitesten, sondern auf die, welche am lautesten reden.

## Freiheit

Jeder hält sich *a priori* für ganz frei, auch in seinen einzelnen Handlungen, und meint, er könne jeden Augenblick einen anderen Lebenswandel anfangen, welches hieße, ein anderer werden. Allein *a posteriori*, durch die Erfahrung, findet er zu seinem Erstaunen, daß er nicht frei ist, sondern der Notwendigkeit unterworfen, daß er, aller Vorsätze und Reflexionen ungeachtet, sein Tun nicht ändert und vom Anfang seines Lebens bis zum Ende denselben von ihm selbst mißbilligten Charakter durchführen und gleichsam die übernommene Rolle bis zu Ende spielen muß.

## Fremdsprachen

Menschen von geringen Fähigkeiten werden auch nicht leicht eine fremde Sprache sich eigentlich aneignen: Sie erlernen wohl die Worte derselben, gebrauchen sie jedoch stets nur in der Bedeutung des ungefähren Äquivalents derselben in ihrer Muttersprache und behalten auch immer die dieser eigentümlichen

Wendungen und Phrasen bei. Sie vermögen eben nicht DEN GEIST der fremden Sprache sich anzueignen, welches eigentlich daran liegt, daß ihr Denken selbst nicht aus eigenen Mitteln vor sich geht, sondern zum größten Teil von ihrer Muttersprache erborgt ist, deren gangbare Phrasen und Wendungen ihnen die Stelle der eigenen Gedanken vertreten; daher eben sie auch in der eigenen Sprache sich stets nur abgenutzter Redensarten *(hackney'd phrases, phrases banales)*, bedienen, welche selbst sogar sie so ungeschickt zusammenstellen, daß man merkt, wie unvollkommen sie sich des Sinnes derselben bewußt sind und wie wenig ihr ganzes Denken über die Worte hinausgeht, so daß es nicht gar viel mehr als Papageiengeplapper ist. Aus dem entgegengesetzten Grunde ist Originalität der Wendungen und individuelle Angemessenheit jedes Ausdrucks, den einer gebraucht, ein unfehlbares Symptom überwiegenden Geistes.

*

Die Erlernung mehrerer Sprachen ist nicht allein ein mittelbares, sondern auch ein unmittelbares, tief eingreifendes, geistiges Bildungsmittel. Daher der Ausspruch Karls V.: *Quod linguas quis callet, tot homines valet [so viele Sprachen einer kann, so viele Mal ist er ein Mensch].*

## Freude

Jede lebhafte Freude ist ein Irrtum, ein Wahn, weil kein erreichter Wunsch dauernd befriedigen kann, auch weil jeder Besitz und jedes Glück nur vom Zufall auf unbestimmte Zeit geliehen ist und daher in der nächsten Stunde wieder zurückgefordert werden kann. Jeder Schmerz aber beruht auf dem Verschwinden eines solchen Wahns: Beide also entstehen aus fehlerhafter Erkenntnis. Dem Weisen bleibt daher Jubel wie Schmerz immer fern, und keine Begebenheit stört seine unerschütterliche Gemütsruhe.

## Freund

Die Echtheit eines Freundes zu erproben, hat man, nächst den Fällen, wo man ernstlicher Hilfe und bedeutender Opfer bedarf, die beste Gelegenheit in dem Augenblick, da man ihm ein Unglück, davon man soeben getroffen worden, berichtet. Alsdann nämlich malt sich in seinen Zügen entweder wahre, innige, unvermischte Betrübnis, oder aber sie bestätigen durch ihre gefaßte Ruhe oder einen flüchtigen Nebenzug den bekannten Ausspruch des Rochefoucauld: *Dans l'adversité de nos meilleurs amis, nous trouvons toujours quelque chose qui ne nous déplait pas [im Unglück unserer besten Freunde finden wir immer etwas, was uns nicht mißfällt].* Die gewöhnlichen sogenannten Freunde vermögen bei solchen Gelegenheiten oft kaum das Zucken zu einem leisen, wohlgefälligen Lächeln zu unterdrücken.

*

Wer das Schauspiel nicht besucht, gleicht dem, der seine Toilette ohne Spiegel macht; – ebenso auch der, welcher seine Beschlüsse faßt, ohne einen Freund zu Rate zu ziehn.

*

Nichts verrät weniger Menschenkenntnis, als wenn man als einen Beleg der Verdienste und des Wertes eines Menschen anführt, daß er viele FREUNDE hat: als ob die Menschen ihre FREUNDSCHAFT nach dem Wert und Verdienst verschenkten! Als ob sie nicht vielmehr ganz und gar wie die Hunde wären, die den lieben, der sie streichelt oder gar ihnen Brocken gibt und weiter sich um nichts bekümmern! Wer es am besten versteht, sie zu streicheln, und seien es die garstigsten Tiere, der hat VIELE FREUNDE.

*

Freunde in der Not wären selten? – Im Gegenteil! Kaum hat man mit einem Freundschaft gemacht, so ist er auch schon in der Not und will Geld geliehen haben.

*

Die Freunde nennen sich aufrichtig, die Feinde sind es: daher man ihren Tadel zur Selbsterkenntnis benutzen sollte, als eine bittre Arznei.

## Freundschaft

Wahre, echte Freundschaft setzt eine starke, rein objektive und völlig uninteressierte Teilnahme am Wohl und Wehe des andern voraus, und diese wieder ein wirkliches Sich-mit-dem-Freunde-Identifizieren. Dem steht der Egoismus der menschlichen Natur so sehr entgegen, daß wahre Freundschaft zu den Dingen gehört, von denen man, wie von den kolossalen Seeschlangen, nicht weiß, ob sie fabelhaft sind oder irgendwo existieren. Indessen gibt es mancherlei, in der Hauptsache freilich auf versteckten egoistischen Motiven der mannigfaltigsten Art beruhende Verbindungen zwischen Menschen, welche dennoch mit einem Gran jener wahren und echten Freundschaft versetzt sind, wodurch sie so veredelt werden, daß sie in dieser Welt der Unvollkommenheiten mit einigem Fug den Namen der Freundschaft führen dürfen. Sie stehn hoch über den alltäglichen Liaisons, welche vielmehr so sind, daß wir mit den meisten unserer guten Bekannten kein Wort mehr reden würden, wenn wir hörten, wie sie in unsrer Abwesenheit von uns reden.

*

Entfernung und lange Abwesenheit tun jeder Freundschaft Eintrag, so ungern man es gesteht. Denn Menschen, die wir nicht sehn, wären sie auch unsere geliebtesten Freunde, trocknen im Laufe der Jahre allmählich zu abstrakten Begriffen auf, wodurch unsere Teilnahme an ihnen mehr und mehr eine bloß vernünftige, ja traditionelle wird: Die lebhafte und tiefgefühlte bleibt denen vorbehalten, die wir vor Augen haben, und wären es auch nur geliebte Tiere. So sinnlich ist die menschliche Natur.

## Gedächtnis

Das Gedächtnis ist, da es in der Jugend seine größte Stärke und Tenazität hat, vorzüglich in Anspruch zu nehmen, jedoch mit sorgfältigster, aus skrupulöser Überlegung hervorgegangener Auswahl. Denn da das in der Jugend Wohlerlernte auf immer haftet, so sollte diese köstliche Anlage zu möglichstem Gewinne benutzt werden: Weil nun aber dem Menschen nur wenige Jugendjahre beschieden sind und auch die Kapazität des Gedächtnisses überhaupt, und noch mehr die des individuellen, doch immer eine limitierte ist, so käme alles darauf an, dasselbe mit dem Wesentlichsten und Wichtigsten in jeder Art, unter Ausschließung alles übrigen, anzufüllen. Diese Auswahl sollte einmal von den tüchtigsten Köpfen und den Meistern in jedem Fache mit der reiflichsten Überlegung gemacht und ihr Resultat festgestellt werden. Zum Grunde liegen müßte ihr eine Sichtung des dem Menschen überhaupt und des für jedes besondere Gewerbe oder Fach zu wissen Nötigen und Wichtigen. Die Kenntnisse der ersteren Art müßten dann wieder in stufenweise erweiterte Kursus oder Enzyklopädien, je nach dem Grade allgemeiner Bildung, die jedem nach Maßgabe seiner äußern Verhältnisse zugedacht ist, abgeteilt werden: von der Beschränkung auf notdürftigen Primärunterricht an bis auf den Inbegriff sämtlicher Lehrgegenstände der philosophischen Fakultät hinauf. Die Kenntnisse der zweiten Art nun aber blieben der Auswahl der wahren Meister in jedem Fache überlassen. Das Ganze gäbe einen speziell ausgeführten Kanon der intellektuellen Erziehung, welcher freilich alle zehn Jahre einer Revision bedürfen würde. Durch solche Veranstaltungen also würde man die Jugendkraft des Gedächtnisses zu möglichstem Vorteile benutzen und der später auftretenden Urteilskraft vortrefflichen Stoff überliefern.

*

Man lernt nur dann und wann etwas, aber man vergißt den ganzen Tag. Dabei gleicht unser Gedächtnis einem Siebe, das mit der Zeit und durch den Gebrauch immer weniger dicht hält; sofern nämlich, je älter wir werden, desto schneller aus dem Gedächtnis, was wir ihm jetzt noch anvertrauen, verschwindet; hingegen bleibt, was in den ersten Zeiten sich festgesetzt hat. Die Erinnerungen eines Alten sind daher um so deutlicher, je weiter sie zurückliegen, und werden es immer weniger, je näher sie der Gegenwart kommen, so daß, wie seine Augen, auch sein Gedächtnis fernsichtig geworden ist.

## Gedächtniskunst

Daß man wertvolle eigene Meditationen möglichst bald niederschreiben soll, versteht sich von selbst: Vergessen wir doch bisweilen, was wir erlebt, wieviel mehr, was wir gedacht haben. Gedanken aber kommen nicht, wann WIR, sondern wann SIE wollen. Hingegen, was wir von außen fertig empfangen, das bloß Erlernte, was sich auch jedenfalls in Büchern wiederauffinden läßt, ist es besser nicht aufzuschreiben, also keine Kollektanea zu machen: Denn etwas aufschreiben heißt, es der Vergessenheit übergeben. Mit seinem Gedächtnis aber soll man streng und despotisch verfahren, damit es den Gehorsam nicht verlerne; z. B. wenn man irgendeine Sache oder Vers oder Wort sich nicht zurückrufen kann, solches ja nicht in Büchern aufschlagen, sondern das Gedächtnis wochenlang, periodisch damit quälen, bis es seine Schuldigkeit getan hat. – Die MNEMONIK hingegen beruht im Grunde darauf, daß man seinem Witze mehr als seinem Gedächtnisse zutraut und daher die Dienste dieses jenem überträgt. Er nämlich muß einem schwer zu Behaltenden ein leicht zu Behaltendes substituieren, um es einst wieder in jenes zurückzuübersetzen. Überhaupt aber gibt es zwei Weisen, auf welche Dinge unserm Gedächtnis eingeprägt werden: nämlich entweder durch Vorsatz, indem wir absichtlich sie memorieren, wobei wir, wenn es bloße Worte oder Zahlen sind, uns auch mnemonischer Künste bedienen können, oder aber sie prägen sich ohne unser Zutun von selbst ein, vermöge des Eindrucks, den sie auf uns machen, wo wir sie dann auch wohl unvergeßlich nennen. Dazu gehört offenbar, daß sie uns in irgendeiner Beziehung interessant seien. An je mehr Dingen nun ein Mensch lebhaftes, objektives Interesse nimmt, desto mehreres wird sich ihm auf diese spontane Weise im Gedächtnis fixieren, daher auch am meisten in der Jugend, als wo die Neuheit der Dinge das Interesse an ihnen erhöht. Diese zweite Weise ist viel sicherer als die erste und wählt zudem ganz von selbst das uns Wichtige aus; wiewohl sie bei Stumpfköpfen sich auf persönliche Angelegenheiten beschränken wird.

## Gedanken

Es gibt Gedanken die Menge, welche Wert haben für den, der sie denkt, aber nur wenige unter ihnen, welche die Kraft besitzen, noch durch Reperkussion oder Reflexion zu wirken, d. h. nachdem sie niedergeschrieben worden, dem Leser Anteil abzugewinnen.

*

Die Gegenwart eines Gedankens ist wie die Gegenwart einer Geliebten. Wir meinen, diesen Gedanken werden wir nie vergessen, und diese Geliebte könne uns nie gleichgültig werden. Allein aus den Augen, aus dem Sinn! Der schönste Gedanke läuft Gefahr, unwiederbringlich vergessen zu werden, wenn er nicht aufgeschrieben, und die Geliebte, von uns geflohen zu werden, wenn sie nicht angetraut worden.

*

Aufgeschriebene Gedanken sind nichts mehr als die Spur eines Spaziergängers im Sande: Man sieht wohl den Weg, den er genommen hat, aber um zu wissen, was er auf dem Wege gesehn, muß man seine eignen Augen gebrauchen.

*

Es ist nämlich mit Gedanken wie mit Menschen: Man kann nicht immer, nach Belieben, sie rufen lassen, sondern muß abwarten, daß sie kommen. Das Denken über einen Gegenstand muß sich von selbst einstellen, durch ein glückliches, harmonierendes Zusammentreffen des äußern Anlasses mit der innern Stimmung und Spannung: Und gerade das ist es, was jenen Leuten nie kommen will. – Indessen ist sogar der größte Kopf nicht jederzeit zum Selbstdenken fähig. Daher tut er wohl, die übrige Zeit zum Lesen zu benutzen, als welches, wie gesagt, ein Surrogat des eigenen Denkens ist und dem Geiste Stoff zuführt, indem dabei ein anderer für uns denkt, wiewohl stets auf eine Weise, die nicht die unsrige ist. Dieserhalb eben soll man nicht zuviel lesen, damit nicht der Geist sich an das Surrogat gewöhne und darüber die Sache selbst verlerne, also damit er nicht sich an schon ausgetretene Pfade gewöhne und damit das Gehn eines fremden Gedankenganges ihn nicht dem eigenen entfremde. Am allerwenigsten soll man des Lesens wegen dem Anblick der realen Welt sich ganz entziehn, da der Anlaß und die Stimmung zum eigenen Denken ungleich öfter bei diesem als beim Lesen sich einfindet. Denn das Anschauliche, das Reale, in seiner Ursprünglichkeit und Kraft ist der natürliche Gegenstand des denkenden Geistes und vermag am leichtesten ihn tief zu erregen.

*

Nur die EIGENEN GEDANKEN haben Wahrheit und Leben, denn nur die eigenen Gedanken versteht man ganz. Fremde, gelesene Gedanken sind geschissene Scheiße.

## Gedankeneinklang

Der hohe Genuß, den ich beim Lesen jedes großen Schriftstellers empfinde, beruht darauf, daß seine Gedanken mit den meinigen in EINKLANG stehn, und auf dem Gegenteil beruht mein Widerwille gegen schlechte und mediokre Schriftsteller wie auch gegen die Konversation mit den meisten Menschen: Denn ich kann nie lange mit ihnen reden, ohne daß die Diskrepanz der Ansichten an den Tag kommt.

## Gedankenordnung

Weil die uns betreffenden Angelegenheiten und Begebenheiten ganz vereinzelt, ohne Ordnung und ohne Beziehung aufeinander, im grellsten Kontrast und ohne irgend etwas Gemeinsames als eben, daß sie unsere Angelegenheiten sind, auftreten und durcheinanderlaufen; so muß unser Denken und Sorgen um sie eben so abrupt sein, damit es ihnen entspreche. – Sonach müssen wir, wenn wir eines vornehmen, von allem andern abstrahieren und uns der Sache entschlagen, um jedes zu seiner Zeit zu besorgen, zu genießen, zu erdulden, ganz unbekümmert um das übrige: Wir müssen also gleichsam Schiebfächer unserer Gedanken haben, von denen wir eines öffnen, derweilen alle andern geschlossen bleiben. Dadurch erlangen wir, daß nicht eine schwer lastende Sorge jeden kleinen Genuß der Gegenwart verkümmere und uns alle Ruhe raube, daß nicht eine Überlegung die andere verdränge, daß nicht die Sorge für eine wichtige Angelegenheit die Vernachlässigung vieler geringen herbeiführe usf. Zumal aber soll, wer hoher und edeler Betrachtungen fähig ist, seinen Geist durch persönliche Angelegenheiten und niedrige Sorgen nie so ganz einnehmen und erfüllen lassen, daß sie jenen den Zugang versperren: Denn das wäre recht eigentlich *propter vitam vivendi perdere causas [um zu leben, den Zweck des Lebens verderben].*

### Gedankenwelt

Im Reiche der Wirklichkeit, so schön, glücklich und anmutig sie auch ausgefallen sein mag, bewegen wir uns doch stets nur unter dem Einfluß der Schwere, welcher unaufhörlich zu überwinden ist; hingegen sind wir im Reiche der Gedanken unkörperliche Geister, ohne Schwere und ohne Not. Daher kommt kein Glück auf Erden dem gleich, welches ein schöner und fruchtbarer Geist zur glücklichen Stunde in sich selbst findet.

## Geduld

GEDULD, *patientia,* besonders aber das spanische *sufrimiento,* heißt so von LEIDEN, ist mithin Passivität, das Gegenteil der Aktivität des Geistes, mit der sie, wo diese groß ist, sich schwer vereinigen läßt. Sie ist die angeborene Tugend der Phlegmatici wie auch der Geistesträgen und Geistesarmen und der Weiber. Daß sie dennoch so sehr nützlich und nötig ist, deutet auf eine traurige Beschaffenheit dieser Welt.

## Gefühl

Der Begriff, den das Wort GEFÜHL bezeichnet, hat durchaus nur einen NEGATIVEN Inhalt, nämlich diesen, daß etwas, das im Bewußtsein gegenwärtig ist, NICHT BEGRIFF, NICHT ABSTRAKTE ERKENNTNIS DER VERNUNFT sei: Übrigens mag es sein, was es will, es gehört unter den Begriff GEFÜHL, dessen unmäßig weite Sphäre daher die heterogensten Dinge begreift, von denen man nimmer einsieht, wie sie zusammenkommen, solange man nicht erkannt hat, daß sie allein in dieser negativen Rücksicht, NICHT ABSTRAKTE BEGRIFFE zu sein, übereinstimmen. Denn die verschiedensten, ja feindlichsten Elemente liegen ruhig nebeneinander in jenem Begriff, z. B. religiöses Gefühl, Gefühl der Wollust, moralisches Gefühl, körperliches Gefühl als Getast, als Schmerz, als Gefühl für Farben, für Töne und deren Harmonien und Disharmonien, Gefühl des Hasses, Abscheues, der Selbstzufriedenheit, der Ehre, der Schande, des Rechts, des Unrechts, Gefühl der Wahrheit, ästhetisches Gefühl, Gefühl von Kraft, Schwäche, Gesundheit, Freundschaft, Liebe usw. usw. Durchaus keine Gemeinschaft ist zwischen ihnen als die negative, daß sie keine abstrakte Vernunfterkenntnis sind; aber dieses wird am auffallendsten, wenn sogar die anschauliche Erkenntnis *a priori* der räumlichen Verhältnisse, und vollends die des reinen Verstandes unter jenen Begriff gebracht wird, und überhaupt von jeder Erkenntnis, jeder Wahrheit, deren man sich nur erst intuitiv bewußt ist, sie aber noch nicht in abstrakte Begriffe abgesetzt hat, gesagt wird, daß man sie FÜHLE.

**Gegenwart**

Wie aber auf der Erdkugel überall oben ist, so ist auch die Form alles Lebens GEGENWART; und den Tod fürchten, weil er uns die Gegenwart entreißt, ist nicht weiser als fürchten, man könne von der runden Erdkugel, auf welcher man glücklicherweise nun gerade oben steht, hinuntergleiten.

*

Vor allem müssen wir deutlich erkennen, daß die Form der Erscheinung des Willens, also die Form des Lebens oder der Realität, eigentlich nur die GEGENWART ist, nicht Zukunft noch Vergangenheit: Diese sind nur im Begriff, sind nur im Zusammenhange der Erkenntnis da, sofern sie dem Satz vom Grunde folgt. In der Vergangenheit hat kein Mensch gelebt, und in der Zukunft wird nie einer leben, sondern die GEGENWART allein ist die Form alles Lebens, ist aber auch sein sicherer Besitz, der ihm nie entrissen werden kann. Die Gegenwart ist immer da, samt ihrem Inhalt: Beide stehen fest, ohne zu wanken, wie der Regenbogen auf dem Wasserfall.

## Geist

Die GROSSEN GEISTER sind den kleinen Geistern deshalb einige Schonung schuldig, weil sie eben nur vermöge der Kleinheit dieser große Geister sind, indem alles relativ ist.

*

Kommt doch überall zuletzt alles auf die eigene Kraft an. Und wie keine Speise oder Arznei Lebenskraft erteilen oder ersetzen kann, so kein Buch oder Studium den eigenen Geist.

*

Die geistige Überlegenheit, sogar die größte, wird in der Konversation ihr entschiedenes Übergewicht erst nach dem vierzigsten Jahre geltend machen. Denn die Reife der Jahre und die Frucht der Erfahrung kann durch jene wohl vielfach übertroffen, jedoch nie ersetzt werden: Sie aber gibt auch dem gewöhnlichsten Menschen ein gewisses Gegengewicht gegen die Kräfte des größten Geistes, solange dieser jung ist. Ich meine hier bloß das Persönliche, nicht die Werke.

### Geistesarbeiter

Daß das Gehirn ein bloßer Arbeiter im Dienste des Bauches sei, ist freilich das gemeinsame Los fast aller derer, die nicht von der Arbeit IHRER HÄNDE leben, und sie wissen sich recht gut darin zu finden. Aber für die großen Köpfe, d. h. für die, deren zerebrale Kräfte über das zum Dienste des Willens erforderliche Maß hinausgehn, ist es eine Sache zum Verzweifeln. Daher wird ein solcher es vorziehn, nötigenfalls in der beschränktesten Lage zu leben, wenn sie ihm den freien Gebrauch seiner Zeit zur Entwicklung und Anwendung seiner Kräfte, also die für ihn unschätzbare Muße, gewährt.

## Geistesgaben

Es ist in Betracht zu ziehen, daß die großen Geistesgaben infolge der überwiegenden Nerventätigkeit eine überaus gesteigerte Empfindlichkeit für den Schmerz in jeglicher Gestalt herbeiführen, daß ferner das sie bedingende leidenschaftliche Temperament und zugleich die von ihnen unzertrennliche größere Lebhaftigkeit und Vollkommenheit aller Vorstellungen eine ungleich größere Heftigkeit der durch diese erregten Affekte herbeiführt, während es doch überhaupt mehr peinliche als angenehme Affekte gibt; endlich auch, daß die großen Geistesgaben ihren Besitzer den übrigen Menschen und ihrem Treiben entfremden und ihm hundert Dinge, an welchen diese großes Genüge haben, schal und ungenießbar machen; daher denn das überall sich geltend machende Gesetz der Kompensation vielleicht auch hier in Kraft bleibt, ja, sogar oft genug, und nicht ohne Schein, behauptet worden ist, der geistig beschränkteste Mensch sei im Grunde der glücklichste, wenngleich keiner ihn um dieses Glück beneiden mag.

## Geisteskräfte

Zwar nehmen im höheren Alter auch die Geisteskräfte ab; aber wo viel war, wird zur Bekämpfung der Langeweile immer noch genug übrigbleiben.

*

Durch seine Individualität ist dem Menschen das Maß seines möglichen Glückes zum voraus bestimmt. Besonders haben die Schranken seiner Geisteskräfte seine Fähigkeit für erhöhten Genuß ein für allemal festgestellt. Sind sie eng, so werden alle Bemühungen von außen, alles was Menschen, alles was das Glück für ihn tut, nicht vermögen, ihn über das Maß des gewöhnlichen, halb tierischen Menschenglücks und Behagens hinauszuführen: Auf Sinnengenuß, trauliches und heiteres Familienleben, niedrige Geselligkeit und vulgären Zeitvertreib bleibt er angewiesen; sogar die Bildung vermag im ganzen zur Erweiterung jenes Kreises nicht gar viel, wenngleich etwas. Denn die höchsten, die mannigfaltigsten und die anhaltendsten Genüsse sind die geistigen, wie sehr auch wir in der Jugend uns darüber täuschen mögen; diese aber hängen hauptsächlich von der geistigen Kraft ab.

## Geistesnahrung

Überhaupt geht es mit der geistigen Nahrung nicht anders als mit der leiblichen: Kaum der fünfzigste Teil von dem, was man zu sich nimmt, wird assimiliert.

## Geistesstumpfheit

Stumpfheit des Geistes ist durchgängig im Verein mit Stumpfheit der Empfindung und Mangel an Reizbarkeit, welche Beschaffenheit für Schmerzen und Betrübnisse jeder Art und Größe weniger empfänglich macht: Aus eben dieser Geistesstumpfheit aber geht andrerseits jene auf zahllosen Gesichtern ausgeprägte, wie auch durch die beständig rege Aufmerksamkeit auf alle, selbst die kleinsten Vorgänge in der Außenwelt sich verratende INNERE LEERHEIT hervor, welche die wahre Quelle der Langeweile ist und stets nach äußerer Anregung lechzt, um Geist und Gemüt durch irgend etwas in Bewegung zu bringen.

### Geistreichsein

Ein geistreicher Mensch hat in gänzlicher Einsamkeit an seinen eigenen Gedanken und Phantasien vortreffliche Unterhaltung, während von einem Stumpfen die fortwährende Abwechslung von Gesellschaften, Schauspielen, Ausfahrten und Lustbarkeiten die marternde Langeweile nicht abzuwehren vermag.

### Geiz

Der Geiz hat den Überfluß in seinem Gefolge: Und wann wäre dieser unerwünscht gekommen? Das aber muß ein gutes Laster sein, welches gute Folgen hat. Der Geiz geht nämlich von dem richtigen Grundsatz aus, daß alle Genüsse bloß negativ wirken und daher eine aus ihnen zusammengesetzte Glückseligkeit eine

Chimäre ist, daß hingegen die Schmerzen positiv und sehr real sind. Daher versagt er sich jene, um sich vor diesen desto besser zu sichern: Sonach wird das *sustine et abstine [ertrage und entsage]* seine Maxime. Und weil er ferner weiß, wie unerschöpflich die Möglichkeiten des Unglücks und zahllos die Wege der Gefahr sind, so häuft er die Mittel dagegen an, um sich, wo möglich, mit einer dreifachen Schutzmauer zu umgeben. Wer kann denn sagen, wo die Vorsorge gegen Unfälle anfängt übertrieben zu werden? Nur der, welcher wüßte, wo die Tücke des Schicksals ihr Ende erreicht. Und sogar wenn die Vorsorge übertrieben wäre, würde dieser Irrtum höchstens ihm selbst, nicht andern zum Schaden gereichen. Wird er die Schätze, welche er auflegt, nie nötig haben, nun, so werden sie einst andern zugute kommen, denen die Natur weniger Vorsorge verliehen hat. Daß er bis dahin das Geld der Zirkulation entzieht, bringt gar keinen Nachteil: Denn Geld ist kein Konsumtionsartikel; vielmehr ist es ein bloßer Repräsentant der wirklichen, brauchbaren Güter, nicht selbst ein solches.

### Gelassenheit

So ist das Leben fast aller Menschen: Sie wollen wissen, was sie wollen, streben danach mit so vielem Gelingen, als sie vor Verzweiflung, und so vielem Mißlingen, als sie vor Langerweile und deren Folgen schützt. Daraus geht eine gewisse Heiterkeit, wenigstens Gelassenheit hervor, an welcher Reichtum oder Armut eigentlich nichts ändern; denn der Reiche und der Arme genießen nicht, was sie haben, da dies, wie gezeigt, nur negativ wirkt, sondern was sie durch ihr Treiben zu erlangen hoffen. Sie treiben vorwärts, mit vielem Ernst, ja mit wichtiger Miene: So treiben auch die Kinder ihr Spiel.

*

Gewiß aber ist, daß, im allgemeinen und abgesehen von allen individuellen Umständen und Zuständen, der Jugend eine gewisse Melancholie und Traurigkeit, dem Alter eine gewisse Heiterkeit eigen ist; und der Grund hiervon ist kein anderer, als daß die Jugend noch unter der Herrschaft, ja dem Frondienst jenes Dämons steht, der ihr nicht leicht eine freie Stunde gönnt und zugleich der unmittelbare oder mittelbare Urheber fast alles und jedes Unheils ist, das den Menschen trifft oder bedroht; das Alter aber hat die Heiterkeit dessen, der eine lange getragene Fessel los ist und sich nun frei bewegt. – Andererseits jedoch ließe sich sagen, daß nach erloschenem Geschlechtstrieb der eigentliche Kern des Lebens verzehrt und nur noch die Schale desselben vorhanden sei, ja, daß es einer Komödie gliche, die, von Menschen angefangen, nachher von Automaten in deren Kleidern zu Ende gespielt werde.

*

Über keinen Vorfall sollte man in großen Jubel oder große Wehklage ausbrechen; teils wegen der Veränderlichkeit aller Dinge, die ihn jeden Augenblick umgestalten kann; teils wegen der Trüglichkeit unsers Urteils über das uns Gedeihliche oder Nachteilige, infolge welcher fast jeder einmal gewehklagt hat über das, was nachher sich als sein wahres Bestes auswies, oder gejubelt über das, was die Quelle seiner größten Leiden geworden ist ... Überhaupt aber zeigt der, welcher bei allen Unfällen gelassen bleibt, daß er weiß, wie kolossal und tausendfältig die möglichen Übel des Lebens sind, weshalb er das jetzt eingetretene ansieht als einen sehr kleinen Teil dessen, was kommen könnte: Dies ist die stoische Gesinnung.

## Geld

Daß die Wünsche der Menschen hauptsächlich auf Geld gerichtet sind und sie dieses über alles lieben, wird ihnen oft zum Vorwurf gemacht. Jedoch ist es natürlich, wohl gar unvermeidlich, das zu lieben, was, als ein unermüdlicher Proteus, jeden Augenblick bereit ist, sich in den jedesmaligen Gegenstand unsrer so wandelbaren Wünsche und mannigfaltigen Bedürfnisse zu verwandeln. Jedes andere Gut nämlich kann nur einem Wunsch, einem Bedürfnis genügen: Speisen sind bloß gut für den Hungrigen, Wein für den Gesunden, Arznei für den Kranken, ein Pelz für den Winter, Weiber für die Jugend usw. Sie sind folglich alle nur relativ gut. Geld allein ist das absolut Gute.

*

Das GELD ist die menschliche Glückseligkeit *in abstracto;* daher, wer nicht mehr fähig ist, sie *in concreto* zu genießen, sein ganzes Herz an dasselbe hängt.

*

Kein Geld ist vorteilhafter angewandt als das, um welches wir uns haben prellen lassen: Denn wir haben dafür unmittelbare Klugheit eingehandelt.

## Gelehrsamkeit

Wirklich verhält auch die vollendeteste Gelehrsamkeit sich zum Genie wie ein Herbarium zur stets sich neu erzeugenden, ewig frischen, ewig jungen, ewig wechselnden Pflanzenwelt, und keinen größeren Kontrast gibt es als den zwischen der Gelehrsamkeit des Kommentators und der kindlichen Naivität des Alten.

*

Weise können zu allen Zeiten leben, und die Weisen der Vorzeit bleiben es für immer: Gelehrsamkeit aber ist relativ, und die Gelehrten der Vorzeit sind Kinder gegen uns und bedürfen der Nachsicht.

*

Die PERÜCKE ist ein vortreffliches Symbol des reinen Gelehrten als solchen: Sie ziert den Kopf mit einem überreichlichen Maß fremden Haares bei Ermangelung des eignen, wie die Gelehrsamkeit in seiner Ausstattung mit einer großen Menge fremder Gedanken besteht, die aber alle nicht ihm so wohl und natürlich stehn, noch so brauchbar in allen Fällen und zu allen Zwecken dienlich sind, noch so fest wurzeln, noch, wenn verbraucht, durch andre sogleich aus derselben Quelle ersetzt werden, wie die selbsteignen, auf eignem Grund und Boden entsprossenen.

## Gelehrte

Auch GOETHE war ein Dilettant in der Farbenlehre. Darüber hier ein Wörtchen! Dummsein und Schlechtsein ist erlaubt: *ineptire est juris gentium [Unsinn schwatzen ist ein Menschenrecht].* Hingegen von Dummheit und Schlechtigkeit reden ist ein Verbrechen, ein empörender Bruch der guten Sitten und alles Anstandes. – Eine weise Vorkehrung! Jedoch muß ich sie jetzt einmal außer acht lassen, um mit den Deutschen deutsch zu reden. Denn ich habe zu sagen, daß das Schicksal der Goetheschen Farbenlehre ein schreiender Beweis entweder der Unredlichkeit oder aber der völligen Urteilslosigkeit der deutschen Gelehrtenwelt ist: Wahrscheinlich haben beide edele Eigenschaften dabei einander in die Hände gearbeitet. Das große gebildete Publikum sucht Wohlleben und Zeitvertreib, legt daher beiseite, was nicht Roman, Komödie oder Gedicht ist. Um ausnahmsweise einmal zur Belehrung zu lesen, wartet es zuvörderst auf Brief und Siegel von denen, die es besser verstehn, darüber, daß hier wirklich Belehrung zu finden sei. Und die es besser verstehn, meint es, das wären die Leute vom Fach. Es verwechselt nämlich die, welche von einer Sache leben, mit denen, die für die Sache leben; wiewohl dies selten dieselben sind. Schon Diderot hat es im Rameaus Neffen gesagt, daß die, welche eine Wissenschaft lehren, nicht die sind, welche sie verstehn und ernstlich treiben, als welchen keine Zeit zum Lehren derselben bleibt. Jene andern leben bloß von der Wissenschaft: Sie ist ihnen eine tüchtige Kuh, die sie mit Butter versorgt.

*

Das Schicksal meiner Philosophie und das der Goetheschen Farbenlehre beweisen, was für ein schnöder und nichtswürdiger Geist in der deutschen Gelehrtenrepublik herrschend ist.

*

Lerne die ganze Erbärmlichkeit der Menschen überhaupt, dann die deines Zeitalters und der deutschen Gelehrten insbesondere, recht deutlich und im Zusammenhang begreifen; dann wirst du nicht, mit deinem Werke in der Hand, stehn und fragen: »Ist das Menschengeschlecht verrückt oder bin ich's?«

## Gelübde

VERNÜNFTIG und zugleich UNVERSTÄNDIG handelt, wer eine an sich dumme Maxime sich gesetzt hat, ihr aber unabänderlich nachlebt; z. B. jene Prinzessin (Isabella von Kastilien), die sich vorgenommen hatte, kein reines Hemd anzuziehen, solange Ostende nicht erobert war, und Wort hielt. Der Art ist überhaupt jedes Gelübde, weil es aus Mangel an Einsicht ins Gesetz der Kausalität herrührt: Es zu halten, wenn man einmal so beschränkt an Verstande war, es zu geloben, ist eben vernünftig.

## Gemeinheit

Die GEMEINHEIT ist der LEIM, der die Menschen zusammenkleistert. Wem es daran gebricht, der fällt ab.

## Gemeinschaft

Der Mensch für sich allein vermag gar wenig und ist ein verlassener Robinson: Nur in der Gemeinschaft mit den andern ist und vermag er viel. Dieses Verhältnisses wird er inne, sobald sein Bewußtsein sich irgend zu entwickeln anfängt, und alsbald entsteht in ihm das Bestreben, für ein taugliches Mitglied der menschlichen

Gesellschaft zu gelten, also für eines, das fähig ist, *pro parte virili [nach Kräften]* mitzuwirken, und dadurch berechtigt, der Vorteile der menschlichen Gemeinschaft teilhaft zu werden. Ein solches nun ist er dadurch, daß er, erstlich, das leistet, was man von jedem überall und sodann das, was man von ihm in der besondern Stelle, die er eingenommen hat, fordert und erwartet. Ebenso bald erkennt er, daß es hierbei nicht darauf ankommt, daß er es in seiner eigenen, sondern daß er es in der Meinung des anderen sei. Hieraus entspringt demnach sein eifriges Streben nach der günstigen MEINUNG anderer und der hohe Wert, den er auf diese legt: Beides zeigt sich mit der Ursprünglichkeit eines angeborenen Gefühls, welches man Ehrgefühl und, nach Umständen, Gefühl der Scham *(verecundia)* nennt. Dieses ist es, was seine Wangen rötet, sobald er glaubt, plötzlich in der Meinung anderer verlieren zu müssen, selbst wo er sich unschuldig weiß, sogar da, wo der sich aufdeckende Mangel eine nur relative, nämlich willkürlich übernommene Verpflichtung betrifft; und andrerseits stärkt nichts seinen Lebensmut mehr als die erlangte oder erneuerte Gewißheit von der günstigen Meinung anderer, weil sie ihm den Schutz und die Hilfe der vereinten Kräfte aller verspricht, welche eine unendlich größere Wehrmauer gegen die Übel des Lebens sind als seine eigenen.

## Gemütsruhe

Ein Mensch, der nach vielen bitteren Kämpfen gegen seine eigene Natur endlich ganz überwunden hat, ist nur noch als rein erkennendes Wesen, als ungetrübter Spiegel der Welt übrig. Ihn kann nichts ängstigen, nichts mehr bewegen; denn alle die tausend Fäden des Wollens, welche uns an die Welt gebunden halten und als Begierde, Furcht, Neid, Zorn uns hin und her reißen unter beständigem Schmerz, hat er abgeschnitten. Er blickt nun ruhig lächelnd zurück auf die Gaukelbilder dieser Welt, die einst auch sein Gemüt zu bewegen und zu peinigen vermochten, die aber jetzt so gleichgültig vor ihm stehn wie die Schachfiguren nach geendigtem Spiel oder wie am Morgen die abgeworfenen Maskenkleider, deren Gestalten uns in der Faschingsnacht neckten und beunruhigten. Das Leben und seine Gestalten schweben nur noch vor ihm wie eine flüchtige Erscheinung, wie dem Halberwachten ein leichter Morgentraum, durch den schon die Wirklichkeit durchschimmert und der nicht mehr täuschen kann; und eben auch wie dieser verschwinden sie zuletzt ohne gewaltsamen Übergang.

*

Jeder kann im vollkommensten Einklange nur mit sich selbst stehn; nicht mit seinem Freunde, nicht mit seiner Geliebten: Denn die Unterschiede der Individualität und Stimmung führen allemal eine, wenn auch geringe, Dissonanz herbei. Daher ist der wahre, tiefe Friede des Herzens und die vollkommene Gemütsruhe, dieses nächst der Gesundheit höchste irdische Gut, allein in der Einsamkeit zu finden und als dauernde Stimmung nur in der tiefsten Zurückgezogenheit. Ist dann das eigene Selbst groß und reich, so genieße man den glücklichsten Zustand, der auf dieser armen Erde gefunden werden mag. Ja, es sei herausgesagt: So eng auch Freundschaft, Liebe und Ehe Menschen verbinden; GANZ EHRLICH meint jeder es am Ende doch nur mit sich selbst und höchstens noch mit seinem Kinde.

## Genie

Einem Mann von GENIE ist das Leben wie ein Spaziergang an einem schönen Morgen: Er findet die Natur in ihrer größten Schönheit, muß sich aber daran halten; denn sollte er Gesellschaft suchen, so wird sie nicht zu finden sein.

*

Für das praktische Leben ist das Genie so brauchbar wie ein Sternteleskop im Theater.

*

Das Leben aller genialen Menschen ist durchweg tragisch, wenn es auch, von außen gesehn, noch so ruhig erscheint.

*

Ein Mann von GENIE kann schwerlich gesellig sein. Denn welche Dialoge sollten wohl so geistreich und unterhaltend sein als seine Monologe? Greift er dennoch, aus Überdruß des Monologs, zum Dialog, so riskiert er, daß die Plattheit des Dialogs ihn dennoch wieder zum Monolog hinreißt, wobei dann die zweite Person nur eine stumme Rolle spielt.

*

Der Mensch von GENIE ist nicht, gleich den übrigen, ein bloßes MORALISCHES Wesen, sondern er ist der Träger des Intellekts einer Welt und mehrerer Jahrhunderte. (Die Bemerkung steht in der Vorrede des *Neveu de Rameau de Diderot* [Vorrede *Diderots zu Rameaus Neffen]).* Er lebt daher mehr der andern als seiner selbst wegen.

*

Übrigens ist es in der Gelehrtenrepublik wie in andern Republiken: Man liebt einen schlichten Mann, der still vor sich hin geht und nicht klüger sein will als die andern. Gegen die exzentrischen Köpfe, als welche Gefahr drohen, vereinigt man sich und hat, o welche! Majorität auf seiner Seite.

*

Einem genialen Geist ist die Vernunft, was ein schwaches Lenkband im Gebiß eines wilden Pferdes, ein Gängelband einem Riesen. Dem gewöhnlichen Menschen ist sie zu einem heilsamen Wegweiser und Lenker hinreichend. Die genialen aber sind selten (oder nie) vernünftig, daher selten glücklich und selten untadelhaft. (Aber der Glaube, nicht die Werke versöhnen.)

*

Der Geniale ..., dessen Erkenntniskraft durch ihr Übergewicht sich dem Dienste seines Willens auf einen Teil seiner Zeit entzieht, verweilt bei der Betrachtung des Lebens selbst, strebt die Idee jedes Dinges zu erfassen, nicht dessen Relationen zu anderen Dingen; darüber vernachlässigt er häufig die Betrachtung seines eigenen Weges im Leben und geht solchen daher meistens ungeschickt genug. Während dem gewöhnlichen Menschen sein Erkenntnisvermögen die Laterne ist, die seinen Weg beleuchtet, ist es dem Genialen die Sonne, welche die Welt offenbar macht. Diese so verschiedene Weise, in das Leben hineinzusehen, wird bald sogar im Äußern beider sichtbar. Der Blick des Menschen, in welchem der Genius lebt und wirkt, zeichnet ihn leicht aus, indem er, lebhaft und fest zugleich, den Charakter der Beschaulichkeit, der Kontemplation trägt, wie wir an den Bildnissen der wenigen genialen Köpfe, welche die Natur unter den zahllosen Millionen dann und wann hervorgebracht hat, sehen können; hingegen wird im Blicke der anderen, wenn er nicht, wie meistens, stumpf oder nüchtern ist, leicht der wahre Gegensatz der Kontemplation sichtbar, das Spähen. Demzufolge besteht der »geniale Ausdruck« eines Kopfes darin, daß ein entschiedenes Übergewicht des Erkennens über das Wollen darin sichtbar ist, folglich auch ein Erkennen ohne alle Beziehung auf ein Wollen, d. i. ein REINES ERKENNEN, sich darin ausdrückt. Hingegen ist bei Köpfen, wie sie in der Regel sind, der Ausdruck des Wollens vorherrschend, und man sieht, daß das Erkennen immer erst auf Antrieb des Wollens in Tätigkeit gerät, also bloß auf Motive gerichtet ist.

*

Ein Gelehrter ist, wer viel gelernt hat; ein Genie der, von dem die Menschheit lernt, was er von keinem gelernt hat. – Daher sind die großen Geister, von denen auf hundert Millionen Menschen kaum einer kommt, die Leuchttürme der Menschheit, ohne welche diese sich in das grenzenlose Meer der entsetzlichsten Irrtümer und der Verwilderung verlieren würde.

## Genialität

Die Tatsache der unmittelbaren Berührung zwischen Genialität und Wahnsinn wird durch die Biographien sehr genialer Menschen, z. B. Rousseaus, Byrons, Alfieris, und durch Anekdoten aus dem Leben anderer bestätigt;

teils muß ich andererseits erwähnen, bei häufiger Besuchung der Irrenhäuser einzelne Subjekte von unverkennbar großen Anlagen gefunden zu haben, deren Genialität deutlich durch den Wahnsinn durchblickte, welcher hier aber völlig die Oberhand erhalten hatte. Dieses kann nun nicht dem Zufall zugeschrieben werden, weil einerseits die Anzahl der Wahnsinnigen verhältnismäßig sehr klein ist, andererseits aber ein geniales Individuum eine über alle gewöhnliche Schätzung seltene und nur als die größte Ausnahme in der Natur hervortretende Erscheinung ist, wovon man sich allein dadurch überzeugen kann, daß man die wirklich großen Genien, welche das ganze kultivierte Europa in der ganzen alten und neuen Zeit hervorgebracht hat, wohin aber allein diejenigen zu rechnen sind, welche Werke lieferten, die durch alle Zeiten einen bleibenden Wert für die Menschheit behalten haben, – daß man, sage ich, diese einzelnen aufzählt und ihre Zahl vergleicht mit den 250 Millionen, welche, sich alle dreißig Jahre erneuernd, beständig in Europa leben. Ja, ich will nicht unerwähnt lassen, daß ich einige Leute von zwar nicht bedeutender, aber doch entschiedener geistiger Überlegenheit gekannt habe, die zugleich einen leisen Anstrich von Verrücktheit verrieten. Danach möchte es scheinen, daß jede Steigerung des Intellekts über das gewöhnliche Maß hinaus als eine Abnormität schon zum Wahnsinn disponiert.

## Genitalien

Die Genitalien sind viel mehr als irgendein anderes äußeres Glied des Leibes bloß dem Willen und gar nicht der Erkenntnis unterworfen: Ja, der Wille zeigt sich hier fast so unabhängig von der Erkenntnis wie in den auf Anlaß bloßer Reize dem vegetativen Leben, der Reproduktion, dienenden Teilen, in welchen der Wille blind wirkt wie in der erkenntnislosen Natur. Denn die Zeugung ist nur die auf ein neues Individuum übergehende Reproduktion, gleichsam die Reproduktion auf der zweiten Potenz, wie der Tod nur die Exkretion auf der zweiten Potenz ist.

## Genuß

Jeder Genuß ist relativ, nämlich ist bloße Befriedigung, Stillung eines Bedürfnisses: Daß mit Aufhebung des Bedürfnisses der Genuß wegfällt, ist so wenig beklagenswert, als daß einer nach Tische nicht mehr essen und nach ausgeschlafener Nacht nicht mehr schlafen kann.

*

Unmittelbar gegeben ist uns immer nur der Mangel, das heißt der Schmerz. Die Befriedigung aber und den Genuß können wir nur mittelbar erkennen, durch Erinnerung an das vorhergegangene Leiden und Entbehren, welches bei seinem Eintritt aufhörte. Daher kommt es, daß wir die Güter und Vorteile, die wir wirklich besitzen, gar nicht recht innewerden, noch sie schätzen, sondern nicht anders meinen, als eben, es müsse so sein: Denn sie beglücken immer nur negativ, Leiden abhaltend. Erst nachdem wir sie verloren haben, wird uns ihr Wert fühlbar: Denn der Mangel, das Entbehren, das Leiden ist das Positive, sich unmittelbar Ankündigende. Daher auch freut uns die Erinnerung überstandener Not, Krankheit, Mangel und dergleichen, weil solche das einzige Mittel, die gegenwärtigen Güter zu genießen, ist.

*

Jedes unbeschäftigte Individuum wird, je nach der Art der in ihm vorwaltenden Kräfte, sich ein Spiel zu ihrer Beschäftigung wählen: etwan Kegel oder Schach, Jagd oder Malerei, Wettrennen oder Musik, Kartenspiel oder Poesie, Heraldik oder Philosophie usw. Wir können sogar die Sache methodisch untersuchen, indem wir auf die Wurzel aller menschlichen Kraftäußerungen zurückgehn, also auf die drei PHYSIOLOGISCHEN GRUNDKRÄFTE, welche wir demnach hier in ihrem zwecklosen Spiel zu betrachten haben, in welchem sie als die Quellen dreier Arten möglicher Genüsse auftreten, aus denen jeder Mensch, je nachdem die eine oder die andere jener Kräfte in ihm vorwaltet, die ihm angemessenen erwählen wird. Also zuerst die Genüsse DER

Reproduktionskraft: Sie bestehn im Essen, Trinken, Verdauen, Ruhen und Schlafen. Diese werden daher sogar ganzen Völkern als ihre Nationalvergnügungen von den andern nachgerühmt. Zweitens, die Genüsse der Irritabilität: Sie bestehn im Wandern, Springen, Ringen, Tanzen, Fechten, Reiten und athletischen Spielen jeder Art, wie auch in der Jagd und sogar in Kampf und Krieg. Drittens, die Genüsse der Sensibilität: Sie bestehn im Beschauen, Denken, Empfinden, Dichten, Bilden, Musizieren, Lernen, Lesen, Meditieren, Erfinden, Philosophieren usw. – Über den Wert, den Grad, die Dauer jeder dieser Arten der Genüsse lassen sich mancherlei Betrachtungen anstellen, die dem Leser selbst überlassen bleiben.

### Genußsucht

Wenn physische Genüsse den Menschen von der rechten Bahn ableiten, so trägt seine sinnliche Natur, das Tierische in ihm, die Schuld. Er wird eben vom Reize hingerissen und handelt, vom Eindruck der Gegenwart überwältigt, ohne Überlegung. – Hingegen wenn er durch Körperschwäche oder Alter dahin gekommen ist, daß die Laster, die er nie verlassen konnte, endlich ihn verlassen, indem seine Fähigkeit zu sinnlichen Genüssen erstorben ist, da überlebt, wenn er sich zum Geize wendet, die geistige Gier die fleischliche. Das Geld, als welches der Repräsentant aller Güter der Welt, das Abstraktum derselben ist, wird jetzt der dürre Stamm, an welchen seine abgestorbenen Begierden, als Egoismus *in abstracto,* sich klammern. Sie regenerieren sich nunmehr in der Liebe zum Mammon. Aus der flüchtigen, sinnlichen Begierde ist eine überlegte und berechnende Gier nach Gelde geworden, welche, wie ihr Gegenstand, symbolischer Natur und, wie er, unzerstörbar ist. Es ist die hartnäckige, gleichsam sich selbst überlebende Liebe zu den Genüssen der Welt, die vollendete Unbelehrbarkeit, die sublimierte und vergeistigte Fleischeslust, der abstrakte Brennpunkt, in den alle Gelüste zusammengeschossen sind, zu welchen er daher sich verhält wie der allgemeine Begriff zum einzelnen Dinge. Dementsprechend ist Geiz das Laster des Alters wie Verschwendung das der Jugend.

## Gerechtigkeit

Wie eine Arznei nicht ihren Zweck erwirkt, wenn die Dosis zu stark gewesen, ebenso ist es mit Strafreden und Kritiken, wenn sie das Maß der Gerechtigkeit überschreiten.

*

Wir haben die ZEITLICHE GERECHTIGKEIT, welche im Staat ihren Sitz hat, kennengelernt als vergeltend oder strafend und gesehen, daß eine solche allein durch die Rücksicht auf die ZUKUNFT zur Gerechtigkeit wird, da ohne solche Rücksicht alles Strafen und Vergelten eines Frevels ohne Rechtfertigung bliebe, ja, ein bloßes Hinzufügen eines zweiten Übels zum Geschehenen wäre, ohne Sinn und Bedeutung. Ganz anders aber ist es mit der EWIGEN GERECHTIGKEIT, welche schon früher erwähnt wurde und welche nicht den Staat, sondern die Welt beherrscht, nicht von menschlichen Einrichtungen abhängig, nicht dem Zufall und der Täuschung unterworfen, nicht unsicher, schwankend und irrend, sondern unfehlbar, ſest und sicher ist. – Der Begriff der Vergeltung schließt schon die Zeit in sich: Daher kann die EWIGE GERECHTIGKEIT keine vergeltende sein, kann also nicht, wie diese, Aufschub und Frist gestatten und, nur mittelst der Zeit die schlimme Tat mit der schlimmen Folge ausgleichend, der Zeit bedürfen, um zu bestehen. Die Strafe muß hier mit dem Vergehen so verbunden sein, daß beide eines sind.

### Geschichte

Die Geschichte zeigt uns die Menschheit, wie uns eine Aussicht von einem hohen Berge die Natur zeigt: Wir sehen vieles auf einmal, weite Strecken, große Massen; aber deutlich wird nichts, noch seinem ganzen eigentlichen Wesen nach erkennbar. Dagegen zeigt uns das dargestellte Leben des einzelnen den Menschen so, wie wir die Natur erkennen, wenn wir zwischen ihren Bäumen, Pflanzen, Felsen und Gewässern umhergehen. Wie aber durch die Landschaftsmalerei, in welcher der Künstler uns durch seine Augen in die Natur blicken läßt, uns die Erkenntnis ihrer Ideen und der zu dieser erforderte Zustand des willenlosen, reinen Erkennens sehr erleichtert wird, so hat für die Darstellung der Ideen, welche wir in Geschichte und Biographie suchen können, die Dichtkunst sehr vieles vor beiden voraus: Denn auch hier hält uns der Genius den verdeutlichenden Spiegel vor, in welchem alles Wesentliche und Bedeutsame zusammengestellt und ins hellste Licht gesetzt uns entgegentritt, das Zufällige und Fremdartige aber ausgeschieden ist.

*

Bloß DIE GESCHICHTE darf eigentlich nicht in jene Reihe der Wissenschaften treten, da sie sich nicht desselben Vorteils wie die andern rühmen kann: Denn ihr fehlt der Grundcharakter der Wissenschaft, die Subordination des Gewußten, statt deren sie bloße Koordination desselben aufzuweisen hat. Daher gibt es kein System der Geschichte wie doch jeder andern Wissenschaft. Sie ist demnach zwar ein Wissen, jedoch keine Wissenschaft. Denn nirgends erkennt sie das Einzelne mittelst des Allgemeinen, sondern muß das Einzelne unmittelbar fassen und so gleichsam auf dem Boden der Erfahrung fortkriechen, während die wirklichen Wissenschaften darüber schweben, indem sie umfassende Begriffe gewonnen haben, mittelst deren sie das Einzelne beherrschen und, wenigstens innerhalb gewisser Grenzen, die Möglichkeit der Dinge ihres Bereiches absehen, sodaß sie auch über das etwan noch Hinzukommende beruhigt sein können.

*

Sie ist stets ein Lieblingsstudium derer gewesen, die gern etwas lernen wollten, ohne die Anstrengung zu übernehmen, welche die eigentlichen, den Verstand in Anspruch nehmenden Wissenschaften erfordern. Mehr als jemals aber ist sie zu unserer Zeit beliebt, wie die zahllosen, jährlich erscheinenden Geschichtsbücher beweisen. Wer, wie ich, nicht umhin kann, in aller Geschichte stets dasselbe zu erblicken, wie im Kaleidoskop bei jeder Drehung stets dieselben Dinge unter andern Konfigurationen, der kann jenen leidenschaftlichen Anteil nicht hegen, wird ihn jedoch nicht tadeln.

*

Während die Geschichte uns lehrt, daß zu jeder Zeit etwas anderes gewesen, ist die Philosophie bemüht, uns zu der Einsicht zu verhelfen, daß zu allen Zeiten ganz dasselbe war, ist und sein wird. In Wahrheit ist das Wesen des Menschenlebens wie der Natur überall in jeder Gegenwart ganz vorhanden und bedarf daher, um erschöpfend erkannt zu werden, nur der Tiefe der Auffassung. Die Geschichte aber hofft die Tiefe durch die Länge und Breite zu ersetzen: Ihr ist jede Gegenwart nur ein Bruchstück, welches ergänzt werden muß durch die Vergangenheit, deren Länge aber unendlich ist und an die sich wieder eine unendliche Zukunft schließt. Hierauf beruht das Widerspiel zwischen den philosophischen und den historischen Köpfen: Jene wollen ergründen; diese wollen zu Ende erzählen. Die Geschichte zeigt auf jeder Seite nur dasselbe unter verschiedenen Formen: Wer aber solches nicht in einer oder wenigen erkennt, wird auch durch das Durchlaufen aller Formen schwerlich zur Erkenntnis davon gelangen. Die Kapitel der Völkergeschichte sind im Grunde nur durch die Namen und Jahreszahlen verschieden: Der eigentlich wesentliche Inhalt ist überall derselbe …

*

Der angemessenste, d. h. der wahrhaft philosophische Stil für die Geschichte ist der ironische. Der Stil des Tacitus ist bitter-ironisch.

## Geschlechtstrieb

Wenn der Wille zum Leben sich bloß darstellte als Trieb zur Selbsterhaltung, so würde dies nur eine Bejahung der individuellen Erscheinung auf die Spanne Zeit ihrer natürlichen Dauer sein. Die Mühen und Sorgen eines solchen Lebens würden nicht groß, mithin das Dasein leicht und heiter ausfallen. Weil hingegen der Wille das Leben schlechthin und auf alle Zeit will, stellt er sich zugleich dar als Geschlechtstrieb, der es auf eine endlose Reihe von Generationen abgesehen hat. Dieser Trieb hebt jene Sorglosigkeit, Heiterkeit und Unschuld, die ein bloß individuelles Dasein begleiten würden, auf, indem er in das Bewußtsein Unruhe und Melancholie, in den Lebenslauf Unfälle, Sorge und Not bringt. – Wenn er hingegen, wie wir es an seltenen Ausnahmen sehen, freiwillig unterdrückt wird, so ist dies die Wendung des Willens, als welcher umkehrt. Er geht alsdann im Individuo auf und nicht über dasselbe hinaus. Dies kann jedoch nur durch eine schmerzliche Gewalt geschehen, die jenes sich selber antut. Ist es aber geschehen, so wird dem Bewußtsein jene Sorglosigkeit und Heiterkeit des bloß individuellen Daseins wiedergegeben, und zwar auf einer erhöhten Potenz. – Hingegen an die Befriedigung jenes heftigsten aller Triebe und Wünsche knüpft sich der Ursprung eines neuen Daseins, also die Durchführung des Lebens mit allen seinen Lasten, Sorgen, Nöten und Schmerzen von neuem; zwar in einem andern Individuo: Jedoch wenn beide, wie sie in der Erscheinung verschieden sind, es auch schlechthin und an sich wären, wo bliebe dann die ewige Gerechtigkeit?

*

Als die entscheidende, stärkste Bejahung des Lebens bestätigt sich der Geschlechtstrieb dadurch, daß er dem natürlichen Menschen wie dem Tiere der letzte Zweck, das höchste Ziel seines Lebens ist. Selbsterhaltung ist sein erstes Streben, und sobald er für diese gesorgt hat, strebt er nur nach Fortpflanzung des Geschlechts; mehr kann er als bloß natürliches Wesen nicht anstreben. Auch die Natur, deren inneres Wesen der Wille zum Leben ist, treibt mit aller Kraft den Menschen wie das Tier zur Fortpflanzung. Danach hat sie mit dem Individuum ihren Zweck erreicht und ist ganz gleichgültig gegen dessen Untergang, da ihr, als dem Willen zum Leben, nur an der Erhaltung der Gattung gelegen, das Individuum ihr nichts ist. Weil im Geschlechtstrieb das innere Wesen der Natur, der Wille zum Leben, sich am stärksten ausspricht, sagten die alten Dichter und Philosophen sehr bedeutungsvoll, der Eros sei das Erste, das Schaffende, das Prinzip, aus dem alle Dinge hervorgehen.

*

Es ist als ein Phänomen jenes den Menschen von allen Tieren unterscheidenden eigentlichen Individualcharakters anzusehen, daß bei den Tieren der Geschlechtstrieb seine Befriedigung ohne merkliche Auswahl sucht, während diese Auswahl beim Menschen, und zwar auf eine von aller Reflexion unabhängige, instinktmäßige Weise, so hoch getrieben wird, daß sie bis zur gewaltigen Leidenschaft steigt.

### Geschmack

Mit dem nicht geschmackvoll gewählten Ausdruck GESCHMACK bezeichnet man diejenige Auffindung oder auch bloße Anerkennung des ÄSTHETISCH RICHTIGEN, welche ohne Anleitung einer Regel geschieht, indem entweder keine Regel sich bis dahin erstreckt oder auch dieselbe dem Ausübenden, respektive bloß Urteilenden, nicht bekannt war. Statt GESCHMACK würde man ÄSTHETISCHES GEFÜHL sagen können, wenn dies nicht eine Tautologie enthielte. Der auffassende, urteilende Geschmack ist gleichsam das Weibliche zum Männlichen des produktiven Talents oder Genies. Nicht fähig zu ERZEUGEN, besteht er in der Fähigkeit zu EMPFANGEN, d. h. das Rechte, das Schöne, das Passende als solches zu erkennen, – wie auch dessen Gegenteil, also das Gute vom Schlechten zu unterscheiden, jenes herauszufinden und zu würdigen, dieses zu verwerfen.

### Geschmacksbildung

Auf GYMNASIEN sollte keine altdeutsche Literatur, NIBELUNGEN und sonstige Poeten des Mittelalters gelehrt werden: Diese Dinge sind zwar höchst merkwürdig, auch lesenswert, tragen aber nicht zur Bildung des Geschmacks bei und rauben die Zeit, welche der alten, wirklich klassischen Literatur angehört. Wenn ihr, edle Germanen und deutsche Patrioten, an die Stelle der griechischen und römischen Klassiker altdeutsche Reimereien setzt, so werdet ihr nichts anderes als Bärenhäuter erziehn. Nun aber gar diese Nibelungen mit der Ilias zu vergleichen ist eine rechte BLASPHEMIE, mit welcher die Ohren der Jugend vor allem verschont bleiben sollen.

## Geselligkeit

Was die Menschen gesellig macht, ist ihre Unfähigkeit, die Einsamkeit – und in dieser sich selbst – zu ertragen. Innere Leere und Überdruß sind es, von denen sie sowohl in die Gesellschaft wie in die Fremde und auf Reisen getrieben werden. Ihrem Geiste mangelt es an Federkraft, sich eigene Bewegung zu erteilen: Daher bedürfen sie der steten Erregung von außen, und zwar der stärkesten, d. i. der durch Wesen ihresgleichen. Ohne diese sinkt ihr Geist unter seiner eigenen Schwere zusammen und verfällt in eine drückende Lethargie. Imgleichen ließe sich sagen, daß jeder von ihnen nur ein kleiner Bruch der Idee der Menschheit sei, daher er vieler Ergänzung durch andere bedarf, damit einigermaßen ein volles menschliches Bewußtsein herauskomme; hingegen wer ein ganzer Mensch ist, ein Mensch *par excellence*, der stellt eine Einheit und keinen Bruch dar, hat daher an sich selbst genug.

*

Es ist zum Erstaunen, wie leicht und schnell Homogenität oder Heterogenität des Geistes und Gemüts zwischen Menschen sich im Gespräche kundgibt: An jeder Kleinigkeit wird sie fühlbar. Betreffe das Gespräch auch die fremdartigsten, gleichgültigsten Dinge, so wird zwischen wesentlich Heterogenen fast jeder Satz des einen dem andern mehr oder minder mißfallen, mancher gar ihm ärgerlich sein. Homogene hingegen fühlen sogleich und in allem eine gewisse Übereinstimmung, die bei großer Homogenität bald zur vollkommenen Harmonie, ja, zum Unisono zusammenfließt. Hieraus erklärt sich zuvörderst, warum die ganz Gewöhnlichen so gesellig sind und überall so leicht recht gute Gesellschaft finden, so rechte, liebe, wackere Leute. Bei den Ungewöhnlichen fällt es umgekehrt aus, und desto mehr, je ausgezeichneter sie sind, so daß sie in ihrer Abgesondertheit zuzeiten sich ordentlich freuen können, in einem andern nur irgendeine ihnen selbst homogene Fiber herausgefunden zu haben, und wäre sie noch so klein! Denn jeder kann dem andern nur so viel sein, wie dieser ihm ist. Die eigentlich großen Geister horsten wie die Adler in der Höhe allein.

*

Übrigens kann man die Geselligkeit auch betrachten als ein geistiges Erwärmen der Menschen aneinander, gleich jenem körperlichen, welches sie bei großer Kälte durch Zusammendrängen hervorbringen. Allein wer selbst viel geistige Wärme hat, bedarf solcher Gruppierung nicht. Diesem allen zufolge steht die Geselligkeit eines jeden ungefähr im umgekehrten Verhältnisse seines intellektuellen Wertes; und »er ist sehr ungesellig« besagt beinahe schon: »Er ist ein Mann von großen Eigenschaften.«

*

So treibt das Bedürfnis der Gesellschaft, aus der Leere und Monotonie des eigenen Innern entsprungen, die Menschen zueinander; aber ihre vielen widerwärtigen Eigenschaften und unerträglichen Fehler stoßen sie wieder voneinander ab. Die mittlere Entfernung, die sie endlich herausfinden und bei welcher ein Beisammensein bestehn kann, ist die Höflichkeit und feine Sitte.

## Gesellschaft

Je mehr einer an sich selber hat, desto weniger bedarf er von außen und desto weniger auch können die übrigen ihm sein. Darum führt die Eminanz des Geistes zur Ungeselligkeit. Ja, wenn die Qualität der Gesellschaft sich durch die Quantität ersetzen ließe, da wäre es der Mühe wert, sogar in der großen Welt zu leben: Aber leider geben hundert Narren auf einen Haufen noch keinen gescheiten Mann.

### Gesellschaftsleben

Unbewußt treffend ist der in allen europäischen Sprachen übliche Gebrauch des Wortes PERSON zur Bezeichnung des menschlichen Individuums: Denn *persona* bedeutet eigentlich eine Schauspielermaske, und allerdings zeigt keiner sich, wie er ist, sondern jeder trägt eine Maske und spielt eine Rolle. – Überhaupt ist das ganze gesellschaftliche Leben ein fortwährendes Komödienspielen. Dies macht es gehaltvollen Leuten insipid, während Plattköpfe sich so recht darin gefallen.

### Gespräch

Zu unserer eigenen, ernstlichen Meditation und innigen Betrachtung der Dinge verhält sich DAS GESPRÄCH mit einem andern über dieselben wie eine Maschine zu einem lebendigen Organismus. Denn nur bei ersterer ist alles wie aus einem Stück geschnitten oder wie aus einer Tonart gespielt; daher es volle Klarheit, Deutlichkeit und wahren Zusammenhang, ja, Einheit erlangen kann; beim anderen hingegen werden heterogene Stücke sehr verschiedenen Ursprungs aneinandergefügt und wird eine gewisse Einheit der Bewegung erzwungen, die oft unerwartet stockt. Nur sich selbst nämlich versteht man ganz, andere nur halb: Denn man kann es höchstens zur Gemeinschaft der Begriffe bringen, nicht aber zu der der diesen zum Grunde liegenden anschaulichen Auffassung. Daher werden tiefe, philosophische Wahrheiten wohl nie auf dem Wege des gemeinschaftlichen Denkens, im Dialog, zutage gefördert werden. Wohl aber ist ein solches sehr dienlich zur Vorübung, zum Aufjagen der Probleme, zur Ventilation derselben und nachher zur Prüfung, Kontrolle und Kritik der aufgestellten Lösung.

## Gesundheit

Der Muskel wird durch starken Gebrauch gestärkt, der Nerv hingegen dadurch geschwächt. Also übe man seine Muskeln durch jede angemessene Anstrengung, hüte hingegen die Nerven vor jeder: also die Augen vor zu hellem, besonders reflektiertem Lichte, vor jeder Anstrengung in der Dämmerung wie auch vor anhaltendem Betrachten zu kleiner Gegenstände, ebenso die Ohren vor zu starkem Geräusch, vorzüglich aber das Gehirn vor gezwungener, zu anhaltender oder unzeitiger Anstrengung: Demnach lasse man es ruhen während der Verdauung, weil dann eben dieselbe Lebenskraft, welche im Gehirn Gedanken bildet, im Magen und den Eingeweiden angestrengt arbeitet, Chymus und Chylus zu bereiten; ebenfalls während oder auch nach bedeutender Muskelanstrengung; ferner gebe man ihm das zu seiner Refektion nötige volle Maß des Schlafes; und überhaupt begreife man wohl, daß unser Denken nichts anderes ist als die organische Funktion des Gehirns, und sonach jeder andern organischen Tätigkeit in Hinsicht auf Anstrengung und Ruhe sich analog verhält. Mit Recht ist gesagt worden: Das Gehirn denkt, wie der Magen verdaut. Der Wahn von einer immateriellen, einfachen, wesentlich und immer denkenden, folglich unermüdlichen Seele, die da im Gehirn bloß logierte und nichts auf der Welt bedürfte, hat gewiß manchen zu unsinnigem Verfahren und Abstumpfung seiner Geisteskräfte verleitet; wie denn z. B. Friedrich der Große einmal versucht hat, sich das Schlafen ganz abzugewöhnen. Die Philosophieprofessoren würden wohltun, einen solchen, sogar praktisch verderblichen Wahn nicht durch ihre katechismusgerechtseinwollende Rockenphilosophie zu befördern.

*

Daß für unser Glück und unsern Genuß das Subjektive ungleich wesentlicher als das Objektive sei, bestätigt sich in allem: von dem an, daß Hunger der beste Koch ist und der Greis die Göttin des Jünglings gleichgültig ansieht, bis hinauf zum Leben des Genies und des Heiligen. Besonders überwiegt die Gesundheit alle äußern

Güter so sehr, daß wahrscheinlich ein gesunder Bettler glücklicher ist als ein kranker König. Ein aus vollkommener Gesundheit und glücklicher Organisation hervorgehendes ruhiges und heiteres Temperament, ein klarer, lebhafter, eindringender und richtig fassender Verstand, ein gemäßigter, sanfter Wille und demnach ein gutes Gewissen, dies sind Vorzüge, die kein Rang oder Reichtum ersetzen kann.

*

Wenn der ganze Leib gesund und heil ist, bis auf irgendeine kleine Wunde oder sonst schmerzende Stelle, so tritt jene Gesundheit des Ganzen weiter nicht ins Bewußtsein, sondern die Aufmerksamkeit ist beständig auf den Schmerz der verletzten Stelle gerichtet und das Behagen der gesamten Lebensempfindung ist aufgehoben. – Ebenso, wenn alle unsere Angelegenheiten nach unserm Sinne gehn bis auf eine, die unsrer Absicht zuwider läuft, so kommt diese, auch wenn sie von geringer Bedeutung ist, uns immer wieder in den Kopf: Wir denken häufig an sie und wenig an alle jene andern wichtigeren Dinge, die nach unserm Sinne gehn.

### Gesundheitsschlaf

Die SENSIBILITÄT … ruht bloß im Schlafe, hält also eine längere Aktivität aus. Während zugleich mit ihr nachts auch die Irritabilität ruht, nimmt die Lebenskraft, als welche nur unter einer ihrer drei Formen ganz und ungeteilt, daher mit voller Macht, wirken kann, durchweg die Gestalt der REPRODUKTIONSKRAFT an. Darum geht die Bildung und Ernährung der Teile, namentlich die Nutrition des Gehirns, aber auch jedes Wachstum, jeder Ersatz, jede Heilung, also die Wirkung der *vis naturae medicatrix [Heilkraft der Natur]* in allen ihren Gestalten, besonders aber in wohltätigen Krankheitskrisen, hauptsächlich im SCHLAFE vor sich. Auch die Verdauung geht im Schlafe wegen des Pausierens der Gehirntätigkeit leichter und schneller vor sich; daher ein kurzer Schlaf von 10 bis 15 Minuten, gleich nach der Mahlzeit, wohltätig wirkt, auch durch den Kaffee, eben weil dieser die Verdauung beschleunigt, befördert wird. Hingegen ist ein längerer Schlaf nachteilig und kann sogar gefährlich werden, welches ich mir daraus erkläre, daß im Schlaf einerseits die RESPIRATION bedeutend langsamer und schwächer vor sich geht, andrerseits aber, sobald die durch denselben beschleunigte Verdauung bis zur Chylifikation vorgeschritten ist, der Chylus in das Blut strömt und solches hyperkarbonisiert, so daß es der Dekarbonisation mittelst des Atmungsprozesses mehr als sonst bedarf; dieser ist nun aber durch den Schlaf vermindert und mit ihm sowohl die Oxydation als die Zirkulation. Die Folge hievon kann man an blonden Subjekten mit weißer, zarter Haut, wann sie nach dem Essen lange geschlafen haben, sogar augenfällig wahrnehmen, indem ihr Gesicht wie auch die Sklerotika eine etwas braungelbe Farbe als Symptom der Hyperkarbonisation annimmt. Aus demselben Grunde setzen vollblütige, gedrungene Naturen durch langen Mittagsschlaf sich der Apoplexie aus; sogar will man infolge desselben wie auch kopiöser Abendmahlzeiten Schwindsucht bemerkt haben, die aus demselben Prinzip sich leicht erklären ließe. Eben daraus erhellt auch, warum es leicht schädlich werden kann, nur einmal täglich und stark zu essen, weil nämlich dadurch nicht nur dem Magen, sondern auch, nach so vermehrter Chylifikation, der Lunge zuviel Arbeit auf einmal aufgelegt wird.

## Gewalt

In allen Fällen, wo ich ein Zwangsrecht, ein vollkommenes Recht habe, GEWALT gegen andere zu gebrauchen, kann ich nach Maßgabe der Umstände eben sowohl der fremden Gewalt auch die LIST entgegenstellen, ohne Unrecht zu tun, und habe folglich ein wirkliches Recht zur Lüge, GERADE SOWEIT, WIE ICH ES ZUM ZWANG HABE. Daher handelt jemand, der einem ihn durchsuchenden Straßenräuber versichert, er habe nichts weiter bei sich, vollkommen recht;

ebenso auch der, welcher den nächtlich eingedrungenen Räuber durch eine Lüge in einen Keller lockt, wo er ihn einsperrt. Wer von Räubern, z. B. von Barbaresken, gefangen fortgeführt wird, hat das Recht, zu seiner Befreiung sie nicht nur mit offener Gewalt sondern auch mit Hinterlist zu töten.

### Gewissen

Mancher würde sich wundern, wenn er sähe, woraus sein Gewissen, das ihm ganz stattlich vorkommt, eigentlich zusammengesetzt ist: etwa aus 1/5 Menschenfurcht, 1/5 Deisidämonie (Geisterfurcht, Aberglaube), 1/5 Vorurteil, 1/5 Eitelkeit und 1/5 Gewohnheit, so daß er im Grunde nicht besser ist als jener Engländer, der geradezu sagte: *I cannot afford to keep a conscience [ein Gewissen zu halten ist für mich zu kostspielig].* – Religiöse Leute jedes Glaubens verstehen unter Gewissen sehr oft nichts anderes als die Dogmen und Vorschriften ihrer Religion und die in Beziehung auf diese vorgenommene Selbstprüfung; in diesem Sinne werden ja auch die Ausdrücke GEWISSENSZWANG und GEWISSENSFREIHEIT genommen. Die Theologen, Scholastiker und Kasuistiker der mittlern und spätern Zeit nahmen es ebenso: Alles, was einer von Satzungen und Vorschriften der Kirche wußte, nebst dem Vorsatz, es zu glauben und zu befolgen, machte sein Gewissen aus.

*

Durch Vernunft ist das Gewissen bloß deshalb bedingt, weil nur vermöge ihrer eine deutliche und zusammenhängende Rückerinnerung möglich ist. Es liegt in der Natur der Sache, daß das Gewissen erst HINTERHER spricht, weshalb es auch das RICHTENDE Gewissen heißt. VORHER sprechen kann es nur im uneigentlichen Sinn, nämlich indirekt, indem die Reflexion aus der Erinnerung ähnlicher Fälle auf die künftige Mißbilligung einer erst projektierten Tat schließt.

*

Die immer vollständiger werdende Bekanntschaft mit uns selbst, das immer sich mehr füllende PROTOKOLL DER TATEN, ist das GEWISSEN.

## Gewohnheit

Gar manches, was der MACHT DER GEWOHNHEIT zugeschrieben wird, beruht vielmehr auf der Konstanz und Unveränderlichkeit des ursprünglichen und angeborenen Charakters, infolge welcher wir unter gleichen Umständen stets DASSELBE tun, welches daher mit gleicher Notwendigkeit das erste wie das hundertste Mal geschah. – Die wirkliche MACHT DER GEWOHNHEIT hingegen beruht eigentlich auf der TRÄGHEIT, welche dem Intellekt und dem Willen die Arbeit, Schwierigkeit, auch die Gefahr einer frischen

Wahl ersparen will und daher uns heute tun läßt, was wir schon gestern und hundertmal getan gaben und wovon wir wissen, daß es zu einem Zweck führt.

## Gewöhnung

Daß nach verlorenem Reichtum oder Wohlstande, sobald der erste Schmerz überstanden ist, unsre habituelle Stimmung nicht sehr verschieden von der früheren ausfällt, kommt daher, daß, nachdem das Schicksal den Faktor unsers Besitzes verkleinert hat, wir selbst nun den Faktor unsrer Ansprüche gleich sehr vermindern. Diese Operation aber ist das eigentlich Schmerzhafte bei einem Unglücksfall: Nachdem sie vollzogen ist, wird der Schmerz immer weniger, zuletzt gar nicht mehr gefühlt; die Wunde vernarbt. Umgekehrt wird bei einem Glücksfall der Kompressor unsrer Ansprüche hinaufgeschoben, und sie dehnen sich aus: Hierin liegt die Freude. Aber auch sie dauert nicht länger, als bis diese Operation gänzlich vollzogen ist: Wir gewöhnen uns an das erweiterte Maß der Ansprüche und werden gegen den demselben entsprechenden Besitz gleichgültig.

## Glaube

Mit der Unfähigkeit zum Glauben wächst das Bedürfnis der Erkenntnis. Es gibt einen Siedepunkt auf der Skala der Kultur, wo aller Glaube, alle Offenbarung, alle

Autoritäten sich verflüchtigen, der Mensch nach eigener Einsicht verlangt, belehrt, aber auch überzeugt sein will. Das Gängelband der Kindheit ist von ihm abgefallen: Er will auf eigenen Beinen stehen. Dabei aber ist sein metaphysisches Bedürfnis so unvertilgbar wie irgendein physisches. Dann wird es ernst mit dem Verlangen nach Philosophie, und die bedürftige Menschheit ruft alle denkenden Geister, die sie jemals aus ihrem Schoß erzeugt hat, an. Mit hohlem Wortkram und impotenten Bemühungen geistiger Kastraten ist da nicht mehr auszureichen, sondern es bedarf dann einer ernstlich gemeinten, d. h. einer auf Wahrheit, nicht auf Gehalte und Honorare gerichteten Philosophie, die daher nicht fragt, ob sie Ministern oder Räten gefalle oder dieser oder jener Kirchenpartei der Zeit in ihren Kram passe, sondern an den Tag legt, daß der Beruf der Philosophie ein ganz anderer sei als eine Erwerbsquelle für die Armen am Geiste abzugeben.

## Glück

In Arkadien geboren, wie Schiller sagt, sind wir freilich alle; d. h. wir treten in die Welt, voll Ansprüche auf Glück und Genuß und hegen die törichte Hoffnung, solche durchzusetzen. In der Regel jedoch kommt bald das Schicksal, packt uns unsanft an und belehrt uns, daß nichts UNSER ist, sondern alles SEIN, indem es ein unbestrittenes Recht hat nicht nur auf allen unsern Besitz und Erwerb und auf Weib und Kind, sondern sogar auf Arm und Bein, Auge und Ohr, ja, auf die Nase mitten im Gesicht. Jedenfalls aber kommt nach einiger Zeit die Erfahrung und bringt die Einsicht, daß Glück und Genuß eine Fata Morgana sind, welche, nur aus der Ferne sichtbar, verschwindet, wenn man herangekommen ist; daß hingegen Leiden und Schmerz Realität haben, sich selbst unmittelbar vertreten und keiner Illusion noch Erwartung bedürfen. Fruchtet nun die Lehre, so hören wir auf, nach Glück und Genuß zu jagen, und sind vielmehr darauf bedacht, dem Schmerz und Leiden möglichst den Zugang zu versperren. Wir erkennen alsdann, daß das Beste, was die Welt zu bieten hat, eine schmerzlose, ruhige, erträgliche Existenz ist und beschränken unsere Ansprüche auf diese, um sie desto sicherer durchzusetzen. Denn um nicht sehr unglücklich zu werden, ist das sicherste Mittel, daß man nicht verlange, sehr glücklich zu sein.

*

Wegen der … Negativität des Wohlseins und Genusses, im Gegensatz der Positivität des Schmerzes, ist das Glück eines gegebenen Lebenslaufes nicht nach dessen Freuden und Genüssen abzuschätzen, sondern nach der Abwesenheit der Leiden als des Positiven. Dann aber erscheint das Los der Tiere erträglicher als das des Menschen. Wir wollen beide etwas näher betrachten. So mannigfaltig auch die Formen sind, unter denen das Glück und Unglück des Menschen sich darstellt und ihn zum Verfolgen oder Fliehen anregt, so ist doch die materielle Basis von dem allen der körperliche Genuß oder Schmerz. Diese Basis ist sehr schmal: Es ist Gesundheit, Nahrung, Schutz vor Nässe und Kälte, und Geschlechtsbefriedigung; oder aber der Mangel an diesen Dingen. Folglich hat der Mensch an realem physischem Genusse nicht mehr denn das Tier; als etwan nur insofern sein höher potenziertes Nervensystem die Empfindung jedes Genusses, jedoch auch die jedes Schmerzes, steigert.

*

Wenn man den Zustand eines Menschen seiner Glücklichkeit nach abschätzen will, soll man nicht fragen nach dem, was ihn vergnügt, sondern nach dem, was ihn betrübt: Denn je geringfügiger dieses, an sich selbst genommen, ist, desto glücklicher ist der Mensch, weil ein Zustand des Wohlbefindens dazu gehört, um gegen Kleinigkeiten empfindlich zu sein: Im Unglück spüren wir sie gar nicht.

*

Alles Glück beruht nur auf dem Verhältnis zwischen unseren Ansprüchen und dem, was wir erhalten: Wie groß oder klein die beiden Größen dieses Verhältnisses sind, ist einerlei, und das Verhältnis kann sowohl durch

Verkleinerung der ersten Größe als durch Vergrößerung der zweiten hergestellt werden; und ebenso, daß alles Leiden eigentlich hervorgeht aus dem Mißverhältnis dessen, was wir fordern und erwarten, mit dem, was uns wird.

*

Ein GLÜCKLICHES LEBEN ist unmöglich: Das Höchste, was der Mensch erlangen kann, ist ein HEROISCHER LEBENSLAUF. Einen solchen führt der, welcher in irgendeiner Art und Angelegenheit für das allen irgendwie zugute Kommende mit übergroßen Schwierigkeiten kämpft und am Ende siegt, dabei aber schlecht oder gar nicht belohnt wird.

*

Die, welche durch Streben nur in der Zukunft leben, immer vorwärts sehn und mit Ungeduld den kommenden Dingen entgegeneilen, als welche allererst das wahre Glück bringen werden, die Gegenwart inzwischen ungenossen und unbeachtet vorbeiziehn lassen, diese gleichen dem italienischen Esel Tischbeins mit seinem an einem Strick vorgebundenen Heubündel, welches seinen Schritt beschleunigt. Sie leben stets nur *ad interim [vorübergehend, vorläufig]*, bis sie tot sind.

*

Die subjektiven Güter, wie ein edler Charakter, ein fähiger Kopf, ein glückliches Temperament, ein heiterer Sinn und ein wohlbeschaffener, völlig gesunder Leib, also überhaupt *mens sana in corpore sano [ein gesunder Geist in einem gesunden Körper]*, sind zu unserem Glücke die ersten und wichtigsten; weshalb wir auf die Beförderung und Erhaltung derselben viel mehr bedacht sein sollten als auf den Besitz äußerer Güter und äußerer Ehre.

*

Wer sein GLÜCK DEM FREMDEN, wenn auch dem mehrerer, OPFERT, gibt sein individuelles Dasein, seine Individualität, auf; er erkennt sich in der Spezies und hilft da aus, wo diese am meisten leidet: in andern. Dadurch gibt er aber auch den Willen überhaupt auf oder wird wenigstens nahe daran gebracht: Denn in der Individualität wurzelt der Egoismus und in diesem der Wille zum Leben.

*

Mit den menschlichen Glückszuständen verhält es sich meistens wie mit gewissen Baumgruppen, welche von ferne gesehn sich wunderschön ausnehmen; geht man aber hinan und hinein, so verschwindet diese Schönheit: Man weiß nicht, wo sie geblieben ist, und steht eben zwischen Bäumen. Darauf beruht es, daß wir so oft die Lage des andern beneiden.

*

Alle Befriedigung oder was man gemeinhin Glück nennt, ist eigentlich und wesentlich immer nur NEGA-

TIV und durchaus nie positiv. Es ist nicht eine ursprünglich und von selbst auf uns kommende Beglückung, sondern muß immer die Befriedigung eines Wunsches sein. Denn Wunsch, d. h. Mangel, ist die vorhergehende Bedingung jedes Genusses. Mit der Befriedigung hört aber der Wunsch und folglich der Genuß auf. Daher kann die Befriedigung oder Beglückung nie mehr sein als die Befreiung von einem Schmerz, von einer Not: Denn dahin gehört nicht nur jedes wirkliche, offenbare Leiden, sondern auch jeder Wunsch, dessen Importunität unsere Ruhe stört, ja sogar auch die ertötende Langeweile, die uns das Dasein zur Last macht.

*

Daß alles Glück nur negativer, nicht positiver Natur ist, daß es eben deshalb nicht dauernde Befriedigung und Beglückung sein kann, sondern immer nur von einem Schmerz oder Mangel erlöst, auf welchen entweder ein neuer Schmerz, oder auch *languor*, leeres Sehnen und Langeweile, folgen muß; dies findet einen Beleg auch in jenem treuen Spiegel des Wesens der Welt und des Lebens, in der Kunst, besonders in der Poesie. Jede epische oder dramatische Dichtung nämlich kann immer nur ein Ringen, Streben und Kämpfen um Glück, nie aber das bleibende und vollendete Glück selbst darstellen.

*

Wir fühlen den Schmerz, aber nicht die Schmerzlosigkeit; wir fühlen die Sorge, aber nicht die Sorglosigkeit; die Furcht, aber nicht die Sicherheit. Wir fühlen den Wunsch, wie wir Hunger und Durst fühlen; sobald er aber erfüllt worden ist, ist es damit wie mit dem genossenen Bissen, der in dem Augenblick, da er verschluckt wird, für unser Gefühl dazusein aufhört. Genüsse und Freuden vermissen wir schmerzlich, sobald sie ausbleiben; aber Schmerzen, selbst wenn sie nach langer Anwesenheit ausbleiben, werden nicht unmittelbar vermißt, sondern höchstens wird absichtlich, mittels einer Reflexion, ihrer gedacht. Denn nur Schmerz und Mangel können positiv empfunden werden und kündigen daher sich selbst an; das Wohlsein hingegen ist bloß negativ. Daher eben werden wir der drei größten Güter des Lebens, Gesundheit, Jugend und Freiheit, nicht als solcher inne, solange wir sie besitzen, sondern erst, nachdem wir sie verloren haben: Denn auch sie sind Negationen. Daß Tage unseres Lebens glücklich waren, merken wir erst, nachdem sie unglücklichen Platz gemacht haben.

*

In einer solchen Welt, wo keine Stabilität irgendeiner Art, kein dauernder Zustand möglich, sondern alles in rastlosem Wirbel und Wechsel begriffen ist, alles eilt, fliegt, sich auf dem Seile durch stetes Schreiten und Bewegen aufrecht erhält, – läßt Glückseligkeit sich nicht einmal denken. Sie kann nicht wohnen, wo Platos »beständiges Werden und nie Sein« allein stattfindet.

*

Ist der Charakter der ersten Lebenshälfte unbefriedigte Sehnsucht nach Glück, so ist der der zweiten Besorgnis vor Unglück. Denn mit ihr ist, mehr oder weniger deutlich, die Erkenntnis eingetreten, daß alles Glück chimärisch, hingegen das Leiden real sei. Jetzt wird daher, wenigstens von den vernünftigeren Charakteren, mehr bloße Schmerzlosigkeit und ein unangefochtener Zustand als Genuß angestrebt. Wenn in meinen Jünglingsjahren es an meiner Türe schellte, wurde ich vergnügt, denn ich dachte, nun käme es. Aber in späteren Jahren hatte meine Empfindung bei demselben Anlaß vielmehr etwas dem Schrecken Verwandtes; ich dachte: »Da kommt's.«

## Gott

Wenn ein Gott diese Welt gemacht hat, so möchte ich nicht der Gott sein: Ihr Jammer würde mir das Herz zerreißen.

## Götzendienst

Ob man sich ein Idol macht aus Holz, Stein, Metall oder es zusammensetzt aus abstrakten Begriffen, ist einerlei: Es bleibt IDOLOLATRIE, sobald man ein persönliches Wesen vor sich hat, dem man opfert, das man anruft, dem man dankt. Es ist auch im Grunde so verschieden nicht, ob man seine Schafe oder seine Neigungen opfert. Jeder Ritus oder Gebet zeugt unwidersprechlich von Idololatrie. Daher stimmen die mystischen Sekten aus allen Religionen darin überein, daß sie allen Ritus für ihre Adepten aufheben.

## Grausamkeit

Nichts empört so im tiefsten Grunde unser moralisches Gefühl wie Grausamkeit. Jedes andere Verbrechen können wir verzeihen, nur Grausamkeit nicht. Der Grund hievon ist, daß Grausamkeit das gerade Gegenteil des Mitleids ist.

## Grobheit

Die Grobheit ist eine Eigenschaft, welche im Punkte der Ehre jede andere ersetzt oder überwiegt: Der Gröbste hat allemal recht: *quid multa? [wozu noch viele Worte?]* Zeigt etwan in einer Diskussion oder sonst im Gespräch ein anderer richtigere Sachkenntnis, strengere Wahrheitsliebe, gesünderes Urteil, mehr Verstand als wir, oder überhaupt, läßt er geistige Vorzüge blicken, die uns in Schatten stellen, so können wir alle dergleichen Überlegenheiten und unsere eigene durch sie aufgedeckte Dürftigkeit sogleich aufheben und nun umgekehrt selbst überlegen sein, indem wir beleidigend und grob werden. Denn eine Grobheit besiegt jedes Argument und eklipsiert allen Geist: Wenn daher nicht etwan der Gegner sich darauf einläßt und sie mit einer größeren erwidert, wodurch wir in den edelen Wettkampf der Avantage geraten, so bleiben wir Sieger und die Ehre ist auf unserer Seite: Wahrheit, Kenntnis, Verstand, Geist, Witz müssen einpacken und sind aus dem Felde geschlagen von der göttlichen Grobheit. Daher werden »Leute von Ehre«, sobald jemand eine Meinung äußert, die von der ihrigen abweicht oder auch nur mehr Verstand zeigt, als sie ins Feld stellen können, sogleich Miene machen, jenes Kampfroß zu besteigen. Man sieht schon hier, wie sehr mit Recht dem Ehrenprinzip die Veredelung des Tones in der Gesellschaft nachgerühmt wird.

## Grundgedanken

Im Grunde haben nur die eigenen Grundgedanken Wahrheit und Leben, denn nur sie versteht man recht eigentlich und ganz. Fremde, gelesene Gedanken sind die Überbleibsel eines fremden Mahles, die abgelegten Kleider eines fremden Gastes. Zum eigenen, in uns aufsteigenden Gedanken verhält der fremde, gelesene sich wie der Abdruck einer Pflanze der Vorwelt im Stein zur blühenden Pflanze des Frühlings.

## Grundsätze

Nach ABSTRAKTEN GRUNDSÄTZEN handeln ist schwer und gelingt erst nach vieler Übung, und selbst da nicht jedesmal; auch sind sie oft nicht ausreichend. Hingegen hat jeder gewisse ANGEBORNE KONKRETE GRUNDSÄTZE, die ihm in Blut und Saft stecken, indem sie das Resultat alles seines Denkens, Fühlens und Wollens sind. Er kennt sie meistens nicht *in abstracto*, sondern wird erst beim Rückblick auf sein Leben gewahr, daß er sie stets befolgt hat und von ihnen wie von einem unsichtbaren Faden ist gezogen worden. Je nachdem sie sind, werden sie ihn zu seinem Glück oder Unglück leiten.

## Gutsein

GUT heißt durchaus nur ZWECKMÄSSIG, und Zwecke gibt es nur für einen Willen: Darum heißt GUT allemal UNSERM WILLEN GEMÄSS; so sagen wir gutes Wetter, gutes Essen, gute Wege, gute Waffen; d. h. alles, wie wir sie WOLLEN und unsrer Natur nach wollen müssen, wie sie unserm Willen gemäß sind. Zuverlässig hat man einen MENSCHEN ursprünglich wie jedes andre Ding nur deswegen GUT genannt, weil er dem Willen des andern gemäß, d. h. diesem freundlich war.

## Handeln

Keiner kann wissen, wie ein anderer und auch nicht, wie er selbst in irgendeiner bestimmten Lage handeln wird, ehe er darin gewesen: Nur nach bestandener Probe ist er des anderen und erst dann auch seiner selbst gewiß.

*

Zu erwarten, daß ein Mensch bei gleichem Anlaß einmal so, ein andermal aber ganz anders handeln werde, wäre wie wenn man erwarten wollte, daß derselbe Baum, der diesen Sommer Kirschen trug, im nächsten Birnen tragen werde.

## Handlungsgründe

Gesetzt, wir wollten etwan wissen, wie einer in einer Lage, in die wir ihn zu versetzen gedenken, handeln wird, so dürfen wir hierüber nicht auf seine Versprechungen und Beteuerungen bauen. Denn, gesetzt auch, er spräche aufrichtig; so spricht er von einer Sache, die er nicht kennt. Wir müssen also allein aus der Erwägung der Umstände, in die er zu treten hat, und des Konfliktes derselben mit seinem Charakter sein Handeln berechnen.

## Hartherzigkeit

Was die Menschen HARTHERZIG macht, ist dieses, daß jeder an seinen eigenen Plagen genug zu tragen hat, oder doch es meint. Daher macht ein ungewohnter glücklicher Zustand die meisten teilnehmend und wohltätig. Aber ein anhaltender, stets dagewesener, wirkt oft umgekehrt, indem er sie dem Leiden so sehr entfremdet, daß sie nicht mehr daran teilnehmen können: Daher kommt es, daß bisweilen die Armen sich hilfreicher erweisen als die Reichen.

### Haß

Zorn oder Haß in Worten oder Mienen blicken zu lassen ist unnütz, ist gefährlich, ist unklug, ist lächerlich, ist gemein. Man darf also Zorn oder Haß nie anders zeigen als in Taten. Letzteres wird man um so vollkommener können, als man ersteres vollkommener vermieden hat. – Die kaltblütigen Tiere allein sind die giftigen.

### Hausfreunde

Die Hausfreunde heißen meistens mit Recht so, indem sie mehr die Freunde des Hauses als des Herrn, also den Katzen ähnlicher als den Hunden sind.

### Heiterkeit

Was uns am unmittelbarsten beglückt, ist die Heiterkeit des Sinnes: Denn diese gute Eigenschaft belohnt sich augenblicklich selbst. Wer eben fröhlich ist, hat allemal

Ursach, es zu sein: nämlich eben diese, daß er es ist. Nichts kann so sehr wie diese Eigenschaft jedes andere Gut vollkommen ersetzen, während sie selbst durch nichts zu ersetzen ist. Einer sei jung, schön, reich und geehrt; so fragt sich, wenn man sein Glück beurteilen will, ob er dabei heiter sei; ist er hingegen heiter, so ist es einerlei, ob er jung oder alt, gerade oder pucklich, arm oder reich sei; er ist glücklich. In früher Jugend machte ich einmal ein altes Buch auf, und da stand: »Wer viel lacht, ist glücklich, und wer viel weint, ist unglücklich«, – eine sehr einfältige Bemerkung, die ich aber wegen ihrer einfachen Wahrheit doch nicht habe vergessen können, so sehr sie auch der Superlativ eines *truism's [Gemeinplatzes]* ist. Dieserwegen also sollen wir der Heiterkeit, wann immer sie sich einstellt, Tür und Tor öffnen: Denn sie kommt nie zur unrechten Zeit; statt daß wir oft Bedenken tragen, ihr Eingang zu gestatten, indem wir erst wissen wollen, ob wir denn auch wohl in jeder Hinsicht Ursach haben, zufrieden zu sein, oder auch, weil wir fürchten, in unsern ernsthaften Überlegungen und wichtigen Sorgen dadurch gestört zu werden: Allein was wir durch diese bessern, ist sehr ungewiß; hingegen ist Heiterkeit unmittelbarer Gewinn. Sie allein ist gleichsam die bare Münze des Glückes und nicht, wie alles andere, bloß der Bankzettel, weil nur sie unmittelbar in der Gegenwart beglückt, weshalb sie das höchste Gut ist für Wesen, deren Wirklichkeit die Form einer unteilbaren Gegenwart zwischen zwei unendlichen Zeiten hat. Demnach sollten wir die Erwerbung und Beförderung dieses Gutes jedem andern Trachten vorsetzen. Nun ist gewiß, daß zur Heiterkeit nichts weniger beiträgt als Reichtum und nichts mehr als Gesundheit: In den niedrigen, arbeitenden, zumal das Land bestellenden Klassen sind die heitern und zufriedenen Gesichter, in den reichen und vornehmen die verdrießlichen zu Hause. Folglich sollten wir vor allem bestrebt sein, uns den hohen Grad vollkommener Gesundheit zu erhalten, als dessen Blüte die Heiterkeit sich einstellt. Die Mittel hiezu sind bekanntlich Vermeidung aller Exzesse und Ausschweifungen, aller heftigen und unangenehmen Gemütsbewegungen, auch aller zu großen oder zu anhaltenden Geistesanstrengung, täglich zwei Stunden rascher Bewegung in freier Luft, viel kaltes Baden und ähnliche diätetische Maßregeln. Wie sehr unser Glück von der Heiterkeit der Stimmung und diese vom Gesundheitszustande abhängt, lehrt die Vergleichung des Eindrucks, den die nämlichen äußern Verhältnisse oder Vorfälle am gesunden und rüstigen Tage auf uns machen, mit dem, welchen sie hervorbringen, wann Kränklichkeit uns verdrießlich und ängstlich gestimmt hat. Nicht was die Dinge objektiv und wirklich sind, sondern was sie für uns, in unsrer Auffassung sind, macht uns glücklich oder unglücklich. Dies eben besagt Epiktets »Nicht die Dinge selbst verstimmen die Menschen, sondern die Meinungen über die Dinge.« Überhaupt aber beruhen 9/10 unseres Glückes allein auf der Gesundheit. Mit ihr wird alles eine Quelle des Genusses: Hingegen ist ohne sie kein äußeres Gut, welcher Art es auch sei, genießbar, und selbst die übrigen subjektiven Güter, die Eigenschaften des Geistes, Gemütes, Temperaments, werden durch Kränklichkeit herabgestimmt und sehr verkümmert. Demnach geschieht es nicht ohne Grund, daß man vor allen Dingen sich gegenseitig nach dem Gesundheitszustande befragt und einander sich wohlzubefinden wünscht: Denn wirklich ist dieses bei weitem die Hauptsache zum menschlichen Glück. Hieraus aber folgt, daß die größte aller Torheiten ist, seine Gesundheit aufzuopfern, für was es auch sei, für Erwerb, für Beförderung, für Gelehrsamkeit, für Ruhm, geschweige für Wollust und flüchtige Genüsse: Vielmehr soll man ihr alles nachsetzen.

## Herkunft

Die Herren haben freilich gute Gründe, möglichst viel der Erziehung und Bildung zuzuschreiben, sogar, wie wirklich einige tun, die angeborenen Talente ganz zu leugnen und auf alle Weise sich gegen die Wahrheit zu verschanzen, daß alles darauf ankommt, wie einer aus den Händen der Natur hervorgegangen sei, welcher Vater ihn gezeugt und welche Mutter ihn empfangen habe, ja, auch noch zu welcher Stunde; daher man keine Iliaden schreiben wird, wenn man zur Mutter eine Gans und zum Vater eine Schlafmütze gehabt hat, auch nicht, wenn man auf sechs Universitäten studiert. Es ist nun aber doch nicht anders: Aristokratisch ist die Natur, aristokratischer als irgendein Feudal- und Kastenwesen. Demgemäß läuft ihre Pyramide von einer sehr breiten Basis in einen gar spitzen Gipfel aus. Und wenn es dem Pöbel und Gesindel, welches nichts über sich dulden will, auch gelänge, alle andern Aristokratien umzustoßen, so müßte es diese doch bestehn lassen, – und soll keinen Dank dafür haben: Denn die ist so ganz eigentlich »von Gottes Gnaden«.

### Herzensgüte

Glänzende Eigenschaften des Geistes erwerben Bewunderung, aber nicht Zuneigung: Diese bleibt den moralischen, den Eigenschaften des Charakters vorbehalten. Zu seinem Freunde wird wohl jeder lieber den Redlichen, den Gutmütigen, ja selbst den Gefälligen, Nachgiebigen und leicht Beistimmenden wählen als den bloß Geistreichen. Vor diesem wird sogar durch unbedeutende, zufällige, äußere Eigenschaften, welche gerade der Neigung eines andern entsprechen, mancher den Vorzug gewinnen. Nur wer selbst viel Geist hat, wird den Geistreichen zu seiner Gesellschaft wünschen; seine Freundschaft hingegen wird sich nach den moralischen Eigenschaften richten: Denn auf diesen beruht die eigentliche Hochschätzung eines Menschen, in welcher ein einziger guter Charakterzug große Mängel des Verstandes bedeckt und auslischt. Die erkannte Güte eines Charakters macht uns geduldig und nachgiebig gegen Schwächen des Verstandes, wie auch gegen die Stumpfheit und das kindische Wesen des Alters. Ein entschieden edler Charakter, bei gänzlichem Mangel intellektueller Vorzüge und Bildung, steht da wie einer, dem nichts abgeht; hingegen wird der größte Geist, wenn mit starken moralischen Fehlern behaftet, noch immer tadelhaft erscheinen. – Denn wie Fackeln und Feuerwerk vor der Sonne blaß und unscheinbar werden, so wird Geist, ja Genie, und ebenfalls die Schönheit überstrahlt und verdunkelt von der Güte des Herzens. Wo diese in hohem Grade hervortritt, kann sie den Mangel jener Eigenschaften so sehr ersetzen, daß man solche vermißt zu haben sich schämt. Sogar der beschränkteste Verstand wie auch die groteske Häßlichkeit werden, sobald die ungemeine Güte des Herzens sich in ihrer Begleitung kundgetan, gleichsam verklärt, umstrahlt von einer Schönheit höherer Art, indem jetzt aus ihnen eine Weisheit spricht, vor der jede andere verstummen muß. Denn dic Güte des Herzens ist eine transzendente Eigenschaft, gehört einer über dieses Leben hinausreichenden Ordnung der Dinge an und ist mit jeder andern Vollkommenheit inkommensurabel. Wo sie in hohem Grade vorhanden ist, macht sie das Herz so groß, daß es die Welt umfaßt, so daß jetzt alles in ihm, nichts mehr außerhalb liegt, da sie ja alle Wesen mit dem eigenen identifiziert. Alsdann verleiht sie auch gegen andere jene grenzenlose Nachsicht, die sonst jeder nur sich selbst widerfahren läßt.

*

Die GÜTE DES HERZENS besteht in einem tief gefühlten, universellen Mitleid mit allem, was Leben hat, zunächst aber mit dem Menschen, weil mit der Steigerung der Intelligenz die Empfänglichkeit für das Leiden gleichen Schritt hält: Daher die unzähligen geistigen und körperlichen Leiden des Menschen das Mitleid viel stärker in Anspruch nehmen als der allein körperliche und selbst da dumpfere Schmerz des Tieres. Die Güte des Charakters wird demnach zunächst abhalten von jeder Verletzung des andern, worin es auch sei, sodann aber auch zur Hilfe auffordern, wo immer ein fremdes Leiden sich darbietet. Und auch hiermit kann es ebensoweit gehen wie in umgekehrter Richtung mit der Bosheit, nämlich bis dahin, daß Charaktere von seltener Güte sich fremdes Leiden mehr zu Herzen nehmen als eigenes und daher für andere Opfer bringen, durch welche sie selbst mehr leiden als vorhin der, dem sie geholfen.

*

Große Unterschiede im Grade und dabei in der Ausbildung des Verstandes öffnen zwischen Mensch und Mensch eine weite Kluft, über welche nur die Herzensgüte setzen kann.

### Heuchelei

Wie Papiergeld statt des Silbers, so kursieren in der Welt statt der wahren Achtung und der wahren Freundschaft die äußerlichen Demonstrationen und möglichst natürlich mimisierten Gebärden derselben. Indessen läßt sich andererseits auch fragen, ob es denn Leute gebe, welche jene wirklich verdienten. Jedenfalls gebe ich mehr auf das Schwanzwedeln eines ehrlichen Hundes als auf hundert solche Demonstrationen und Gebärden.

### Hoffnung

Solange der Ausgang einer gefährlichen Sache nur noch zweifelhaft ist, solange nur noch die Möglichkeit, daß er ein glücklicher werde, vorhanden ist, darf an kein Zagen gedacht werden, sondern bloß an Widerstand, wie man am Wetter nicht verzweifeln darf, solange noch ein blauer Fleck am Himmel ist.

*

HOFFNUNG ist die Verwechselung des Wunsches einer Begebenheit mit ihrer Wahrscheinlichkeit. Aber vielleicht ist kein Mensch frei von der Narrheit des Herzens, welche dem Intellekt die richtige Schätzung der Probabilität so sehr verrückt, daß er Eins gegen Tausend für einen leicht möglichen Fall hält. Und doch gleicht ein hoffnungsloser Unglücksfall einem raschen Todesstreich, hingegen die stets vereitelte und immer wieder auflebende Hoffnung der langsam marternden Todesart. Wen die Hoffnung, den hat auch die Furcht verlassen: Dies ist der Sinn des Ausdrucks »desperat«. Es ist nämlich dem Menschen natürlich, zu glauben, was er wünscht, und es zu glauben, weil er es wünscht. Wenn nun diese wohltätige, lindernde Eigentümlichkeit seiner Natur durch wiederholte, sehr harte Schläge des Schicksals ausgerottet und er sogar umgekehrt dahin gebracht worden ist zu glauben, es müsse geschehn, was er nicht wünscht, und könne nimmer geschehn was er wünscht, eben weil er es wünscht, so ist dies eigentlich der Zustand, den man Verzweiflung genannt hat.

*

Und warum nun wieder erblickt man in der Jugend das Leben, welches man noch vor sich hat, so unabsehbar lang? Weil man Platz haben muß für die grenzenlosen Hoffnungen, mit denen man es bevölkert, und zu deren Verwirklichung Methusalem zu jung stürbe; sodann, weil man zum Maßstabe desselben die wenigen Jahre nimmt, welche man schon hinter sich hat und deren Erinnerung stets stoffreich, folglich lang ist, indem die Neuheit alles bedeutend erscheinen ließ, weshalb es hinterher noch ruminiert, also oft in der Erinnerung wiederholt und dadurch ihr eingeprägt wurde.

### Höflichkeit

Höflichkeit mit Stolz zu vereinigen ist ein Meisterstück.

*

Wir sollten uns gegenwärtig erhalten, daß die gewöhnliche Höflichkeit nur eine grinsende Maske ist: Dann würden wir nicht Zeter schreien, wenn sie einmal sich etwas verschiebt oder auf einen Augenblick abgenommen wird. Wann aber gar einer geradezu grob wird, da ist es, als hätte er die Kleider abgeworfen und stände *in puris naturalibus [splitterfasernackt]* da. Freilich nimmt er sich dann, wie die meisten Menschen in diesem Zustande, schlecht aus.

*

Höflichkeit ist Klugheit; folglich ist Unhöflichkeit Dummheit: Sich mittelst ihrer unnötiger- und mutwilligerweise Feinde machen ist Raserei, wie wenn man sein Haus in Brand steckt. Denn Höflichkeit ist, wie die Rechenpfennige, eine offenkundig falsche Münze: mit einer solchen sparsam zu sein, beweist Unverstand, hingegen Freigebigkeit mit ihr Verstand. (...) Wer hingegen die Höflichkeit bis zum Opfern realer Interessen treibt, gleicht dem, der echte Goldstücke statt Rechenpfennige gäbe.

*

Wie das Wachs, von Natur hart und spröde, durch ein wenig Wärme so geschmeidig wird, daß es jede beliebige Gestalt annimmt, so kann man selbst störrische und feindselige Menschen durch etwas Höflichkeit und Freundlichkeit biegsam und gefällig machen. Sonach ist die Höflichkeit dem Menschen, was die Wärme dem Wachs.

## Humor

Daß heutzutage in der deutschen Literatur »humoristisch« durchgängig in der Bedeutung von »komisch« überhaupt gebraucht wird, entspringt aus der erbärmlichen Sucht, den Dingen einen vornehmeren Namen zu geben als ihnen zukommt, nämlich den einer über ihnen stehenden Klasse: So will jedes Wirtshaus Hotel, jeder Geldwechsler Bankier, jede Reiterbude Zirkus, jedes Konzert Musikalische Akademie, das Kaufmannskontor Büro, der Töpfer Tonkünstler heißen, – demnach auch jeder Hanswurst Humorist. Das Wort Humor ist von den Engländern entlehnt, um eine bei ihnen zuerst bemerkte, ganz eigentümliche, sogar, wie oben gezeigt, dem Erhabenen verwandte Art des Lächerlichen auszusondern und zu bezeichnen, nicht aber, um jeden Spaß und jede Hanswurstiade damit zu betiteln, wie jetzt in Deutschland allgemein, ohne Opposition, geschieht, von Literaten und Gelehrten; weil der wahre Begriff jener Abart, jener Geistesrichtung, jenes Kindes des Lächerlichen und Erhabenen, zu subtil und zu hoch sein würde für ihr Publikum, welchem zu gefallen sie bemüht sind, alles abzuplatten und zu pöbelarisieren. Je nun, »hohe Worte und niedriger Sinn« ist überhaupt der Wahlspruch der edeln »Jetztzeit«: Demgemäß heißt heutzutage ein Humorist, was ehemals ein Hanswurst genannt wurde.

### Hund

Woran sollte man sich von der endlosen Verstellung, Falschheit und Heimtücke der Menschen erholen, wenn die Hunde nicht wären, in deren ehrliches Gesicht man ohne Mißtrauen schauen kann?

## Identität

Worauf beruht die Identität der Person? Nicht auf der Materie des Leibes, sie ist nach wenigen Jahren eine andere. Nicht auf der Form desselben, sie ändert sich im ganzen und in allen Teilen bis auf den Ausdruck des Blickes, an welchem man daher auch nach vielen Jahren einen Menschen noch erkennt; welches beweist, daß trotz allen Veränderungen, die an ihm die Zeit hervorbringt, doch etwas in ihm davon völlig unberührt bleibt: Es ist eben dieses, woran wir, auch nach dem längsten Zwischenraume, ihn wiederfinden. Ebenso auch uns selbst, denn wenn man noch so alt wird, so fühlt man doch im Innern sich ganz und gar als denselben, der man war, als man jung, ja, als man noch ein Kind war. Dieses, was unverändert stets ganz dasselbe bleibt und nicht mitaltert, ist eben der Kern unseres Wesens, welcher nicht in der Zeit liegt. Man nimmt an, die Identität der Person beruhe auf der des Bewußtseins. Versteht man aber unter dieser bloß die zusammenhängende Erinnerung des Lebenslaufs, so ist sie nicht ausreichend. Wir wissen von unserem Lebenslauf allenfalls etwas mehr als von einem ehemals gelesenen Roman, demnach nur das Allerwenigste. Die Hauptbegebenheiten, die interessanten Szenen haben sich eingeprägt; im übrigen sind tausend Vorgänge vergessen gegen einen, der behalten worden. Je älter wir werden, desto spurloser geht alles vorüber. Hohes Alter, Krankheit, Gehirnverletzung, Wahnsinn können das Gedächtnis ganz rauben. Aber die Identität der Person ist damit nicht verlorengegangen. Sie beruht auf dem identischen Willen und dem unveränderlichen Charakter derselben. Er eben auch ist es, der den Ausdruck des Blickes unveränderlich macht. Im Herzen steckt der Mensch, nicht im Kopf.

### Illusion

Ich weiß wohl, daß jeder denkende Mensch seine Zeit für die allererbärmlichste hält: Aber ich muß gestehn, daß ich von der Illusion nicht frei bin.

### Individualität

Alle äußern Quellen des Glückes und Genusses sind ihrer Natur nach höchst unsicher, mißlich, vergänglich und dem Zufall unterworfen, dürften daher selbst unter den günstigsten Umständen leicht stocken; ja, dieses ist unvermeidlich, sofern sie doch nicht stets zur Hand sein können. Im Alter nun gar versiegen sie fast alle notwendig, denn da verläßt uns Liebe, Scherz, Reiselust, Pferdelust und Tauglichkeit für die Gesellschaft; sogar die Freunde und Verwandten entführt uns der Tod. Da kommt es denn mehr als je darauf an, was einer an sich selber habe. Denn dieses wird am längsten Stich halten. Aber auch in jedem Alter ist und bleibt es die echte und allein ausdauernde Quelle des Glücks. Ist doch in der Welt überall nicht viel zu holen: Not und Schmerz erfüllen sie, und auf die, welche diesen entronnen sind, lauert in allen Winkeln die Langeweile. Zudem hat in der Regel die Schlechtigkeit die Herrschaft darin und die Torheit das große Wort. Das Schicksal ist grausam, und die Menschen sind erbärmlich. In einer so beschaffenen Welt gleicht der, welcher viel an sich selber hat, der hellen, warmen, lustigen Weihnachtsstube mitten im Schnee und Eise der Dezembernacht. Demnach ist eine vorzügliche, eine reiche Individualität und besonders sehr viel Geist zu haben ohne Zweifel das glücklichste Los auf Erden, so verschieden es etwan auch von dem glänzendsten ausgefallen sein mag.

*

Die objektive Hälfte der Gegenwart und Wirklichkeit steht in der Hand des Schicksals und ist demnach veränderlich; die subjektive sind wir selbst, daher sie im wesentlichen unveränderlich ist. Demgemäß trägt das Leben jedes Menschen trotz aller Abwechslung von außen durchgängig denselben Charakter und ist einer Reihe Variationen auf EIN Thema zu vergleichen. – Hieraus also ist klar, wie sehr unser Glück abhängt von dem, was wir SIND, von unserer Individualität, während man meistens nur unser Schicksal, nur das, was wir HABEN oder was wir VORSTELLEN, in Anschlag bringt.

## Intellekt

Was für ein unbändiges Roß Zügel und Gebiß ist, das ist für den Willen im Menschen der Intellekt: An diesem Zügel muß er gelenkt werden, mittelst Belehrung, Ermahnung, Bildung usw., da er an sich selbst ein so wilder, ungestümer Drang ist wie die Kraft, die im herabstürzenden Wasserfall erscheint, – ja, wie wir wissen, im tiefsten Grunde identisch mit dieser.

*

In Hinsicht auf den Intellekt ist die Natur höchst aristokratisch. Die Unterschiede, die sie hier eingesetzt hat, sind größer als die, welche Geburt, Rang, Reichtum oder Kastenunterschied in irgendeinem Lande feststellen: Aber wie in anderen Aristokratien, so auch in der ihrigen, kommen viele tausend Plebejer auf einen Edeln, viele Millionen auf einen Fürsten und ist der große Haufen bloßer Pöbel, mob, rabble, la canaille.

*

Je niedriger ein Mensch in intellektueller Hinsicht steht, desto weniger Rätselhaftes hat für ihn das Dasein selbst; ihm scheint vielmehr sich alles, wie es ist, und daß es sei, von selbst zu verstehen. Dies beruht darauf, daß sein Intellekt seiner ursprünglichen Bestimmung, als Medium der Motive dem Willen dienstbar zu sein, noch ganz treu geblieben und deshalb mit der Welt und der Natur als integrierender Teil derselben eng verbunden, folglich weit entfernt davon ist, sich vom Ganzen der Dinge gleichsam ablösend, demselben gegenüberzutreten und so einstweilen als für sich selbst stehend die Welt rein objektiv aufzufassen.

*

Unser praktisches, reales Leben ist, wenn nicht die Leidenschaften es bewegen, langweilig und fade; wenn sie aber es bewegen, wird es bald schmerzlich: Darum sind die allein beglückt, denen irgendein Überschuß des Intellekts über das zum Dienst ihres Willens erforderte Maß zuteil geworden. Denn damit führen sie, neben ihrem wirklichen, noch ein intellektuelles Leben, welches sie fortwährend auf eine SCHMERZLOSE Weise und doch lebhaft beschäftigt und unterhält.

*

Wie sehr beschränkt und dürftig der normale menschliche Intellekt sei und wie gering die Klarheit des Bewußtseins, läßt sich daran ermessen, daß, ungeachtet der ephemeren Kürze des in endlose Zeit hineingeworfenen Menschenlebens, der Mißlichkeit unseres Daseins, der zahllosen, sich überall aufdringenden Rätsel, des bedeutsamen Charakters so vieler Erscheinungen und dabei des durchweg Ungenügenden des Lebens –, dennoch nicht alle beständig und unablässig philosophieren, ja nicht einmal viele oder auch nur einige, nur wenige; nein, nur hin und wieder einer, nur die gänzlichen Ausnahmen. Die übrigen leben in diesem Traum dahin, nicht so gar viel anders als die Tiere, von denen sie sich am Ende nur durch die Vorsorge auf einige Jahre im voraus unterscheiden. Für das sich bei ihnen etwa meldende metaphysische Bedürfnis ist von oben und zum voraus gesorgt, durch die Religionen; und diese, wie sie auch seien, genügen. – Indessen könnte es doch sein, daß im Stillen viel mehr philosophiert wird, als es den Anschein hat, wenn es gleich auch danach ausfallen mag.

*

Ein stark wirkendes Motiv, wie der sehnsüchtige Wunsch, die dringende Not, steigert bisweilen den Intellekt zu einem Grade, dessen wir ihn vorher nie fähig geglaubt hatten. Schwierige Umstände, welche uns die Notwendigkeit gewisser Leistungen auflegen, entwickeln ganz neue Talente in uns, deren Keime uns verborgen geblieben waren und zu denen wir uns keine Fähigkeit zutrauten.

## Intelligenz

Die unerschöpfliche Regsamkeit der Gedanken …, ihr an den mannigfaltigen Erscheinungen der Innen- und

Außenwelt sich stets erneuerndes Spiel, die Kraft und der Trieb zu immer andern Kombinationen derselben, setzen den eminenten Kopf, die Augenblicke der Abspannung abgerechnet, ganz außer dem Bereich der Langeweile. Andrerseits nun aber hat die gesteigerte Intelligenz eine erhöhte Sensibilität zur unmittelbaren Bedingung und größere Heftigkeit des Willens, also der Leidenschaftlichkeit, zur Wurzel: Aus ihrem Verein mit diesen erwächst nun eine viel größere Stärke aller Affekte und eine gesteigerte Empfindlichkeit gegen die geistigen und selbst gegen körperliche Schmerzen, sogar größere Ungeduld bei allen Hindernissen oder auch nur Störungen; welches alles zu erhöhen die aus der Stärke der Phantasie entspringende Lebhaftigkeit sämtlicher Vorstellungen, also auch der widerwärtigen, mächtig beiträgt.

## Ironie

Die Ironie ist objektiv, nämlich auf den andern berechnet, der HUMOR aber subjektiv, nämlich zunächst nur für das eigene Selbst da. Demgemäß finden die Meisterstücke der Ironie sich bei den Alten, die des Humors bei den Neueren. Denn näher betrachtet, beruht der Humor auf einer subjektiven, aber ernsten und erhabenen Stimmung, welche unwillkürlich in Konflikt gerät mit einer ihr sehr heterogenen, gemeinen Außenwelt, der sie weder ausweichen noch sich selbst aufgeben kann; daher sie zur Vermittelung versucht, ihre eigene Ansicht und jene Außenwelt durch dieselben Begriffe zu denken, welche hiedurch eine doppelte, bald auf dieser, bald auf der andern Seite liegende Inkongruenz zu dem dadurch gedachten Realen erhalten, wodurch der Eindruck des absichtlich Lächerlichen, also des Scherzes entsteht, hinter welchem jedoch der tiefste Ernst versteckt ist und durchscheint. Fängt die Ironie mit ernster Miene an und endigt mit lächelnder, so hält der Humor es umgekehrt.

## Irrtum

Jeder Irrtum muß, früher oder später, Schaden stiften, und desto größeren, je größer er war.

*

Manche Irrtümer halten wir unser Leben hindurch fest und hüten uns, jemals ihren Grund zu prüfen, bloß aus einer uns selber unbewußten Furcht, die Entdeckung machen zu können, daß wir so lange und so oft das Falsche geglaubt und behauptet haben. So wird denn täglich unser Intellekt durch die Gaukeleien der Neigung betört und bestochen.

*

So wie die Fehler der Fürsten von ganzen Völkern gebüßt werden, verbreiten die Irrtümer großer Geister ihren nachteiligen Einfluß auf ganze Generationen, sogar auf Jahrhunderte, ja, wachsend und sich fortpflanzend, arten sie zuletzt in Monstrositäten aus.

*

Ich halte dafür, daß es weder privilegierte noch nützliche noch selbst unschädliche Irrtümer geben kann, sondern jeder Irrtum unendlich mehr Schaden als Nutzen stiftet.

## Jenseitsglaube

Daß die Leute sich einbilden und darauf bestehn, der Tod sei nicht der Tod, sondern der Anfang eines neuen Lebens, das ist eben der größte aller Irrtümer und der abstrakte Ausdruck jenes Grundirrtums, jenes praktischen Irrtums (Sünde, Erbsünde), der das Leben selbst ist. Sie wollen nicht vom Leben lassen, sie reden gar von einem seligen Leben, welches eine *contradictio in adjecto [Widerspruch in sich]* ist. Seligkeit wollen: das Gegenteil von Leben wollen.

*

Aus der Eigentümlichkeit menschlicher Sinnesart ist es auch zu erklären, warum zu allen Zeiten, bei allen Völkern, Dogmen von irgendeiner Art von Fortdauer des Individuums nach dem Tode sich finden und in Ansehen stehen, da doch die Beweise dafür immer höchst unzulänglich sein mußten, die für das Gegenteil aber stark und zahlreich, ja, dieses eigentlich keines Beweises bedarf, sondern vom gesunden Verstande als Tatsache erkannt wird und als solche bekräftigt durch die Zuversicht, daß die Natur so wenig lügt als irrt, sondern ihr Tun und Wesen offen darlegt, sogar naiv ausspricht, während nur wir selbst es durch Wahn verfinstern, um herauszudeuten, was unserer beschränkten Ansicht eben zusagt.

## Journalisten

Wer keiner neuen Gedanken fähig ist, will wenigstens neue Worte zu Markte bringen, und jeder Tintenkleckser hält sich berufen, die Sprache zu verbessern. Am unverschämtesten treiben es die Zeitungsschreiber, und da ihre Blätter vermöge der Trivialität ihres Inhalts das allergrößte Publikum, ja ein solches haben, das größtenteils nichts anderes liest, so droht durch sie der Sprache große Gefahr; daher ich ernstlich anrate, sie einer orthographischen Zensur zu unterwerfen oder sie für jedes ungebräuchliche oder verstümmelte Wort eine Strafe bezahlen zu lassen: Denn was könnte unwürdiger sein, als daß Sprachumwandelungen vom allerniedrigsten Zweige der Literatur ausgingen? Die Sprache, zumal eine relative Ursprache wie die deutsche, ist das köstlichste Erbteil der Nation und dabei ein überaus kompliziertes, leicht zu verderbendes und nicht wiederherzustellendes Kunstwerk, daher ein *noli me tangere [rühr mich nicht an]*. Andere Völker haben dies gefühlt und haben gegen ihre, obwohl viel unvollkommneren Sprachen große Pietät bewiesen: Daher ist Dantes und Petrarcas Sprache nur in Kleinigkeiten von der heutigen verschieden, Montaigne noch ganz lesbar und so auch Shakespeare in seinen ältesten Ausgaben. – Dem Deutschen ist es sogar gut, etwas lange Worte im Munde zu haben: Denn er denkt langsam, und sie geben ihm Zeit zum Besinnen.

## Jugend

Daß alle Eindrücke, die wir in der Jugend erhalten, so bedeutsam sind und wir im Morgenrot des Lebens alles so idealistisch, so verklärt erblicken, kommt daher, daß der einzelne Fall uns mit der Gattung bekannt macht, die uns noch neu ist; daher ist, was wir erkennen, eigentlich die Idee der Gattung, und solcher ist Schönheit wesentlich.

## Kampf

Die Geschichte zeigt uns das Leben der Völker und findet nichts als Kriege und Empörungen zu erzählen: Die friedlichen Jahre erscheinen nur als kurze Pausen, Zwischenakte, dann und wann einmal. Und ebenso ist das Leben des einzelnen ein fortwährender Kampf, nicht etwa bloß metaphorisch mit der Not oder mit der Langeweile, sondern auch wirklich mit andern. Er findet überall den Widersacher, lebt in beständigem Kampfe und stirbt, die Waffen in der Hand.

## Kartenspiel

In allen Ländern ist die Hauptbeschäftigung aller Gesellschaft das Kartenspiel geworden: Es ist der Maßstab des Wertes derselben und der deklarierte Bankrott an allen Gedanken. Weil sie nämlich keine Gedanken auszutauschen haben, tauschen sie Karten aus und suchen einander Gulden abzunehmen. Oh, klägliches Geschlecht! Um indessen auch hier nicht ungerecht zu sein, will ich den Gedanken nicht unterdrücken, daß man zur Entschuldigung des Kartenspiels allenfalls anführen könnte, es sei eine Vorübung zum Welt- und Geschäftsleben, sofern man dadurch lernt, die vom Zufall unabänderlich gegebenen Umstände (Karten) klug zu benutzen, um daraus was immer angeht zu machen, zu welchem Zwecke man sich denn auch gewöhnt, Contenance zu halten, indem man zum schlechten Spiel eine heitere Miene aufsetzt.

### Kausalität

Das Gesetz der Kausalität kennt keine Ausnahme; sondern alles, von der Bewegung eines Sonnenstäubchens an bis zum wohlüberlegten Tun des Menschen, ist ihm mit gleicher Strenge unterworfen. Daher konnte nie im ganzen Verlauf der Welt weder ein Sonnenstäubchen in seinem Fluge eine andere Linie beschreiben, als die es beschrieben hat, noch ein Mensch irgend anders handeln, als er gehandelt hat; und keine Wahrheit ist gewisser als diese, daß alles, was geschieht, sei es klein oder groß, völlig NOTWENDIG geschieht. Demzufolge ist in jedem gegebenen Zeitpunkt der gesamte Zustand aller Dinge fest und genau bestimmt durch den ihm soeben vorhergegangenen; und so den Zeitstrom aufwärts, ins Unendliche hinauf, und so ihn abwärts, ins Unendliche herab. Folglich gleicht der Lauf der Welt dem einer Uhr, nachdem sie zusammengesetzt und aufgezogen worden: Also ist sie, von diesem unabstreitbaren Gesichtspunkt aus, eine bloße Maschine, deren Zweck man nicht absieht.

## Kindheit

In meinem Hauptwerke habe ich auseinandergesetzt, daß und warum wir in der Kindheit uns viel mehr ERKENNEND als WOLLEND verhalten. Gerade hierauf beruht jene Glückseligkeit des ersten Viertels unsers Lebens, infolge welcher es nachher wie ein verlorenes Paradies hinter uns liegt. Wir haben in der Kindheit nur wenige Beziehungen und geringe Bedürfnisse, also wenig Anregung des Willens: Der größere Teil unsers Wesens geht demnach im ERKENNEN auf. Der Intellekt ist, wie das Gehirn, welches schon im siebten Jahre seine volle Größe erreicht, früh entwickelt, wenn auch nicht reif, und sucht unaufhörlich Nahrung in einer ganzen Welt des noch neuen Daseins, wo alles, alles, mit dem Reize der Neuheit überfirnist ist. Hieraus entspringt es, daß unsre Kinderjahre eine fortwährende Poesie sind.

## Klagen

Wir haben so despotische Gesinnung, daß wir alles in unser Treiben hineinziehn und zur Teilnahme zwingen möchten. Dazu wäre der einzige Weg, die Liebe andrer zu gewinnen, damit unsre Not auch die fremde Brust beklemme. Weil das zu weitläufig ist, wählen wir oft den kürzern Weg und plaudern unsre Not den Gleichgültigen aus, die sie mit Neugier, aber ohne Teilnahme, viel öfter mit Behagen vernehmen.

### Klarheit

Der leitende Grundsatz der Stilistik sollte sein, daß der Mensch nur einen Gedanken zur Zeit deutlich denken kann; daher ihm nicht zugemutet werden darf, daß er deren zwei, oder gar mehrere, auf einmal denke.

*

Überhaupt wird der echte Philosoph überall Helle und Deutlichkeit suchen, und stets bestrebt sein, nicht einem trüben, reißenden Regenbach zu gleichen, sondern vielmehr einem Schweizer See, der durch seine Ruhe bei großer Tiefe große Klarheit hat, welche eben erst die Tiefe sichtbar macht.

### Kleidung

Fast auf alle unsere Stellungen und Gebärden hat unsere Kleidung einen gewissen Einfluß: nicht ebenso die der Alten, welche vielleicht, ihrem ästhetischen Sinne gemäß, durch das Vorgefühl eines solchen Übelstandes mit bewogen wurden, ihre weite, nicht anschließende Kleidung beizubehalten. Dieserwegen hat ein Schauspieler, wann er antikes Kostüm trägt, alle die Bewegungen und Stellungen zu vermeiden, welche irgendwie durch unsere Kleidung veranlaßt und dann zur Gewohnheit geworden sind: Doch braucht er deshalb sich nicht zu spreizen und zu blähen wie ein französischer, seinen Racine tragierender Hanswurst in Toga und Tunika.

## Klugheit

Die Schärfe des Verstandes im Auffassen der kausalen Beziehungen der mittelbar erkannten Objekte findet ihre Anwendung nicht allein in der Naturwissenschaft (deren sämtliche Entdeckungen ihr zu verdanken sind), sondern auch im praktischen Leben, wo sie KLUGHEIT heißt, da sie hingegen in der ersteren Anwendung besser Scharfsinn, Penetration und Sagazität genannt wird: Genau genommen bezeichnet KLUGHEIT ausschließlich den im Dienste des Willens stehenden Verstand.

## Kompilator

Nur wer bei dem, was er schreibt, den Stoff zunächst und UNMITTELBAR bloß aus seinem Kopf nimmt, ist wert, daß man ihn liest. Aber alle Büchermacher, Kompendienschreiber u. dgl. nehmen den Stoff unmittelbar aus BÜCHERN; aus diesen geht er in die Finger, ohne im Kopf Transitozoll, Visitation oder Bearbeitung zu erfahren. Daher hat ihr Gewäsch oft so wenig Sinn, daß man sich vergeblich den Kopf zerbricht, zu wissen, was sie denn zuletzt denken: Sie denken gar nicht. Das Buch, aus dem sie kopieren, ist meistens ebenso verfaßt: Es ist also damit wie mit Abdrücken von Abdrücken usf. Der Antinous wird zum kaum kenntlichen Umriß eines Gesichts. Daher soll man

Kompilatoren nie lesen, sondern bloß aufschlagen der Zitate wegen: Das übrige ist Arschwisch.

### Konvention

In der Jugend glaubt der edlere Mensch, die dauernden festen Verhältnisse unter Menschen wären die ideellen, d. h. die, welche sich auf Ähnlichkeit der Gesinnung usf. Gründen; später sieht man, daß es die reellen sind, d. h. die, welche sich auf irgendein Interesse gründen. Die Mehrzahl der Menschen hat gar keinen Begriff von andern Verhältnissen: Jeder wird behandelt nach der Rolle, die ihm die Konvention erteilt hat; was er als Mensch ist, kommt später zur Sprache.

### Kraft

Es gibt eigentlich keinen Genuß als im Gebrauch und Gefühl seiner Kräfte, und der größte Schmerz ist Wahrnehmung des Mangels von Kräften da, wo man ihrer bedarf. Zu seinem Wohlsein erforsche daher jeder, welche Kräfte er hat und welche nicht: Er bilde und brauche dann die hervorstechenden Kräfte stark, er wandle den Weg, wo seine Kräfte taugen und gelten und vermeide selbst mit Überwindung seiner selbst den Weg, wo Kräfte erfordert werden, die bei ihm im geringen Grade da sind: So wird er oft mit Freuden seiner Stärke und selten mit Schmerz seiner Schwäche sich bewußt, und ihm wird wohl sein; läßt er sich aber verleiten zu Bestrebungen, die eine ganz andre Art von Kräften, als die bei ihm hervorstechen, erfordern, so wird er Demütigung erfahren, die vielleicht der größte Geistesschmerz ist.

## Krankheit

Mir hat die Ansicht gar sehr eingeleuchtet, daß die akuten Krankheiten, von einigen Ausnahmen abgesehn, nichts anderes sind als Heilungsprozesse, welche die Natur selbst einleitet, zur Abstellung irgendeiner im Organismus eingerissenen Unordnung; zu welchem Zwecke nun die *vis naturae medicatrix [die Heilkraft der Natur]*, mit diktatorischer Gewalt bekleidet, außerordentliche Maßregeln ergreift. Einem solchen Prozeß arbeitet die Allopathie[1] oder Enantiopathie aus allen Kräften entgegen; die Homöopathie ihrerseits trachtet ihn zu beschleunigen oder zu verstärken, wenn nicht etwan gar, durch Karikieren desselben, ihn der Natur zu verleiden. Beide demnach wollen es besser verstehn als die Natur selbst, die doch gewiß sowohl das Maß als die Richtung ihrer Heilmethode kennt. Daher ist vielmehr die Physiatrik[2] in allen den Fällen zu empfehlen, die nicht zu den besagten Ausnahmen gehören. Überhaupt sind bei weitem die meisten Genesungen bloß das Werk der Natur, für welches der Arzt die Be-

1 Methoden d. Schulmedizin
2 Naturheilkunde

zahlung einstreicht, – sogar wenn sie nur seinen Bemühungen zum Trotz gelungen sind.

*

Es gibt Krankheiten, von denen man gehörig und gründlich nur dadurch genest, daß man ihnen ihren natürlichen Verlauf läßt, nach welchem sie von selbst verschwinden, ohne eine Spur zu hinterlassen. Verlangt man aber sogleich und jetzt, nur gerade jetzt, gesund zu sein, so muß auch hier die Zeit Vorschuß leisten: Die Krankheit wird vertrieben, aber der Zins ist Schwäche und chronische Übel zeitlebens.

## Krieg

Die Geschichte, von einem Ende zum andern, erzählt von lauter Kriegen, und dasselbe Thema ist der Gegenstand aller ältesten Bildwerke wie auch der neuesten. Der Ursprung alles KRIEGES aber ist DIEBSGELÜST; daher VOLTAIRE mit Recht sagt: *Dans toutes les guerres il ne s'agit que de voler. [in allen Kriegen geht es nur darum zu stehlen].* Sobald nämlich ein Volk einen ÜBERSCHUSS VON KRÄFTEN spürt, fällt es über den Nachbarn her, um, statt von seiner eigenen Arbeit zu leben, den Ertrag der ihrigen, sei es bloß den jetzt vorhandenen oder auch dazu noch den künftigen, indem es sie unterjocht, sich anzueignen. Das gibt den Stoff zur Weltgeschichte und ihren Heldentaten. Besonders sollte in französischen Diktionären unter *gloire* zuerst der artistische und literarische Ruhm abgehandelt werden und dann bei *gloire militaire* bloß stehn: *voyez butin [siehe Beute].*

### Kritik

So sehr viel leichter ist widerlegen als beweisen, umwerfen als aufstellen.

*

Wie eine Arznei nicht ihren Zweck erwirkt, wann die Dosis zu stark gewesen, ebenso ist es mit STRAFREDEN und KRITIKEN, wenn sie das Maß der Gerechtigkeit überschreiten.

### Kunst

Jedes Kunstwerk ist eigentlich bemüht, uns das Leben und die Dinge so zu zeigen, wie sie in Wahrheit sind, aber durch den Nebel objektiver und subjektiver Zufälligkeiten hindurch nicht von jedem unmittelbar erfaßt werden können. Diesen Nebel nimmt die Kunst hinweg.

### Kunstwerk

Nur wo der Intellekt schon das notwendige Maß überschreitet, wird das Erkennen, mehr oder weniger, Selbstzweck. Demnach ist es eine ganz abnorme Begebenheit, wann in irgendeinem Menschen der Intellekt seine natürliche Bestimmung, also den Dienst des Willens und demgemäß die Auffassung der bloßen Relationen der Dinge, verläßt, um sich rein objektiv zu beschäftigen. Aber eben dies ist der Ursprung der Kunst, der Poesie und der Philosophie, welche also durch ein Organ hervorgebracht werden, das ursprünglich nicht für sie bestimmt ist. Der Intellekt nämlich ist von Hause aus ein saurer Arbeit obliegender Manufakturlöhnling, den sein vielfordernder Herr, der Wille, vom Morgen bis in die Nacht beschäftigt hält. Kommt aber dennoch dieser getriebene Fronknecht einmal dazu, in einer Feierstunde ein Stück von seiner Arbeit freiwillig, aus eigenem Antrieb und ohne Nebenabsicht, bloß zu eigener Befriedigung und Ergötzung zu verfertigen – dann ist dies ein echtes Kunstwerk, ja, wenn hoch getrieben, ein Werk des Genies.

*

Mit einem KUNSTWERK muß man sich verhalten wie mit einem großen Herrn: nämlich sich davor hinstellen und warten, daß es einem etwas sage.

## Kürze

Die echte Kürze des Ausdrucks besteht darin, daß man überall nur sagt, was sagenswert ist, hingegen alle weitschweifigen Auseinandersetzungen dessen, was jeder selbst hinzu denken kann, vermeidet, mit richtiger Unterscheidung des Nötigen und Überflüssigen. Hingegen soll man nie der Kürze die Deutlichkeit, geschweige die Grammatik, zum Opfer bringen.

## Lachen

Zuverlässig verdankt mancher das Glück seines Lebens bloß dem Umstande, daß er ein angenehmes Lächeln besitzt, womit er die Herzen gewinnt. Jedoch täten die Herzen besser, sich in acht zu nehmen und aus Hamlets Gedächtnistafel zu wissen, *that one may smile, and smile, and be a villain [daß einer lächeln und lächeln kann, und ein Schurke sein].*

*

Es wundert mich nicht, daß sie Langeweile haben, wann sie allein sind: Sie können nicht allein lachen; sogar erscheint solches ihnen närrisch. Ist denn das Lachen etwan nur ein Signal für andere und ein bloßes Zeichen, wie das Wort? Mangel an Phantasie und an Lebhaftigkeit des Geistes überhaupt, das ist es, was ihnen, wenn allein, das Lachen verwehrt. Die Tiere lachen weder allein noch in Gesellschaft. Myson, der Misanthrop, war, allein lachend, von so einem überrascht worden, der ihn jetzt fragte, warum er denn lache, da er doch allein wäre? – »Gerade darum lache ich«, war die Antwort.

## Lächerlichkeit

Es widerfährt uns wohl, daß wir ausplaudern, was uns auf irgendeine Weise gefährlich werden könnte; nicht aber verläßt unsere Verschwiegenheit uns bei dem, was uns lächerlich machen könnte; weil hier der Ursache die Wirkung auf dem Fuße folgt.

## Langeweile

Der allgemeinste Überblick zeigt uns als die beiden Feinde des menschlichen Glückes den Schmerz und die Langeweile. Dazu noch läßt sich bemerken, daß, in dem Maße, als es uns glückt, vom einen derselben uns zu entfernen, wir dem andern uns nähern und umgekehrt, so daß unser Leben wirklich eine stärkere oder schwächere Oszillation zwischen ihnen darstellt. Dies entspringt daraus, daß beide in einem doppelten Antagonismus zueinander stehn, einem äußern oder objektiven, und einem innern oder subjektiven. Äußerlich nämlich gebiert Not und Entbehrung den Schmerz, hingegen Sicherheit und Überfluß die Langeweile. Demgemäß sehn wir die niedere Volksklasse in einem beständigen Kampf gegen die Not, also den Schmerz, die reiche und vornehme Welt hingegen in einem anhaltenden, oft wirklich verzweifelten Kampf gegen die Langeweile. Das NOMADENLEBEN, welches die unterste Stufe der Zivilisation bezeichnet, findet sich auf der höchsten im allgemein gewordenen Touristenleben wieder ein. Das erste ward von der NOT, das zweite von der Langeweile herbeigeführt. Die gewöhnlichen Leute sind bloß darauf bedacht, die

Zeit ZUZUBRINGEN; wer irgendein Talent hat, – sie ZU BENUTZEN. –

*

Das Leben der großen und vornehmen Welt ist wirklich nichts andres als ein anhaltender, verzweifelter Kampf gegen die Langeweile. Das Leben der niederen Volksklassen ist ein steter Kampf gegen die Not. Der goldne Mittelstand!

*

Wie die Not die beständige Geißel des Volkes ist, so die Langeweile die der vornehmen Welt. Im bürgerlichen Leben ist sie durch den Sonntag, wie die Not durch die sechs Wochentage repräsentiert.

*

Was einer AN SICH SELBER HAT, ist zu seinem Lebensglücke das Wesentlichste. Bloß weil dieses in der Regel so gar wenig ist, fühlen die meisten von denen, welche über den Kampf mit der Not hinaus sind, sich im Grunde ebenso unglücklich wie die, welche sich noch darin herumschlagen. Die Leere ihres Innern, das Fade ihres Bewußtseins, die Armut ihres Geistes treibt sie zur Gesellschaft, die nun aber aus ebensolchen besteht; weil *similis simili gaudet [gleich und gleich sich gern gesellt]*. Da wird dann gemeinschaftlich Jagd gemacht auf Kurzweil und Unterhaltung, die sie zunächst in sinnlichen Genüssen, in Vergnügungen jeder Art und endlich in

Ausschweifungen suchen. Die Quelle der heillosen Verschwendung, mittelst welcher so mancher reich ins Leben tretende Familiensohn sein großes Erbteil in oft unglaublich kurzer Zeit durchbringt, ist wirklich keine andere als nur die Langeweile, welche aus der eben geschilderten Armut und Leere des Geistes entspringt. So ein Jüngling war äußerlich reich, aber innerlich arm in die Welt geschickt und strebte nun vergeblich, durch den äußern Reichtum den innern zu ersetzen, indem er alles VON AUSSEN empfangen wollte, – den Greisen analog, welche sich durch die Ausdünstung junger Mädchen zu stärken suchen. Dadurch führte denn am Ende die innere Armut auch noch die äußere herbei.

*

Es ist sehr bemerkenswert, daß einerseits die Leiden und Qualen des Lebens so anwachsen können, daß selbst der Tod wünschenswert wird und man freiwillig zu ihm eilt; und andererseits wieder, daß, sobald die Not und Leiden dem Menschen eine Rast vergönnen, die Langeweile gleich so nah ist, daß er des Zeitvertreibes notwendig bedarf. Was alle Lebenden beschäftigt und in Bewegung hält, ist das Streben nach Dasein. Mit dem Dasein aber, wenn es ihnen gesichert ist, wissen sie nichts anzufangen; daher ist das zweite, was sie in Bewegung setzt, das Streben, die Last des Daseins loszuwerden, es unfühlbar zu machen, »die Zeit zu töten«, d. h. der Langeweile zu entgehen. Demgemäß sehen wir, daß fast alle vor Not und Sorge geborgene Menschen, nachdem sie nun endlich alle andern Lasten abgewälzt haben, jetzt sich selbst zur Last sind und nun jede durchgebrachte Stunde für Gewinn achten, also jeden Abzug von eben jenem Leben, zu dessen möglichst langer Erhaltung sie bis dahin alle Kräfte aufrufen. Die Langeweile aber ist nichts weniger als ein gering zu achtendes Übel; sie malt zuletzt wahre Verzweiflung auf das Gesicht. Sie macht, daß Wesen, welche einander so wenig lieben wie die Menschen, doch so sehr einander suchen, und wird dadurch die Quelle der Geselligkeit. Auch werden überall gegen sie wie gegen andere allgemeine Kalamitäten öffentliche Vorkehrungen getroffen, schon aus Staatsklugheit, weil dieses Übel so gut als sein entgegengesetztes Extrem, die Hungersnot, die Menschen zu den größten Zügellosigkeiten treiben kann; *panem et circenses [Brot und Spiele]* braucht das Volk.

*

Die unbestimmte Sehnsucht und die LANGEWEILE sind einander verwandt.

## Langweiligkeit

In Hinsicht auf die ... LANGWEILIGKEIT der Schriften ist ... die allgemeine Bemerkung beizubringen, daß es zwei Arten von Langweiligkeit gibt: eine objektive und eine subjektive. Die OBJEKTIVE entspringt allemal aus dem hier in Rede stehenden Mangel, also daraus, daß der Autor gar keine vollkommen deutlichen Gedanken oder Erkenntnisse mitzuteilen hat. Denn wer solche hat, arbeitet auf seinen Zweck, die Mitteilung derselben, in gerader Linie hin, liefert daher überall deutlich ausgeprägte Begriffe und ist sonach weder weitschweifig, noch nichtssagend, noch konfus, folglich nicht langweilig. Selbst wenn sein Grundgedanke ein Irrtum wäre, so ist er in solchem Fall doch deutlich gedacht und wohlüberlegt, also wenigstens formell richtig, wodurch die Schrift immer noch einigen Wert behält. Hingegen ist aus denselben Gründen eine objektiv LANGWEILIGE Schrift allemal auch sonst wertlos. – Die SUBJEKTIVE Langweiligkeit hingegen ist eine bloß relative: Sie hat ihren Grund im Mangel an Interesse für den Gegenstand beim Leser, diese aber in irgendeiner Beschränktheit desselben. Subjektiv langweilig kann daher auch das Vortrefflichste sein, nämlich diesem oder jenem; wie umgekehrt auch das Schlechteste diesem oder jenem subjektiv kurzweilig sein kann, weil der Gegenstand oder der Schreiber ihn interessiert.

## Lärm

Aus dem Ursprung des Gehörnerves erklärt sich auch die große Störung, welche die Denkkraft durch Töne erleidet, wegen welcher denkende Köpfe und überhaupt Leute von vielem Geist ohne Ausnahme durchaus kein Geräusch vertragen können. Denn es stört den beständigen Strom ihrer Gedanken, unterbricht und lähmt ihr Denken, eben weil die Erschütterung des Gehörnerves sich so tief ins Gehirn fortpflanzt, dessen ganze Masse daher die durch den Gehörnerv erregten Schwingungen dröhnend mitempfindet, und weil das Gehirn solcher Leute viel leichter beweglich ist als das der gewöhnlichen Köpfe. Auf derselben großen Beweglichkeit und Leitungskraft ihres Gehirns beruht es gerade, daß bei ihnen jeder Gedanke alle ihm analogen oder verwandten so leicht hervorruft, wodurch eben ihnen die Ähnlichkeiten, Analogien und Beziehungen der Dinge überhaupt so schnell und leicht in den Sinn kommen, daß derselbe Anlaß, den Millionen gewöhnlicher Köpfe vor ihnen gehabt, sie auf den Gedanken, auf die Entdeckung bringt, welche nicht gemacht zu haben die anderen, weil sie wohl nach-, aber nicht vordenken können, sich nachher verwundern: So schien die Sonne auf alle Säulen; aber nur Memnons Säule klang. Demgemäß waren Kant, Goethe, Jean Paul höchst empfindlich gegen jedes Geräusch, wie ihre Biographien bezeugen. Goethe kaufte in seinen letzten Jahren ein in Verfall geratenes Haus neben dem seinigen, bloß damit er nicht den Lärm bei dessen Ausbesserung anzuhören hätte. Vergebens also war er schon in seiner Jugend der Trommel nachgegangen, um sich gegen Geräusch abzuhärten. Es ist nicht Sache der Gewohnheit. Dagegen ist die wahrhaft stoische Gleichgültigkeit gewöhnlicher Köpfe gegen das Geräusch bewunderungswürdig: Sie stört kein Lärm in ihrem Denken oder beim Lesen, Schreiben u. dgl., während der vorzügliche Kopf dadurch völlig unfähig gemacht wird. Aber eben das, was sie so unempfindlich macht gegen Lärm jeder Art, macht sie auch unempfindlich gegen das Schöne in den bildenden und das tief Gedachte oder fein Ausgedrückte in den redenden Künsten, kurz, gegen alles, was nicht ihr persönliches Interesse angeht. ... Ich hege wirklich längst die Meinung, daß die Quantität Lärm, die jeder unbeschwert vertragen kann, in umgekehrtem Verhältnis zu seinen Geisteskräften steht und daher als das ungefähre Maß derselben betrachtet werden kann. Wenn ich daher auf dem Hofe eines Hauses die Hunde stundenlang unbeschwichtigt bellen höre, so weiß ich schon, was ich von den Geisteskräften der Bewohner zu halten habe. Wer habituell die Stubentüren, statt sie mit der Hand zu schließen, zuwirft oder es in seinem Hause gestattet, ist nicht bloß ein ungezogener, sondern auch ein roher und bornierter Mensch. Daß im Englischen *sensible* auch »verständig« bedeutet, beruht demnach auf einer richtigen und feinen Beobachtung. Ganz zivilisiert werden wir erst sein, wann auch die Ohren nicht mehr vogelfrei sein werden und nicht mehr jedem das Recht zustehen wird, das Bewußtsein jedes denkenden Wesens auf tausend Schritte in die Runde zu durchschneiden mittelst Pfeifen, Heulen, Hämmern, Peitschenklatschen, Bellenlassen u. dgl.

*

Es könnte unmöglich, wenn diese Welt von eigentlich denkenden Wesen bevölkert wäre, der Lärm jeder Art so unbeschränkt erlaubt und freigegeben sein, wie sogar der entsetzlichste und dabei zwecklose es ist. – Wenn nun aber gar schon die Natur den Menschen zum Denken bestimmt hätte, so würde sie ihm keine Ohren gegeben oder diese wenigstens, wie bei den Fledermäusen, die ich darum beneide, mit luftdichten Schließklappen versehn haben.

*

Kant hat eine Abhandlung über die LEBENDIGEN KRÄFTE geschrieben: Ich aber möchte eine Nänie und Threnodie über dieselben schreiben, weil ihr so überaus häufiger Gebrauch im Klopfen, Hämmern und Rammeln mir mein Leben hindurch zur täglichen Pein gereicht hat. Allerdings gibt es Leute, ja, recht viele, die hierüber lächeln, weil sie unempfindlich gegen Geräusch sind, es sind jedoch eben die, welche auch unempfindlich gegen Gründe, gegen Gedanken, gegen Dichtungen und Kunstwerke, kurz, gegen geistige Eindrücke jeder Art sind: Denn es liegt an der zähen Beschaffenheit und handfesten Textur ihrer Gehirnmasse.

*

Wenn ich bei so einer Verfolgung unterbrochen werde, besonders durch ein Tiergeschrei, das zwischen meine Gedanken hereinfährt wie das Henkerschwert zwischen Kopf und Rumpf – da empfinde ich eines der Leiden, die wir verwirkt haben, als wir mit Hunden, Eseln, Enten in eine Welt hinabstiegen.

## Latein

Die Abschaffung des Lateinischen als allgemeiner Gelehrtensprache und die dagegen eingeführte Kleinbürgerei der Nationalliteraturen ist für die Wissenschaften in Europa ein wahres Unglück gewesen. Zunächst, weil es nur mittelst der lateinischen Sprache ein allgemeines europäisches Gelehrtenpublikum gab, an dessen Gesamtheit jedes erscheinende Buch sich direkt wandte. Nun ist aber die Zahl der eigentlich denkenden und urteilsfähigen Köpfe in ganz Europa ohnehin schon so klein, daß, wenn man ihr Forum noch durch Sprachgrenzen zerstückelt und auseinanderreißt, man ihre wohltätige Wirksamkeit unendlich schwächt. Und die nach beliebiger Auswahl der Verleger von literarischen Handwerksburschen fabrizierten Verdolmetschungen sind ein schlechtes Surrogat für eine allgemeine Gelehrtensprache.

### Leben

Ist doch jede Lebensgeschichte eine Leidensgeschichte! Und Ihr tadelt's, daß ich sage, Leben ist Leiden.

*

Man muß alt geworden sein, also lange gelebt haben, um zu erkennen, wie kurz das Leben ist.

*

Das Leben jedes einzelnen ist, wenn man es im ganzen und allgemeinen übersieht und nur die bedeutsamsten Züge heraushebt, eigentlich immer ein Trauerspiel; aber im einzelnen durchgegangen, hat es den Charakter des Lustspiels. Denn das Treiben und die Plage des Tages, die rastlose Neckerei des Augenblicks, das Wünschen und Fürchten der Woche, die Unfälle jeder Stunde mittelst des stets auf Schabernack bedachten Zufalls sind lauter Komödienszenen. Aber die nie erfüllten Wünsche, das vereitelte Streben, die vom Schicksal unbarmherzig zertretenen Hoffnungen, die unseligen Irrtümer des ganzen Lebens, mit dem steigenden Leiden und Tode am Schlusse, geben immer ein Trauerspiel. So muß, als ob das Schicksal zum Jammer unseres Daseins noch den Spott fügen gewollt, unser Leben alle Wehen des Trauerspiels enthalten und wir dabei doch nicht einmal die Würde tragischer Personen behaupten können, sondern, im breiten Detail des Lebens, unumgänglich läppische Lustspielcharaktere sein.

*

Denkst du zurück an die vergangnen Jahrhunderte und stellst dir die vielen Tausende von Menschen vor, die überall lebten und wandelten, so gerätst du auf die Frage: Was waren sie? Was ist aus ihnen geworden? – Dann rufe die Vergangenheit deines eignen Lebens zurück und stelle dir ihre Szenen lebhaft vor Augen. Was war sie? Was ist aus ihr geworden? – Eben das, was das Leben jener Tausende. – Oder meinst du, die Vergangenheit bekäme neues Dasein dadurch, daß sie durch den Tod besiegelt ist? So nichtig, und nur noch ein Traum der Phantasie, als dein vergangnes Leben, so nichtig ist jener Tausende vergangnes Leben: Und so nichtig als die Vergangenheit ist die Gegenwart. Was war, was ist? DER WILLE, dessen Spiegel das Leben ist, und das WILLENSREINE SUBJEKT DES ERKENNENS, das jenen Willen zu seinem Heil in diesem Spiegel schaut.

*

Das Leben hat keinen wahren, echten Gehalt, sondern wird bloß durch Bedürfnis und Illusion in Bewegung erhalten: Sobald aber diese stockt, tritt die gänzliche Kahlheit und Leerheit des Daseins zutage.

*

DAS LEBEN ist offenbar kein Geschenk zum Genießen, sondern eine Aufgabe, ein Pensum zum Abarbeiten. Jedes Lebende bewacht und beschützt sein Leben, gleichwie ein ihm bei schwerer Verantwortlichkeit anvertrautes Pfand, unter tausend Sorgen und Nöten, darunter eben das Leben hingeht; aber den Lohn dafür oder das Warum und Wofür sieht man nicht. Er hat den Wert jenes Pfandes auf Treu und Glauben gelten lassen, ohne selbst zu wissen, worin er besteht. Darum ist bei mir das Ding an sich blinder Wille zum Leben. Dieser ist gleich und an sich sogar identisch jeder erkenntnislosen Naturkraft und zeigt sich auch im Menschen und Tier also, sobald die Erkenntnis augenblicklich aufhört, ihn zu zügeln und zu regieren.

*

Ehe man so sicher ausspricht, daß DAS LEBEN ein wünschenswertes oder ein dankenswertes Gut ist, vergleiche man einmal gelassen die Summe der nur irgend möglichen Freuden, die ein Mensch in seinem Leben genießen kann, mit der Summe der nur irgend möglichen Leiden, die ihn in seinem Leben treffen können. – Ich glaube, die Rechnung wird klar sein.

*

Das Leben des Individuums ist ein fortgesetztes Zappeln nach den stets erneuerten Bestrebungen des Willens, notwendig und halb bewußtlos.

*

Es ist wirklich unglaublich, wie nichtssagend und bedeutungsleer, von außen gesehen, und wie dumpf und besinnungslos, von innen empfunden, das Leben der allermeisten Menschen dahinfließt. Es ist ein mattes Sehnen und Quälen, ein träumerisches Taumeln durch die vier Lebensalter hindurch zum Tode, unter Begleitung einer Reihe trivialer Gedanken. Sie gleichen Uhrwerken, welche aufgezogen werden und gehen, ohne zu wissen warum; und jedesmal, daß ein Mensch gezeugt und geboren worden, ist die Uhr des Menschenlebens aufs neue aufgezogen, um jetzt ihr schon zahllose Male abgespieltes Leierstück abermals zu wiederholen, Satz vor Satz und Takt vor Takt, mit unbedeutenden Variationen. Jedes Individuum, jedes Menschengesicht und dessen Lebenslauf ist nur ein kurzer Traum mehr des unendlichen Naturgeistes, des beharrlichen Willens zum Leben, ist nur ein flüchtiges Gebilde mehr, das er spielend hinzeichnet auf sein unendliches Blatt, Raum und Zeit, und eine gegen diese verschwindend kleine Weile bestehen läßt, dann auslöscht, neuen Platz zu machen. Dennoch, und hier liegt die bedenkliche Seite des Lebens, muß jedes dieser flüchtigen Gebilde, dieser schalen Einfälle, vom ganzen Willen zum Leben, in aller seiner Heftigkeit, mit vielen und tiefen Schmerzen und zuletzt mit einem lange gefürchteten, endlich eintretenden bitteren Tode bezahlt werden.

*

Das Leben ist durchaus anzusehn als eine STRENGE LEKTION, die uns erteilt wird, wenngleich wir mit unsern auf ganz andere Zwecke angelegten Denkformen nicht verstehn können, wie wir haben dazu kommen können, ihrer zu bedürfen. Demgemäß aber sollen wir auf unsere hingeschiedenen Freunde zurücksehn, mit Befriedigung, erwägend, daß sie ihre Lektion überstanden haben, und mit dem herzlichen Wunsch, daß sie angeschlagen habe; und vom selben Gesichtspunkt aus sollen wir unserm eigenen Tode entgegensehn als einer erwünschten und erfreulichen Begebenheit – statt, wie meistens geschieht, mit Zagen und Grausen.

*

Alle Menschen wollen leben, aber keiner weiß, weshalb er lebt.

*

Welche Form auch das menschliche Leben annehme; es sind immer dieselben Elemente, und daher ist es im wesentlichen überall dasselbe, es mag in der Hütte oder bei Hofe, im Kloster oder bei der Armee geführt werden. Mögen seine Begebenheiten, Abenteuer,

Glücks- und Unglücksfälle noch so mannigfaltig sein, so ist es doch damit wie mit der Zuckerbäckerware. Es sind viele und vielerlei gar krause und bunte Figuren, aber alles ist aus einem Teig geknetet; und was dem einen begegnet, ist dem, was dem andern widerfuhr, viel ähnlicher, als dieser beim Erzählenhören denkt. Auch gleichen die Vorgänge unsers Lebens den Bildern im Kaleidoskop, in welchem wir bei jeder Drehung etwas anderes sehn, eigentlich aber immer dasselbe vor Augen haben.

*

Man kann … unser Leben auffassen als eine unnützerweise störende Episode in der seligen Ruhe des Nichts. Jedenfalls wird selbst der, dem es darin erträglich ergangen, je länger er lebt, desto deutlicher inne, daß es im ganzen *a disappointment, nay, a cheat [eine Enttäuschung, ja, ein Betrug]* ist, oder deutsch zu reden, den Charakter einer großen Mystifikation, nicht zu sagen einer Prellerei, trägt. Wenn zwei Jugendfreunde, nach der Trennung eines ganzen Menschenalters, sich als Greise wiedersehen, so ist das vorherrschende Gefühl, welches ihr eigener Anblick, weil an ihn sich die Erinnerung früherer Zeit knüpft, gegenseitig erregt, das des gänzlichen *disappointment* über das ganze Leben, als welches ehemals im rosigen Morgenlichte der Jugend so schön vor ihnen lag, so viel versprach und so wenig gehalten hat. Dies Gefühl herrscht bei ihrem Wiedersehen so entschieden vor, daß sie gar nicht einmal nötig erachten, es mit Worten auszudrücken, sondern es gegenseitig stillschweigend voraussetzend, auf dieser Grundlage weitersprechen.

*

Es liegt ein vollkommener Widerspruch darin, leben zu wollen ohne zu leiden.

### Lebensalter

Überaus schön hat VOLTAIRE gesagt:

> *Qui n'a pas l'esprit de son âge,*
> *De son âge a tout le malheur.*
> *[Wer nicht den Geist hat, der seinem Alter entspricht,*
> *hat seines Alters ganzes Ungemach.]*

Daher wird es angemessen sein, daß wir (...) einen Blick auf die Veränderungen werfen, welche die Lebensalter an uns hervorbringen. Unser ganzes Leben hindurch haben wir immer nur die GEGENWART inne und nie mehr. Was dieselbe unterscheidet, ist bloß, daß wir am Anfang eine lange Zukunft vor uns, gegen das Ende aber eine lange Vergangenheit hinter uns sehen; sodann, daß unser Temperament, wiewohl nicht unser Charakter, einige bekannte Veränderungen durchgeht, wodurch jedesmal eine andere Färbung der Gegenwart entsteht.

*

Den Stoff seiner selbsteigenen Erkenntnisse, seiner originalen Grundansichten, also das, was ein bevorzugter Geist der Welt zu schenken bestimmt ist, sammelt er schon in der Jugend ein; aber seines Stoffes Meister wird er erst in späten Jahren. Demgemäß wird man meistenteils finden, daß die großen Schriftsteller ihre Meisterwerke um das fünfzigste Jahr herum geliefert haben. Dennoch bleibt die Jugend die Wurzel des Baumes der Erkenntnis, wenngleich erst die Krone die Früchte trägt. Wie aber jedes Zeitalter, auch das erbärmlichste, sich für viel weiser hält als das ihm zunächst vorhergegangene nebst früheren, ebenso jedes Lebensalter des Menschen: Doch irren beide sich oft. In den Jahren des leiblichen Wachstums, wo wir auch an Geisteskräften und Erkenntnissen täglich zunehmen, gewöhnt sich das Heute, mit Geringschätzung auf das Gestern herabzusehn. Diese Gewohnheit wurzelt ein und bleibt auch dann, wann das Sinken der Geisteskräfte eingetreten ist und das Heute vielmehr mit Verehrung auf das Gestern blicken sollte; daher wir dann sowohl die Leistungen wie die Urteile unserer jungen Jahre oft zu gering anschlagen.

### Lebensende

Die ersten vierzig Jahre unseres Lebens liefern den Text, die folgenden dreißig den Kommentar dazu, der uns den wahren Sinn und Zusammenhang des Textes nebst der Moral und allen Feinheiten derselben erst recht verstehen lehrt. Gegen das Ende des Lebens nun gar geht es wie gegen das Ende eines Maskenballs, wann die Larven abgenommen werden. Man sieht jetzt, wer diejenigen, mit denen man während seines Lebenslaufes in Berührung gekommen war, eigentlich gewesen sind. Denn die Charaktere haben sich an den Tag gelegt, die Taten haben ihre Früchte getragen, die Leistungen ihre Würdigung erhalten, und alle Trugbilder sind zerfallen. Zu diesem allem nämlich war Zeit gefordert.

## Lebenserfahrung

Mit zunehmendem Alter wird das *sapere aude [wage es, deinen Verstand zu gebrauchen]* in diesem Stücke immer leichter und natürlicher, und in den sechziger Jahren ist der Trieb zur Einsamkeit ein wirklich naturgemäßer, ja, instinktartiger. Denn jetzt vereint sich alles, ihn zu befördern. Der stärkste Zug zur Geselligkeit, Weiberliebe und Geschlechtstrieb, wirkt nicht mehr; von tausend Täuschungen und Torheiten ist man zurückgekommen; das aktive Leben ist meistens abgetan, man hat nichts mehr zu erwarten, hat keine Pläne und Absichten mehr; die Generation, der man eigentlich angehört, lebt nicht mehr; von einem fremden Geschlecht umgeben, steht man schon objektiv und wesentlich allein. Dabei hat der Flug der Zeit sich beschleunigt, und geistig möchte man sie noch benutzen. Denn, wenn nur der Kopf seine Kraft behalten hat, so machen jetzt die vielen erlangten Kenntnisse und Erfahrungen, die allmählich vollendete Durcharbeitung aller Gedanken und die große Übungsfertigkeit aller Kräfte das Studium jeder Art interessanter und leichter als jemals. Man sieht klar in tausend Dingen, die früher noch wie im Nebel lagen: Man gelangt zu Resultaten und fühlt seine ganze Überlegenheit. Infolge langer Erfahrung hat man aufgehört, von den Menschen viel zu erwarten, da sie, im ganzen genommen, nicht zu den Leuten gehören, welche bei näherer Bekanntschaft gewinnen: Vielmehr weiß man, daß, von seltenen Glücksfällen abgesehn, man nichts antreffen wird als sehr defekte Exemplare der menschlichen Natur, welche es besser ist, unberührt zu lassen. Man ist daher den gewöhnlichen Täuschungen nicht mehr ausgesetzt, merkt jedem bald an, was er ist und wird selten den Wunsch fühlen, nähere Verbindung mit ihm einzugehn.

### Lebensernst

Der feste, praktische Lebensernst, welchen die Römer als *gravitas* bezeichneten, setzt voraus, daß der Intellekt NICHT den Dienst des Willens verlasse, um hinauszuschweifen zu dem, was diesen nicht angeht: Darum läßt er nicht jenes Auseinandertreten des Intellekts und des Willens zu, welches Bedingung des GENIES ist. Der kluge, ja der eminente Kopf, der zu großen Leistungen im Praktischen Geeignete, ist es gerade dadurch, daß die Objekte seinen Willen lebhaft erregen und zum rastlosen Nachforschen ihrer Verhältnisse und Beziehungen anspornen. Auch sein Intellekt ist also mit dem Willen fest verwachsen. Vor dem genialen Kopf hingegen schwebt in seiner objektiven Auffassung die Erscheinung der Welt als ein ihm Fremdes, ein Gegenstand der Kontemplation, der sein Wollen aus dem Bewußtsein verdrängt. Um diesen Punkt dreht sich der Unterschied zwischen der Befähigung zu TATEN und der zu WERKEN. Tiefe der Erkenntnis, welche gänzliche Sonderung des Intellekts vom Willen zur Voraussetzung hat; die erstere hingegen verlangt Anwendung der Erkenntnis, Geistesgegenwart und Entschlossenheit, welche erfordert, daß der Intellekt unausgesetzt den Dienst des Willens besorge. Wo das Band zwischen Intellekt und Wille gelöst ist, wird der von seiner natürlichen Bestimmung abgewichene Intellekt den Dienst des Willens vernachlässigen: Er wird z. B. selbst in der Not des Augenblicks noch seine Emanzipation geltend machen und etwan die Umgebung, von welcher dem Individuo gegenwärtige Gefahr droht, ihrem malerischen Eindruck nach aufzufassen nicht umhinkönnen. Der Intellekt des vernünftigen und verständigen Mannes hingegen ist stets auf seinem Posten, ist auf die Umstände und deren Erfordernisse gerichtet: Ein solcher wird daher in allen Fällen das der Sache Angemessene beschließen und ausführen, folglich keineswegs in jene Exzentrizitäten, persönliche Fehltritte, ja, Torheiten verfallen, denen das Genie darum ausgesetzt ist, daß sein Intellekt nicht ausschließlich der Führer und Wächter seines Willens bleibt, sondern, bald mehr bald weniger, vom rein Objektiven in Anspruch genommen wird.

### Lebenserwartungen

In früher Jugend sitzen wir vor unserm bevorstehenden Lebenslauf, wie die Kinder vor dem Theatervorhang, in froher und gespannter Erwartung der Dinge, die da kommen sollen. Ein Glück, daß wir nicht wissen, was wirklich kommen wird. Denn wer es weiß, dem können zuzeiten die Kinder vorkommen wie unschuldige Delinquenten, die zwar nicht zum Tode, hingegen zum Leben verurteilt sind, jedoch den Inhalt ihres Urteils noch nicht vernommen haben. Nichtsdestoweniger wünscht jeder sich ein hohes Alter, also einen Zustand, darin es heißt: »Es ist heute schlecht und wird nun täglich schlechter werden, – bis das Schlimmste kommt.«

## Lebensglück

Das Leben ist nicht eigentlich da, um genossen, sondern um überstanden, abgetan zu werden; dies bezeichnen auch manche Ausdrücke, wie *degere vitam, vita defungi [das Leben zubringen, das Leben überstehen]*, das italienische *si scampa cosi [man kommt so durch]*, das deutsche »man muß suchen, durchzukommen«, »er wird schon durch die Welt kommen«, u. dgl. m. Ja, es ist ein Trost im Alter, daß man die Arbeit des Lebens hinter sich hat. Demnach nun hat das glücklichste Los der, welcher sein Leben ohne übergroße Schmerzen, sowohl geistige, als körperliche, hinbringt, nicht aber der, dem die lebhaftesten Freuden oder die größten Genüsse zuteil geworden. Wer nach diesen letzteren das Glück eines Lebenslaufes bemessen will, hat einen falschen Maßstab ergriffen. Denn die Genüsse sind und bleiben negativ: Daß sie beglücken, ist ein Wahn, den der Neid zu seiner eigenen Strafe hegt. Die Schmerzen hingegen werden positiv empfunden: daher ist ihre Abwesenheit der Maßstab des Lebensglückes. Kommt zu einem schmerzlosen Zustand noch die Abwesenheit der Langeweile, so ist das irdische Glück im wesentlichen erreicht; denn das übrige ist Schimäre. Hieraus nun folgt, daß man nie Genüsse durch Schmerzen, ja, auch nur durch die Gefahr derselben, erkaufen soll, weil man sonst ein Negatives und daher Schimärisches mit einem Positiven und Realen bezahlt. Hingegen bleibt man im Gewinn, wenn man Genüsse opfert, um Schmerzen zu entgehn. In beiden Fällen ist es gleichgültig, ob die Schmerzen den Genüssen nachfolgen oder vorhergehn.

*

Für unser Lebensglück ist … das, was wir SIND, die Persönlichkeit, durchaus das Erste und Wesentlichste; – schon weil sie beständig und unter allen Umständen wirksam ist. Zudem aber ist sie nicht, wie die Güter der zwei andern Rubriken (was einer hat und was einer vorstellt – Anm. d. Hrsg.), dem Schicksal unterworfen und kann uns nicht entrissen werden. Ihr Wert kann insofern ein absoluter heißen, im Gegensatz des bloß relativen der beiden andern. Hieraus nun folgt, daß dem Menschen von außen viel weniger beizukommen ist, als man wohl meint. Bloß die allgewaltige Zeit übt auch hier ihr Recht: Ihr unterliegen allmählich die körperlichen und geistigen Vorzüge; der moralische Charakter allein bleibt auch ihr unzugänglich.

*

Der normale Mensch ist hinsichtlich des Genusses seines Lebens auf Dinge AUSSER IHM gewiesen, auf den Besitz, den Rang, auf Weib und Kinder, Freunde, Gesellschaft usw., auf diese stützt sich sein Lebensglück: Darum fällt es dahin, wenn er sie verliert oder er sich in ihnen getäuscht sah. Dies Verhältnis auszudrücken, können wir sagen, daß sein Schwerpunkt AUSSER IHM fällt. Ebendeshalb hat er auch stets wechselnde Wünsche und Grillen: Er wird, wenn seine Mittel es erlauben, bald Landhäuser, bald Pferde kaufen, bald Feste geben, bald Reisen machen, überhaupt aber großen Luxus treiben; weil er eben in Dingen aller Art ein Genüge VON AUSSEN sucht; wie der Entkräftete aus Consommés und Apothekerdrogen die Gesundheit und Stärke zu erlangen hofft, deren wahre Quelle die eigene Lebenskraft ist. Stellen wir nun, um nicht gleich zum andern Extrem überzugehn, neben ihn nun einen Mann von nicht gerade eminenten, aber doch das gewöhnliche knappe Maß überschreitenden Geisteskräften, so sehn wir diesen etwan irgendeine schöne Kunst als Dilettant üben oder aber eine Realwissenschaft, wie Botanik, Mineralogie, Physik, Astronomie, Geschichte u. dgl. betreiben und alsbald einen großen Teil seines Genusses darin finden, sich daran erholend, wenn jene äußern Quellen stocken oder ihn nicht mehr befriedigen. Wir können insofern sagen, daß sein Schwerpunkt schon zum Teil IN IHN SELBST fällt. Weil jedoch bloßer Dilettantismus in der Kunst noch sehr weit von der hervorbringenden Fähigkeit liegt und weil bloße Realwissenschaften bei den Verhältnissen der Erscheinungen zueinander stehnbleiben, so kann der ganze Mensch nicht darin aufgehn, sein ganzes Wesen kann nicht bis auf den Grund von ihnen erfüllt werden und daher sein Dasein sich nicht mit ihnen so verweben, daß er am übrigen alles Interesse verlöre. Dies nun bleibt der höchsten geistigen Eminenz allein vorbehalten, die man mit dem Namen des Genies zu bezeichnen pflegt.

### Lebensklugheit

Der Natur unsers Intellekts zufolge sollen die BEGRIFFE durch Abstraktion aus den ANSCHAUUNGEN entstehn, mithin diese früher dasein als jene. Wenn es nun wirklich diesen Gang nimmt, wie es der Fall ist bei dem, der bloß die eigene Erfahrung zum Lehrer und zum Buche hat, so weiß der Mensch ganz gut, welche Anschauungen es sind, die unter jeden seiner Begriffe gehören und von demselben vertreten werden: Er kennt beide genau und behandelt demnach alles ihm Vorkommende richtig. Wir können diesen Weg die natürliche Erziehung nennen. Hingegen bei der künstlichen Erziehung wird durch Vorsagen, Lehren und Lesen der Kopf voll Begriffe gepfropft, bevor noch eine irgend ausgebreitete Bekanntschaft mit der anschaulichen Welt da ist. Die Anschauungen zu allen jenen Begriffen soll nun die Erfahrung nachbringen: Bis dahin aber werden dieselben falsch angewendet und demnach die Dinge und Menschen falsch beurteilt, falsch gesehn, falsch behandelt. So geschieht es, daß die Erziehung schiefe Köpfe macht, und daher kommt es, daß wir in der Jugend, nach langem Lernen und Lesen, oft teils einfältig, teils verschroben in die Welt treten und nun bald ängstlich, bald vermessen uns darin benehmen, weil wir den Kopf voll Begriffe haben, die wir jetzt anzuwenden bemüht sind, aber fast immer sie verkehrt anbringen. Dies ist die Folge jenes »Das Nachfolgende anstelle des Vorhergehenden«, durch welches wir, dem natürlichen Entwickelungsgange unsers Geistes gerade entgegen, zuerst die Begriffe und zuletzt die Anschauungen erhalten. Nachmals hat dann eine lange Erfahrung alle jene durch falsche Anwendung der Begriffe entstandenen Urteile zu berichtigen. Dies gelingt selten ganz. Daher haben so wenige Gelehrte den gesunden Menschenverstand, wie er bei ganz Ungelehrten häufig ist.

### Lebenskraft

Hinsichtlich der LEBENSKRAFT sind wir bis zum 36. Jahre denen zu vergleichen, welche von ihren Zinsen leben: Was heute ausgegeben wird, ist morgen wieder da. Aber von jenem Zeitpunkt an ist unser Analogon der Rentenier, welcher anfängt, sein Kapital anzugreifen. Im Anfang ist die Sache gar nicht merklich:

Der größte Teil der Ausgabe stellt sich immer noch von selbst wieder her; ein geringes Defizit dabei wird nicht beachtet. Dieses wächst allmählich, wird merklich, seine Zunahme selbst nimmt mit jedem Tage zu: Sie reißt immer mehr ein, jedes Heute ist ärmer als das Gestern, ohne Hoffnung auf Stillstand. So beschleunigt sich, wie der Fall der Körper, die Abnahme immer mehr, – bis zuletzt nichts mehr übrig ist.

*

Ein hohes Alter zu erreichen, gibt es bei fehlerfreier Konstitution als *conditio sine qua non [unerläßliche Bedingung]* zwei Wege, die man am Brennen zweier Lampen erläutern kann: Die eine brennt lange, weil sie bei wenigem Öl einen sehr dünnen Docht hat, die andere, weil sie zu einem starken Docht auch viel Öl hat: Das Öl ist die Lebenskraft, der Docht der Verbrauch derselben, auf jede Art und Weise.

## Lebenskürze

Warum … erblickt man im Alter das Leben, welches man hinter sich hat, so kurz? Weil man es für so kurz hält, wie die Erinnerung desselben ist. Aus dieser nämlich ist alles Unbedeutende und viel Unangenehmes herausgefallen, daher wenig übriggeblieben. Denn, wie unser Intellekt überhaupt sehr unvollkommen ist, so auch das Gedächtnis: Das Gelernte muß geübt, das

Vergangene ruminiert werden, wenn nicht beides allmählich in den Abgrund der Vergessenheit versinken soll. Nun aber pflegen wir nicht das Unbedeutende, auch meistens nicht das Unangenehme zu ruminieren, was doch nötig wäre, um es im Gedächtnis aufzubewahren. Des Unbedeutenden wird aber immer mehr: Denn durch die öftere und endlich zahllose Wiederkehr wird vielerlei, das anfangs uns bedeutend erschien, allmählich unbedeutend; daher wir uns der früheren Jahre besser als der späteren erinnern. Je länger wir nun leben, desto wenigere Vorgänge scheinen uns wichtig oder bedeutend genug, um hinterher noch ruminiert zu werden, wodurch allein sie im Gedächtnis sich fixieren könnten; sie werden also vergessen, sobald sie vorüber sind. So läuft denn die Zeit immer spurloser ab.

### Lebenslauf

Was das Leben des einzelnen betrifft, so ist jede Lebensgeschichte eine Leidensgeschichte: Denn jeder Lebenslauf ist in der Regel eine fortgesetzte Reihe großer und kleiner Unfälle, die zwar jeder möglichst verbirgt, weil er weiß, daß andere selten Teilnahme oder Mitleid, fast immer aber Befriedigung durch die Vorstellung der Plagen, von denen sie gerade jetzt verschont sind, dabei empfinden müssen; aber vielleicht wird nie ein Mensch am Ende seines Lebens, wenn er besonnen und zugleich aufrichtig ist, wünschen, es nochmals durchzumachen, sondern, eher als das, viel lieber gänzliches Nichtsein wählen.

*

Wenn man auf seinen Lebensweg zurücksieht, den »labyrinthisch irren Lauf« desselben überschaut und nun so manches verfehlte Glück, so manches herbeigezogene Unglück sehen muß, so kann man in Vorwürfen gegen sich selbst leicht zu weit gehn. Denn unser Lebenslauf ist keineswegs schlechthin unser eigenes Werk, sondern das Produkt zweier Faktoren, nämlich der Reihe der Begebenheiten und der Reihe unserer Entschlüsse, welche stets ineinandergreifen und sich gegenseitig modifizieren. Hiezu kommt noch, daß in beiden unser Horizont immer sehr beschränkt ist, indem wir unsere Entschlüsse nicht schon von weitem vorhersagen und noch weniger die Begebenheiten voraussehen können, sondern von beiden uns eigentlich nur die gegenwärtigen recht bekannt sind. Deshalb können wir, solange unser Ziel noch fern liegt, nicht einmal gerade darauf hinsteuern, sondern nur approximativ und nach Mutmaßungen unsere Richtung dahin lenken, müssen also oft lavieren. Alles nämlich, was wir vermögen, ist, unsere Entschlüsse allezeit nach Maßgabe der gegenwärtigen Umstände zu fassen, in der Hoffnung, es so zu treffen, daß es uns dem Hauptziel näher bringe. So sind denn meistens die Begebenheiten und unsre Grundansichten zweien nach verschiedenen Seiten ziehenden Kräften zu vergleichen, und die daraus entstehende Diagonale ist unser Lebenslauf.

*

Es ist eine triviale und nur zu häufig bestätigte Wahrheit, daß wir oft törichter sind, als wir glauben; hingegen ist, daß wir oft weiser sind, als wir selbst vermeinen, eine Entdeckung, welche nur die, so in dem Fall gewesen, und selbst dann erst spät, machen. Wir handeln nämlich bei den großen Zügen, den Hauptschritten unsers Lebenslaufes nicht sowohl nach deutlicher Erkenntnis des Rechten, als nach einem innern Impuls, man möchte sagen Instinkt, der aus dem tiefsten Grunde unsers Wesens kommt, und bemäkeln nachher unser Tun nach deutlichen, aber auch dürftigen, erworbenen, ja, erborgten Begriffen: Da werden wir leicht ungerecht gegen uns selbst. Aber am Ende zeigt es sich, wer recht gehabt hat; und nur das glücklich erreichte Alter ist, subjektiv und objektiv, befähigt, die Sache zu beurteilen.

*

Zwischen Wollen und Erreichen fließt nun durchaus jedes Menschenleben fort. Der Wunsch ist seiner Natur nach Schmerz; die Erreichung gebiert schnell Sättigung; das Ziel war nur scheinbar; der Besitz nimmt den Reiz weg; unter einer neuen Gestalt stellt sich der Wunsch, das Bedürfnis wieder ein, wo nicht, so folgt Öde, Leere, Langeweile, gegen welche der Kampf ebenso quälend ist wie gegen die Not. – Daß Wunsch und Befriedigung sich ohne zu kurze und ohne zu lange Zwischenräume folgen, verkleinert das Leiden, welches beide geben, zum geringsten Maße und macht den glücklichsten Lebenslauf aus.

### Lebensphasen

Ich habe die Bemerkung gemacht, daß der Charakter fast jedes Menschen einem Lebensalter vorzugsweise angemessen zu sein scheint, so daß er in diesem sich vorteilhafter ausnimmt. Einige sind liebenswürdige Jünglinge, und dann ist's vorbei, andere kräftige, tätige Männer, denen das Alter allen Wert raubt; manche stellen sich am vorteilhaftesten im Alter dar, als wo sie milder, weil erfahrener und gelassener sind; dies ist oft bei den Franzosen der Fall. Die Sache muß darauf beruhen, daß der Charakter selbst etwas Jugendliches, Männliches oder Ältliches an sich hat, womit das jedesmalige Lebensalter übereinstimmt oder als Korrektiv entgegenwirkt.

*

Zwar ist nicht, wie die Astrologie es wollte, der Lebenslauf des einzelnen in den Planeten vorgezeichnet, wohl aber der Lebenslauf des Menschen überhaupt, sofern jedem Alter desselben ein Planet, der Reihenfolge nach, entspricht und sein Leben demnach sukzessive von allen Planeten beherrscht wird. Im zehnten Lebensjahr regiert Merkur. Wie dieser bewegt der Mensch sich schnell und leicht, im engsten Kreise; er ist durch Kleinigkeiten umzustimmen, aber er lernt viel und leicht unter der Herrschaft des Gottes der Schlauheit und Beredsamkeit. Mit dem zwanzigsten Jahre tritt die Herrschaft der Venus ein; Liebe und Weiber haben ihn ganz im Besitze. Im dreißigsten Lebensjahre herrscht Mars; der Mensch ist jetzt heftig und stark, kühn, kriegerisch und trotzig. Im vierzigsten regieren die vier Planetoiden; sein Leben geht demnach in die Breite; er frönt dem Nützlichen kraft der Ceres, er hat seinen eigenen Herd kraft der Vesta, er hat gelernt, was er zu wissen braucht, kraft der Pallas, und als Juno regiert die Herrin des Hauses, seine Gattin. Im fünfzigsten Jahre aber herrscht Jupiter. Schon hat der Mensch die meisten überlebt, und dem jetzigen Geschlechte fühlt er sich überlegen. Noch im vollen Genuß seiner Kraft, ist er reich an Erfahrung und Kenntnissen; er hat nach Maßgabe seiner Individualität und Lage Autorität über alle, die ihn umgeben. Er will demnach sich nicht mehr befehlen lassen, sondern selbst befehlen. Zum Lenker und Herrscher in seiner Sphäre ist er jetzt am geeignetsten. So kulminiert Jupiter und mit ihm der

Fünfzigjährige. Dann aber folgt im sechzigsten Jahre Saturn und mit ihm die Schwere, Langsamkeit und Zähigkeit des Bleies:

*But old folks, many feign as they were dead;*
*Unwieldy, slow, heavy and pale as lead.*
*[Viel' Alte scheinen schon den Toten gleich;*
*wie Blei, schwer, zähe, ungelenk und bleich.]*

*Romeo und Julia.*

Zuletzt kommt Uranus, da geht man, wie es heißt, in den Himmel. Den Neptun (so hat ihn leider die Gedankenlosigkeit getauft) kann ich hier nicht in Rechnung ziehen, weil ich ihn nicht bei seinem wahren Namen nennen darf, der Eros ist. Sonst wollte ich zeigen, wie sich an das Ende der Anfang knüpft, wie nämlich der Eros mit dem Tode in einem geheimen Zusammenhang steht, vermöge dessen der Orkus oder Amenthes der Ägypter nicht nur der Nehmende, sondern auch der Gebende und der Tod das große Reservoir des Lebens ist. Daher also, daher, aus dem Orkus, kommt alles, und dort ist schon jedes gewesen, das jetzt Leben hat – wären wir nur fähig, den Taschenspielerstreich zu begreifen, vermöge dessen das geschieht, dann wäre alles klar.

## Lebensrückblick

Die Szenen unseres Lebens gleichen den Bildern in grobem Mosaik, welche in der Nähe keine Wirkung tun, sondern von denen man fern stehen muß, um sie schön zu finden. Daher heißt etwas Ersehntes erlangen dahinterkommen, daß es eitel ist, und leben wir allezeit in der Erwartung des Besseren, auch oft zugleich in reuiger Sehnsucht nach dem Vergangenen. Das Gegenwärtige hingegen wird nur einstweilen so hingenommen und für nichts geachtet als für den Weg zum Ziel. Daher werden die meisten, wenn sie am Ende zurückblicken, finden, daß sie ihr ganzes Leben hindurch *ad interim* gelebt haben und verwundert sein zu sehen, daß das, was sie so ungeachtet und ungenossen vorübergehen ließen, eben ihr Leben war, eben das war, in dessen Erwartung sie lebten. Und so ist denn der Lebenslauf des Menschen in der Regel dieser, daß er, von der Hoffnung genarrt, dem Tode in die Arme tanzt.

## Lebensstufen

Welch ein Abstand ist doch zwischen unserm Anfang und unserm Ende! Jener in dem Wahn der Begier und dem Entzücken der Wollust; dieses in der Zerstörung aller Organe und dem Moderdufte der Leichen. Auch geht der Weg zwischen beiden in Hinsicht auf Wohlsein und Lebensgenuß stetig bergab: die selig träumende Kindheit, die fröhliche Jugend, das mühselige Mannesalter, das gebrechliche, oft jämmerliche Greisentum, die Marter der letzten Krankheit und endlich der Todeskampf: –Sieht es nicht geradezu aus, als wäre das Dasein ein Fehltritt, dessen Folgen allmählich und immer mehr offenbar würden? Am richtigsten werden wir das Leben fassen als einen *desengaño*, eine Enttäuschung: Darauf ist, sichtbarlich genug, alles abgesehn.

## Lebensübersicht

Nur WER ALT WIRD, erhält eine vollständige und angemessene Vorstellung vom Leben, indem er es in seiner Ganzheit und seinem natürlichen Verlauf, besonders aber nicht bloß, wie die übrigen, von der Eingangs-, sondern auch von der Ausgangsseite übersieht, wodurch er dann besonders die Nichtigkeit desselben vollkommen erkennt, während die übrigen stets noch in dem Wahne befangen sind, das Rechte werde noch erst kommen.

## Lebensweisheit

Ein wichtiger Punkt der Lebensweisheit besteht in dem richtigen Verhältnis, in welchem wir unsere Aufmerksamkeit teils der Gegenwart, teils der Zukunft widmen, damit nicht die eine uns die andere verderbe. Viele leben zu sehr in der Gegenwart: die Leichtsinnigen; – andere zu sehr in der Zukunft: die Ängstlichen und Besorglichen. Selten wird einer genau das rechte Maß halten. Die, welche mittelst Streben und Hoffen nur in der Zukunft leben, immer vorwärts sehn und mit Ungeduld den kommenden Dingen entgegeneilen, als welche allererst das wahre Glück bringen sollen, inzwischen aber die Gegenwart unbeachtet und ungenossen vorbeiziehn lassen, sind trotz ihren altklugen Mienen jenen Eseln in Italien zu vergleichen, deren Schritt dadurch beschleunigt wird, daß an einem ihrem Kopf angehefteten Stock ein Bündel Heu hängt, welches sie daher stets dicht vor sich sehn und zu erreichen hoffen. Denn sie betrügen sich selbst um ihr ganzes Dasein, indem sie stets nur *ad interim* leben, – bis sie tot sind.

## Lebenswille

Die wachsende Zuneigung zweier Liebenden ist eigentlich schon der Lebenswille des neuen Individuums, welches sie zeugen können und möchten; ja, schon im Zusammentreffen ihrer sehnsuchtsvollen Blicke entzündet sich ein neues Leben und gibt sich kund als eine künftig harmonische, wohlzusammengesetzte Individualität.

*

DIE MACHT, DIE UNS INS DASEIN RIEF, muß eine BLINDE sein. Denn eine sehende, wenn eine äußerliche, hätte ein boshafter Dämon sein müssen; und eine innerliche, also wir selbst, hätten sehend uns nie in eine so peinliche Lage begeben. Aber reiner erkenntnisloser Wille zum Leben, blinder Drang, der sich so objektiviert, ist der Kern des Lebens.

## Leiden

Deutlich genug spricht aus dem ganzen menschlichen Dasein das Leiden als die wahre Bestimmung desselben. Das Leben ist tief darin eingesenkt und kann ihm nicht entgehen; unser Eintritt in dasselbe geschieht unter Tränen, sein Verlauf ist im Grunde immer tragisch und noch mehr sein Ausgang. Ein Anstrich von Absichtlichkeit hierin ist nicht zu verkennen. In der Regel fährt das Schicksal dem Menschen im Hauptzielpunkt seiner Wünsche und Bestrebungen auf eine radikale Weise durch den Sinn, wodurch alsdann sein Leben eine tragische Tendenz erhalte, vermöge welcher es geeignet ist, ihn von der Sucht, deren Darstellung jede individuelle Existenz ist, zu befreien und ihn dahin zu führen, daß er vom Leben scheidet, ohne den Wunsch nach ihm und seinen Freuden zurückzubehalten. Das Leiden ist in der Tat der Läuterungsprozeß, durch welchen allein in den meisten Fällen der Mensch geheiligt, d. h. von dem Irrweg des Willens zum Leben zurückgeführt wird.

*

Die unaufhörlichen Bemühungen, das Leiden zu verbannen, leisten nichts weiter, als daß es seine Gestalt verändert. Diese ist ursprünglich Mangel, Not, Sorge um die Erhaltung des Lebens. Ist es, was sehr schwer hält, geglückt, den Schmerz in dieser Gestalt zu verdrängen, so stellt er sogleich sich in tausend anderen ein, abwechselnd nach Alter und Umständen, als Geschlechtstrieb, leidenschaftliche Liebe, Eifersucht, Neid, Haß, Angst, Ehrgeiz, Geldgeiz, Krankheit usw. usw. Kann er endlich in keiner andern Gestalt Eingang finden, so kommt er im traurigen, grauen Gewand des Überdrusses und der Langeweile, gegen welche dann mancherlei versucht wird. Gelingt es endlich, diese zu verscheuchen, so wird es schwerlich geschehen, ohne dabei den Schmerz in einer der vorigen Gestalten wieder einzulassen und so den Tanz von vorne zu beginnen; denn zwischen Schmerz und Langerweile wird jedes Menschenleben hin und her geworfen.

*

Wenn nicht der nächste und unmittelbare Zweck unsers Lebens das Leiden ist, so ist unser Dasein das Zweckwidrigste auf der Welt. Denn es ist absurd anzunehmen, daß der endlose, aus der dem Leben wesentlichen Not entspringende Schmerz, davon die Welt überall voll ist, zwecklos und rein zufällig sein sollte.

## Leidenschaften

Man pflegt die Jugend die glückliche Zeit des Lebens zu nennen und das Alter die traurige. Das wäre wahr, wenn die Leidenschaften glücklich machten. Von diesen wird die Jugend hin und her gerissen, mit wenig Freude und vieler Pein. Dem kühlen Alter lassen sie

Ruhe, und alsbald erhält es einen kontemplativen Anstrich: Denn die Erkenntnis wird frei und erhält die Oberhand. Weil nun diese an sich selbst, schmerzlos ist so wird das Bewußtsein, je mehr sie darin vorherrscht, desto glücklicher. Man braucht nur zu erwägen, daß aller Genuß negativer, der Schmerz positiver Natur ist, um zu begreifen, daß die Leidenschaften nicht beglücken können und daß das Alter deshalb, daß manche Genüsse ihm versagt sind, nicht zu beklagen ist.

### Leidensfähigkeit

Welche Kräfte zum Leiden und Tun jeder in sich trägt, weiß er nicht, bis ein Anlaß sie in Tätigkeit setzt – wie man dem im Teiche ruhenden Wasser mit glattem Spiegel nicht ansieht, mit welchem Toben und Brausen es vom Felsen unversehrt herabzustürzen oder wie hoch es als Springbrunnen sich zu erheben fähig ist oder auch, wie man die im eiskalten Wasser latente Wärme nicht ahndet.

### Lektüre

Um das Gute zu lesen, ist eine Bedingung, daß man das Schlechte nicht lese: Denn das Leben ist kurz, Zeit und Kräfte beschränkt.

*

Zu verlangen, daß einer alles, was er je gelesen, behalten haben sollte, ist wie verlangen, daß er alles, was er je gegessen hat, noch in sich trage. Er hat von diesem leiblich, von jenem geistig gelebt und ist dadurch geworden, was er ist. Wie aber der Leib das ihm Homogene assimiliert, so wird jeder BEHALTEN, was ihn INTERESSIERT, d. h. was in sein Gedankensystem oder zu seinen Zwecken paßt. Letztere hat freilich jeder; aber etwas einem Gedankensystem Ähnliches haben gar wenige. Daher nehmen sie an nichts objektives Interesse, und dieserhalb wieder setzt sich von ihrer Lektüre nichts bei ihnen an: Sie behalten nichts davon.

## Lernen

Anschauliche Bilder haften fester im Gedächtnis als bloße Begriffe. Daher lernen phantasiebegabte Köpfe die Sprachen leichter als andere, denn sie verknüpfen mit dem neuen Wort sogleich das anschauliche Bild der Sache, während die andern bloß das äquivalente Wort der eigenen Sprache damit verknüpfen. Man suche das, was man dem Gedächtnis einverleiben will, so viel als möglich auf ein anschauliches Bild zurückzuführen, sei es nun unmittelbar oder als Beispiel der Sache oder als bloßes Gleichnis, Analogon oder wie noch sonst; weil alles Anschauliche viel fester haftet als das bloß *in abstracto* Gedachte oder gar nur Worte.

Darum behalten wir so sehr viel besser, was wir erlebt, als was wir gelesen haben.

### Lesen

Es wäre gut Bücher kaufen, wenn man die Zeit, sie zu lesen, mitkaufen könnte; aber man verwechselt meistens den Ankauf der Bücher mit dem Aneignen ihres Inhaltes.

*

Das Leben und die Träume sind Blätter eines und des nämlichen Buches. Das Lesen im Zusammenhang heißt wirkliches Leben. Wann aber die jedesmalige Lesestunde (der Tag) zu Ende und die Erholungszeit gekommen ist, so blättern wir oft noch müßig und schlagen ohne Ordnung und Zusammenhang bald hier, bald dort ein Blatt auf: Oft ist es ein schon gelesenes, oft ein noch unbekanntes, aber immer aus demselben Buch. So ein einzeln gelesenes Blatt ist zwar außer Zusammenhang mit der folgerechten Durchlesung, doch steht es hiedurch nicht so gar sehr hinter dieser zurück, wenn man bedenkt, daß auch das Ganze der folgerechten Lektüre ebenso aus dem Stegreife anhebt und endigt und sonach nur als ein größeres einzelnes Blatt anzusehen ist.

*

LESEN heißt mit einem fremden Kopfe statt des eigenen denken. Nun ist aber dem eigenen Denken, aus welchem allemal ein zusammenhängendes Ganzes, ein, wenn auch nicht streng abgeschlossenes, System sich zu entwickeln trachtet, nichts nachteiliger als ein, vermöge beständigen Lesens, zu starker Zufluß fremder Gedanken; weil diese, jeder einem andern Geiste entsprossen, einem andern Systeme angehörend, eine andere Farbe tragend, nie von selbst zu einem Ganzen des Denkens, des Wissens, der Einsicht und Überzeugung zusammenfließen, vielmehr eine leise babylonische Sprachverwirrung im Kopfe anrichten und dem Geiste, der sich mit ihnen überfüllt hat, nunmehr alle klare Einsicht benehmen und so ihn beinahe desorganisieren. Dieser Zustand ist an vielen Gelehrten wahrzunehmen und macht, daß sie an gesundem Verstande, richtigem Urteil und praktischem Takte vielen Ungelehrten nachstehn, welche die von außen, durch Erfahrung, Gespräch und wenige Lektüre ihnen zugekommene geringe Kenntnis stets dem eigenen Denken untergeordnet und einverleibt haben. Eben dieses nun tut nach einem größern Maßstabe auch der wissenschaftliche Denker. Obgleich er nämlich viele Kenntnisse nötig hat und daher viel lesen muß, so ist doch sein Geist stark genug, dies alles zu bewältigen, es zu assimilieren, dem Systeme seiner Gedanken einzuverleiben und es so dem organisch zusammenhängenden Ganzen seiner immer wachsenden, großartigen Einsicht unterzuordnen; wobei sein eigenes Denken, wie der Grundbaß der Orgel, stets alles beherrscht und nie von fremden Tönen übertäubt wird, wie dies hingegen der Fall ist in den bloß polyhistorischen Köpfen, in welchen gleichsam Musikfetzen aus allen Tonarten durcheinanderlaufen und der Grundton gar nicht mehr zu finden ist.

*

Wie töricht ist es, sich dem LEBEN, den UNMITTELBAREN EINDRÜCKEN und der urkräftigen Betrachtung, die sie erwecken, zu entziehn, um nur über den Büchern zu sitzen und bei den Buchstaben zu versteinern! - Wer es tut, gleicht Goethens empfindsamem Prinzen, der, um den Unbequemlichkeiten, die der Genuß der wahren Natur mit sich bringt, zu entgehn, eine künstliche, gemalte Natur bei sich führt. Tor! Die Quelle, aus der die Weisen, welche du studierst, ihre Weisheit schöpfen, ist eben dies Leben, das dich umgibt.

*

Lesen ist ein bloßes Surrogat des eigenen Denkens. Man läßt dabei seine Gedanken von einem andern am Gängelbande führen. Zudem taugen viele Bücher bloß zu zeigen, wie viele Irrwege es gibt und wie arg man sich verlaufen könnte, wenn man von ihnen sich leiten ließe. Den aber der Genius leitet, d. h. der selbst denkt, freiwillig denkt, richtig denkt, – der hat die Boussole, den rechten Weg zu finden. – Lesen soll man also nur dann, wann die Quelle der eigenen Gedanken stockt, was auch beim besten Kopfe oft genug der Fall sein wird. Hingegen die eigenen, urkräftigen Gedanken verscheuchen, um ein Buch zur Hand zu nehmen, ist Sünde wider den heiligen Geist. Man gleicht alsdann dem, der aus der freien Natur flieht, um ein Herbarium zu besehn oder um schöne Gegenden im Kupferstiche zu betrachten.

## Liebe

Alle wahre und reine Liebe ist Mitleid, und jene Liebe, die nicht Mitleid ist, ist Selbstsucht.

*

Alle Verliebtheit, wie ätherisch sie sich auch gebärden mag, wurzelt allein im Geschlechtstriebe, ja, ist durchaus nur ein näherbestimmter, spezialisierter, wohl gar im strengsten Sinn individualisierter Geschlechtstrieb. Wenn man nun, dieses festhaltend, die wichtige Rolle betrachtet, welche die Geschlechtsliebe in allen ihren Abstufungen und Nuancen, nicht bloß in Schauspielen und Romanen, sondern auch in der wirklichen Welt spielt, wo sie, nächst der Liebe zum Leben, sich als die stärkste und tätigste aller Triebfedern erweist, die Hälfte der Kräfte und Gedanken des jüngern Teiles der Menschheit fortwährend in Anspruch nimmt, das letzte Ziel fast jedes menschlichen Bestrebens ist, auf die wichtigsten Angelegenheiten nachteiligen Einfluß erlangt, die ernsthaftesten Beschäftigungen zu jeder Stunde unterbricht, bisweilen selbst die größten Köpfe auf eine Weile in Verwirrung setzt, sich nicht scheut, zwischen die Verhandlungen der Staatsmänner und die Forschungen der Gelehrten störend mit ihrem Plunder einzutreten, ihre Liebesbriefchen und Haarlöckchen sogar in ministerielle Portefeuilles und philosophische Manuskripte einzuschieben versteht, nicht minder täglich die verworfensten und schlimmsten Händel anzettelt, die wertvollsten Verhältnisse auflöst, die festesten Bande zerreißt, bisweilen Leben oder Gesundheit, bisweilen Reichtum, Rang und Glück zu ihrem Opfer nimmt, ja, den sonst Redlichen gewissenlos, den bisher Treuen zum Verräter macht, demnach im ganzen auftritt als ein feindseliger Dämon, der alles zu verkehren, zu verwirren und umzuwerfen bemüht ist; – da wird man veranlaßt auszurufen: Wozu der Lärm? Wozu das Drängen, Toben, die Angst und die Not? Es handelt sich ja bloß darum, daß jeder Hans seine Grete finde: Weshalb sollte eine solche Kleinigkeit eine so wichtige Rolle spielen und unaufhörlich Störung und Verwirrung in das wohlgeregelte Menschenleben bringen? – Aber dem ernsten Forscher enthüllt allmählich der Geist der Wahrheit die Antwort: Es ist keine Kleinigkeit, worum es sich hier handelt … Das nämlich, was dadurch entschieden wird, ist nichts Geringeres als die ZUSAMMENSETZUNG DER NÄCHSTEN GENERATION.

## List

Jedes Unrecht geschieht entweder durch Gewalt oder durch List. Durch erstere zwinge ich physisch das fremde Individuum, meinem statt seinem Willen zu dienen; die List erreicht dasselbe dadurch, daß sie ihm SCHEIN-MOTIVE UNTERSCHIEBT, also durch das Medium der Erkenntnis, in welcher seine Motive liegen, auf ihn wirkt. Hieher gehört alle LÜGE: Sie bezweckt immer Einwirkung auf den fremden Willen, nicht auf seine Erkenntnis allein; denn sie selbst bedarf eines Motivs, und das kann nur der fremde Wille, nicht dessen bloße Erkenntnis an sich und als solche sein: Selbst jede bloße Windbeutelei bezweckt durch erhöhte Achtung auch größern Einfluß auf fremde Willen. Jede Lüge ist also Unrecht. Zwar habe ich kein Recht auf fremde Wahrheit, aber eines, nicht belogen zu werden. Wer mir den Weg zu zeigen sich weigert, ist bloß ungefällig, wer mir den falschen zeigt, tut mir Unrecht.

## Lüge

Wenn man argwöhnt, daß einer lüge, stelle man sich gläubig: Da wird er dreist, lügt stärker und ist entlarvt. Merkt man hingegen, daß eine Wahrheit, die er verhehlen möchte, ihm zum Teil entschlüpft, so stelle man sich darüber ungläubig, damit er, durch den Widerspruch provoziert, die Arrièregarde der ganzen Wahrheit nachrücken lasse.

**Luxus**

Damit … einige wenige das Entbehrliche, Überflüssige und Raffinierte haben, ja, erkünstelte Bedürfnisse befriedigen können, muß auf dergleichen ein großes Maß der vorhandenen Menschenkräfte verwendet und daher dem Notwendigen, der Hervorbringung des Unentbehrlichen, entzogen werden. Statt Hütten für sich, bauen Tausende Prachtwohnungen für wenige; statt grober Stoffe für sich und die Ihrigen, weben sie feine oder seidene Stoffe oder gar Spitzen für die Reichen und verfertigen überhaupt tausend Gegenstände des Luxus, die Reichen zu vergnügen. Aus solchen Luxusarbeitern besteht ein großer Teil der Bevölkerung der Städte: Für diese also und ihre Besteller muß nun der Bauer mit pflügen, säen und weiden, hat also mehr Arbeit, als die Natur ihm ursprünglich aufgelegt hatte. Überdies muß auch er selbst noch viele Kräfte und Land statt auf Getreide, Kartoffeln und Viehzucht auf Wein, Seide, Tabak, Hopfen, Spargel usw. verwenden. Ferner werden eine Menge Menschen dem Ackerbau entzogen, um dem Schiffbau und der Seefahrt zu dienen, damit Zucker, Kaffee, Tee usw. herbeigeschafft werde. Die Produktion dieser Überflüssigkeiten wird dann wieder die Ursache des Elends jener Millionen Negersklaven, die ihrem Vaterlande gewaltsam entrissen werden, um mit ihrem Schweiß und ihrer Marter jene Gegenstände des Genusses hervorzubringen. Kurz: Ein großer Teil der Kräfte des Menschengeschlechts wird der Hervorbringung des allen Notwendigen entzogen, um das ganz Überflüssige und Entbehrliche für wenige herbeizuschaffen.

*

Die zu beispielloser Höhe gestiegene Technik unserer Zeit gibt, indem sie die Gegenstände des Luxus vervielfältigt und vermehrt, den vom Glücke Begünstigteren die Wahl zwischen mehr Muße und Geistesbildung einerseits und mehr Luxus und Wohlleben bei angestrengter Tätigkeit andererseits: Sie wählen, charakteristisch, in der Regel das letztere und ziehen den Champagner der Muße vor.

## Maskerade

Unsre zivilisierte Welt ist doch nur eine große Maskerade. Man trifft daselbst Ritter, Pfaffen, Soldaten, Doktoren, Advokaten, Priester, Philosophen und was nicht alles an! Aber sie sind nicht, was sie vorstellen: Sie sind bloße Masken, unter welchen in der Regel Geldspekulanten *(moneymakers)* stecken. Doch nimmt auch wohl einer die Maske des Rechts, die er sich dazu beim Advokaten geborgt hat, vor, bloß um auf einen andern tüchtig losschlagen zu können; wieder einer hat, zum selben Zwecke, die des öffentlichen Wohls und des Patriotismus gewählt, ein dritter die der Religion, der Glaubensreinigkeit. Zu allerlei Zwecken hat schon mancher die Maske der Philosophie, wohl auch der Philanthropie u. dgl. m. vorgesteckt. Die Weiber haben weniger Auswahl: Meistens bedienen sie sich der Maske der Sittsamkeit, Schamhaftigkeit, Häuslichkeit und Bescheidenheit. Sodann gibt es auch allgemeine Masken ohne besondern Charakter gleichsam die Dominos, die man daher überall antrifft; dahin gehören die strenge Rechtlichkeit, die Höflichkeit, die aufrichtige Teilnahme und grinsende Freundlichkeit. Meistens stecken, wie gesagt, lauter Industrielle, Handelsleute und Spekulanten unter diesen sämtlichen Masken. In dieser Hinsicht machen den einzigen ehrlichen Stand die Kaufleute aus, da sie allein sich für das geben, was sie sind: Sie gehn also unmaskiert herum, stehn daher auch niedrig im Rang.

### Materialismus

Der MODERNE MATERIALISMUS ist der Mist, den Boden zu düngen für die Philosophie.

### Mathematik

Daß die niedrigste aller Geistestätigkeiten das Rechnen sei, wird dadurch belegt, daß sie die einzige ist, welche auch durch eine Maschine ausgeführt werden kann; wie denn jetzt in England dergleichen Rechenmaschinen bequemlichkeitshalber schon in häufigem Gebrauche sind. – Nun läuft aber alle *analysis finitorum et infinitorum [Untersuchung des Endlichen und des Unendlichen]* im Grunde doch auf Rechnerei zurück. Danach bemesse man den »mathematischen Tiefsinn«, über welchen schon Lichtenberg sich lustig macht, indem er sagt: »Die sogenannten Mathematiker von Profession haben sich, auf die Unmündigkeit der übrigen Menschen gestützt, einen Kredit von Tiefsinn erworben, der viel Ähnlichkeit mit dem von Heiligkeit hat, den die Theologen für sich haben.«

*

Sie hören nicht auf, die Zuverlässigkeit und Gewißheit der MATHEMATIK zu rühmen. Aber was hilft es mir, noch so gewiß und zuverlässig etwas zu wissen, daran mir gar nichts gelegen ist.

### Maximen

Kein Charakter ist so, daß er sich selbst überlassen bleiben und sich ganz und gar gehnlassen dürfte; sondern jeder bedarf der Lenkung durch Begriffe und Maximen.

### Medizin

Das REZEPT DES ARZTES ist grade soviel wie ein Los in der Lotterie: – Es KANN das rechte sein.

### Meinungen

Die Leute, wie sie in der Regel sind, nehmen es schon übel, wenn man nicht ihrer Meinung ist: Dann sollten sie aber auch ihre Meinungen danach einrichten, daß man denselben beitreten könnte.

*

Während jeder sich schämen würde, in einem geborgten Rock, Hut oder Mantel umherzugehen, haben sie alle keine anderen als geborgte Meinungen, die sie begierig aufraffen, wo sie ihrer habhaft werden, und dann, sie für eigen ausgebend, damit herumstolzieren. Andere borgen sie wieder von ihnen und machen es damit ebenso. Dies erklärt die schnelle und weite Verbreitung der Irrtümer wie auch den Ruhm des Schlechten: Denn die Meinungsverleiher von Profession, also Journalisten u. dgl., geben in der Regel nur falsche Ware aus, wie die Ausleiher der Maskenanzüge nur falsche Juwelen.

## Melancholie

Verdriesslichkeit und Melancholie liegen weit auseinander: Von der Lustigkeit zur Melancholie ist der Weg viel näher als von der Verdrießlichkeit. Melancholie zieht an; Verdrießlichkeit stößt ab.

## Mensch

Ungerechtigkeit, äußerste Unbilligkeit, Härte, ja Grausamkeit bezeichnen in der Regel die Handlungsweise der Menschen gegeneinander; eine entgegengesetzte tritt nur ausnahmsweise ein. Hierauf beruht die Notwendigkeit des Staates und der Gesetzgebung. Aber in allen Fällen, die nicht im Bereich der Gesetze liegen, zeigt sich sogleich die dem Menschen eigene Rücksichtslosigkeit gegen seinesgleichen, welche aus seinem grenzenlosen Egoismus, mitunter auch aus Bosheit entspringt. Wie der Mensch mit dem Menschen verfährt, zeigt z. B. die Negersklaverei, deren Endzweck Zucker und Kaffee ist. Aber man braucht nicht so weit zu gehen: Im Alter von fünf Jahren eintreten in die Garnspinnerei oder sonstige Fabrik und von dem an erst 10, dann 12, endlich 14 Stunden täglich darin sitzen und dieselbe mechanische Arbeit verrichten, heißt das Vergnügen, Atem zu holen, teuer erkaufen. Dies aber ist das Schicksal von Millionen, und viele andere Millionen haben ein analoges.

*

Der Mensch ist das einzige Tier, welches andern Schmerz verursache, ohne weiteren Zweck als eben diesen.

*

Der Mensch ist im Grunde ein wildes, entsetzliches Tier. Wir kennen es bloß im Zustande der Bändigung und Zähmung, welcher Zivilisation heißt, daher erschrecken uns die gelegentlichen Ausbrüche seiner Natur. Aber wo und wann einmal Schloß und Kette der gesetzlichen Ordnung abfallen und Anarchie eintritt, da zeigt sich, was er ist.

*

Das menschliche Gemüt hat Tiefen, Dunkelheiten und Verwicklungen, welche aufzuhellen und zu entfalten von der äußersten Schwierigkeit ist.

*

Im ganzen genommen, liegt die Welt im argen: Die Wilden fressen einander, und die Zahmen betrügen einander, und das nennt man den Lauf der Welt. Was sind denn die Staaten mit aller ihrer künstlichen, nach außen und nach innen gerichteten Maschinerie und ihren Gewaltmitteln anderes als Vorkehrungen, der grenzenlosen Ungerechtigkeit der Menschen Schranken zu setzen?

*

Der Arzt sieht den Menschen in seiner ganzen Schwäche, der Jurist in seiner ganzen Schlechtigkeit, der Theolog in seiner ganzen Dummheit.

*

Der Staat, dieses Meisterstück des sich selbst verstehenden, vernünftigen, aufsummierten Egoismus aller, hat den Schutz der Rechte eines jeden in die Hände einer Gewalt gegeben, welche, der Macht jedes einzelnen unendlich überlegen, ihn zwingt, die Rechte aller anderen zu achten. Da kann der grenzenlose Egoismus fast aller, die Bosheit vieler, die Grausamkeit mancher sich nicht hervortun: Der Zwang hat alle gebändigt. Die hieraus entspringende Täuschung ist so groß, daß, wenn wir in einzelnen Fällen, wo die Staatsgewalt nicht schützen kann oder eludiert wird, die unersättliche Habsucht, die niederträchtige Geldgier, die tief versteckte Falschheit, die tückische Bosheit der Menschen hervortreten sehen, wir oft zurückschrecken und ein Zetergeschrei erheben, vermeinend, ein noch nie gesehenes Monstrum sei uns aufgestoßen: Allein ohne den Zwang der Gesetze und die Notwendigkeit der bürgerlichen Ehre würden dergleichen Vorgänge ganz an der

Tagesordnung sein. Kriminalgeschichten und Beschreibungen anarchischer Zustände muß man lesen, um zu erkennen, was in moralischer Hinsicht der Mensch eigentlich ist. Diese Tausende, die da vor unseren Augen im friedlichen Verkehr sich durcheinanderdrängen, sind anzusehen als ebenso viele Tiger und Wölfe, deren Gebiß durch einen starken Maulkorb gesichert ist. Daher, wenn man sich die Staatsgewalt einmal aufgehoben, das heißt jenen Maulkorb abgeworfen denkt, jeder Einsichtige zurückbebt vor dem Schauspiele, das dann zu erwarten stände; wodurch er zu erkennen gibt, wie wenig Wirkung er der Religion, dem Gewissen oder dem natürlichen Fundament der Moral, welches es auch immer sein möge, im Grunde zutraut.

*

Der gewöhnliche Mensch, diese Fabrikware der Natur, wie sie solche täglich zu Tausenden hervorbringt, ist … einer in jedem Sinn völlig uninteressierten Betrachtung, welches die eigentliche Beschaulichkeit ist, wenigstens durchaus nicht anhaltend fähig: Er kann seine Aufmerksamkeit auf die Dinge nur insofern richten, als sie irgendeine, wenn auch nur sehr mittelbare Beziehung auf seinen Willen haben. Da in dieser Hinsicht, welche immer nur die Erkenntnis der Relationen erfordert, der abstrakte Begriff des Dinges hinlänglich und meistens selbst tauglicher ist, so weilt der gewöhnliche Mensch nicht lange bei der bloßen Anschauung, heftet daher seinen Blick nicht lange auf einen Gegenstand, sondern sucht bei allem, was sich ihm darbietet, nur schnell den Begriff, unter den es zu bringen ist, wie der Träge den Stuhl sucht, und dann interessiert es ihn nicht weiter. Daher wird er so schnell mit allem fertig, mit Kunstwerken, schönen Naturgegenständen und dem eigentlich überall bedeutsamen Anblick des Lebens in allen seinen Szenen. Er aber weilt nicht; nur seinen Weg im Leben sucht er, allenfalls auch alles, was irgendeinmal sein Weg werden könnte, also topographische Notizen im weitesten Sinn: Mit der Betrachtung des Lebens selbst als solchen verliert er keine Zeit.

**Menschenbeurteilung**

Die Entzifferung des Gesichts ist eine große und schwere Kunst. Ihre Prinzipien sind uns halb angeboren, halb aus der Erfahrung geschöpft und nie *in abstracto* zu erlernen. Die erste Bedingung dazu ist, daß man seinen Mann mit REIN OBJEKTIVEM BLICK auffasse, welches so leicht nicht ist. Sobald nämlich die leiseste Spur von Abneigung oder Zuneigung oder Furcht oder Hoffnung oder auch der Gedanke, welchen Eindruck wir selbst jetzt auf ihn machen, kurz, irgend etwas Subjektives sich einmischt, verwirrt und verfälscht sich die Hieroglyphe. Wie den Klang einer

Sprache nur der hört, welcher sie nicht versteht, weil sonst das Bezeichnete das Zeichen sogleich aus dem Bewußtsein verdrängt, so sieht die Physiognomie eines Menschen nur der, welcher ihm noch fremd ist, d. h. nicht durch öfteres Sehn oder gar durch Sprechen mit ihm sich an sein Gesicht gewöhnt hat. Demgemäß hat man den rein objektiven Eindruck eines Gesichts und dadurch die Möglichkeit seiner Entzifferung streng genommen nur beim ersten Anblick. Wie Gerüche uns nur bei ihrem Eintritt affizieren und der Geschmack eines Weins eigentlich nur beim ersten Glase, so machen auch Gesichter ihren vollen Eindruck nur das erstemal. Auf diesen soll man daher sorgfältig achten: Man soll ihn sich merken, ja, bei persönlich uns wichtigen Menschen ihn aufschreiben, wenn man nämlich seinem eigenen physiognomischen Gefühle trauen darf. Die nachherige Bekanntschaft, der Umgang, wird jenen Eindruck verwischen: Aber die Folge wird ihn einst bestätigen.

### Menschengeschlecht

Wer wagt mir zu widersprechen, wenn ich sage, die Menschen sind wesentlich böse, wesentlich unglücklich, wesentlich töricht? – Wer anders als die, für deren Moralität es genug ist, die bürgerlichen Gesetze nicht zu verletzen, die sich beglückt finden in dem steten

Schnappen nach Lauft, Haschen nach nichts, Spielen mit Seifenblasen, und die philologische Disquisitionen, mathematische Demonstrationen und vernünftelnde Philosophie für Weisheit halten.

**Menschenkenntnis**

Daß Leute edlerer Art und höherer Begabung so oft, zumal in der Jugend, auffallenden Mangel an Menschenkenntnis und Weltklugheit verraten, daher leicht betrogen oder sonst irregeführt werden, während die niedrigen Naturen sich viel schneller und besser in die Welt zu finden wissen, liegt daran, daß man beim Mangel der Erfahrung *a priori* zu urteilen hat, und daß überhaupt keine Erfahrung es dem *a priori* gleichtut. Dies *a priori* nämlich gibt denen vom gewöhnlichen Schlage das eigene Selbst an die Hand, den Edelen und Vorzüglichen aber nicht: Denn eben als solche sind sie von den andern weitverschieden. Indem sie daher deren Denken und Tun nach dem ihrigen berechnen, trifft die Rechnung nicht zu.

*

Nur wenige taugen zum irgend vertrauteren Umgang, und soll man sich besonders hüten, sich nicht mit niedrigen Naturen gemein zu machen. Faßt nun aber gar einer den Gedanken, er sei mir viel notwendiger als ich ihm, da ist es ihm sogleich, als hätte ich ihm etwas gestohlen: Er wird suchen, sich zu rächen und es wiederzuerlangen. Dieserwegen ist es ratsam, jedem, es sei Mann oder Weib, von Zeit zu Zeit fühlbar zu machen, daß man seiner sehr wohl entraten könne: Das befestigt die Freundschaft; ja, bei den meisten Leuten kann es nicht schaden, wenn man ein Gran Geringschätzung gegen sie dann und wann mit einfließen läßt; sie legen desto mehr Wert auf unsere Freundschaft: *Chi non istima vien stimato [wer nicht achtet, wird geachtet]* sagt ein feines italienisches Sprichwort. Ist aber einer uns wirklich sehr viel wert, so müssen wir dies vor ihm verhehlen, als wäre es ein Verbrechen. Das ist nun eben nicht erfreulich, dafür aber wahr. Kaum daß Hunde die zu große Freundlichkeit vertragen, geschweige Menschen.

*

Ein Gesicht macht nur das erste Mal seinen richtigen und vollen Eindruck. Um nämlich diesen rein objektiv und unverfälscht zu empfangen, müssen wir noch in keinerlei Beziehung zur Person stehn, ja, wo möglich, mit derselben noch nicht geredet haben. Schon jedes Gespräch nämlich befreundet einigermaßen und führt einen gewissen *rapport*, eine wechselseitige, SUBJEKTIVE Beziehung ein, bei der die Objektivität der Auffassung sogleich leidet. Da zudem jeder bemüht ist, sich Hochachtung oder Freundschaft zu erwerben, so wird auch der zu Beobachtende sogleich allerlei ihm schon geläufige Verstellungskünste anwenden, wird mit seinen Mienen heucheln, schmeicheln und dadurch uns so bestechen, daß wir bald nicht mehr sehn, was doch der erste Blick uns deutlich gezeigt hatte. Danach heißt es dann, daß »die meisten Menschen bei näherer Bekanntschaft gewinnen«, sollte jedoch heißen »uns betören«. Wenn nun aber späterhin die schlimmen Gelegenheiten sich einfinden, da erhält meistens das Urteil des ersten Blicks seine Rechtfertigung und macht sie oft höhnend geltend. Ist hingegen die »nähere Bekanntschaft« sogleich eine feindselige, so wird man ebenfalls nicht finden, daß durch sie die Leute gewönnen. Eine andere Ursache des angeblichen Gewinnens bei näherer Bekanntschaft ist, daß der Mensch, dessen erster Anblick uns vor ihm warnte, sobald wir mit ihm konversieren, nicht mehr bloß sein eigenes Wesen und Charakter zeigt, sondern auch seine Bildung, d. h. nicht bloß, was er wirklich und von Natur ist, sondern auch, was er sich vom Gemeingut der ganzen Menschheit angeeignet hat: Dann wundern wir uns oft, einen solchen Minotaur so menschlich reden zu hören. Aber man komme nur von der »näheren Bekanntschaft« zur noch näheren: Da wird bald »die Bestialität«, welche sein Gesicht verhieß, »sich gar herrlich offenbaren.« – Wer also mit physiognomischem Scharfblick begabt ist, hat die aller näheren Bekanntschaft vorhergegangenen und daher unverfälschten Aussprüche desselben wohl zu beachten. Denn das Gesicht eines Menschen sagt gerade aus, WAS ER IST; und täuscht es uns, so ist dies nicht seine, sondern unsre Schuld. Die Worte eines Menschen hingegen sagen bloß, was er denkt, öfter nur, was er gelernt hat oder gar, was er zu denken bloß vorgibt. Dazu kommt noch, daß, wenn wir mit ihm reden, ja, ihn nur zu andern reden hören, wir von seiner eigentlichen Physiognomie abstrahieren, indem wir sie als das Substrat, das schlechthin Gegebene, beiseite setzen und bloß auf das Pathognomische derselben, sein Mienenspiel beim Reden, achten: Dieses aber richtet er so ein, daß er die gute Seite nach außen kehrt.

## Menschenleben

Es ist wirklich unglaublich, wie nichtssagend und bedeutungsleer, von außen gesehn, und wie dumpf und besinnungslos, von innen empfunden, das Leben der allermeisten Menschen dahinfließt. Es ist ein mattes Sehnen und quälen, ein träumerisches Taumeln durch die vier Lebensalter hindurch zum Tode, unter Begleitung einer Reihe trivialer Gedanken. Sie gleichen Uhrwerken, welche aufgezogen werden und gehn, ohne zu wissen, warum; und jedesmal, daß ein Mensch gezeugt und geboren worden, ist die Uhr des Menschenlebens aufs neue aufgezogen, um jetzt ihr schon zahllose Male abgespieltes Leierstück abermals zu wiederholen, Satz vor Satz und Takt vor Takt, mit unbedeutenden Variationen.

## Menschenliebe

Wer sagt, daß er der Menschen wegen arbeite, heuchelt: Die Pfuscher arbeiten des Gewinns halber, die Berufenen wegen der Freude an ihrem Talent.

*

Man soll die Menschen lieben. Eine schwere Aufgabe!

## Menschenrechte

Die Menschenrechte sind leicht zu bestimmen: Jeder hat das Recht, alles das zu tun, wodurch er keinen verletzt.

## Mentalitäten

Was eigentliche und ursprüngliche Verschiedenheit der Geisteskräfte betrifft, so läßt eine Vergleichung derselben sich nicht wohl anstellen, solange man nicht die Einzelnen betrachtet, sondern bei dem Allgemeinen bleibt, weil diese Verschiedenheit nicht von weitem übersehbar und nicht so leicht auch äußerlich kenntlich ist wie die Unterschiede der Bildung, Muße und Beschäftigung. Aber auch nur nach diesen gehend, muß man eingestehn, daß mancher Mensch einen wenigstens zehnfach höhern

GRAD DES DASEINS hat als der andere, – zehnmal so sehr DA IST. Ich will hier nicht von Wilden reden, deren Leben oft nur EINE Stufe über dem der Affen auf ihren Bäumen steht, sondern man betrachte etwan einen Lastträger zu Neapel oder zu Venedig (im Norden macht die Sorge für den Winter den Menschen schon überlegter und dadurch besonnener) und überblicke seinen Lebenslauf vom Anbeginn bis zum Ende. Getrieben von der Not, getragen durch die eigene Kraft, dem Bedürfnis des Tages, ja, der Stunde, abhelfend durch die Arbeit, viel Anstrengung, steter Tumult, manche Not, keine Sorge auf morgen, erquickliche Ruhe nach der Erschöpfung, viel Zank mit andern, keinen Augenblick Zeit zum Bedenken, sinnliches Behagen im milden Klima und bei erträglicher Speise, dazu endlich als metaphysisches Element etwas krassen Aberglauben aus der Kirche: im ganzen also ein ziemlich dumpf bewußtes Treiben oder vielmehr Getriebensein. Dieser unruhige und konfuse Traum macht das Leben vieler Millionen Menschen aus.

## Mitleid

Grenzenloses Mitleid mit allen lebenden Wesen ist der festeste und sicherste Bürge für das sittliche Wohlverhalten und bedarf keiner Kasuistik. Wer davon erfüllt ist, wird zuverlässig keinen verletzen, keinen beeinträchtigen, keinem weh tun, vielmehr mit jedem Nachsicht haben, jedem verzeihen, jedem helfen, soviel er vermag, und alle seine Handlungen werden das Gepräge der Gerechtigkeit und Menschenliebe tragen.

## Mittelmaß

Wo und wie auch immer das Vortreffliche auftritt; gleich ist die gesamte Mittelmäßigkeit verbündet und verschworen, es zu ersticken.

## Monarchie

Die monarchische Regierungsform ist die dem Menschen natürliche, fast so, wie sie es den Bienen und Ameisen, den reisenden Kranichen, den wandernden Elefanten, den zu Raubzügen vereinigten Wölfen und andern Tieren mehr ist, welche alle EINEN an die Spitze ihrer Unternehmung stellen. Auch muß jede menschliche, mit Gefahr verknüpfte Unternehmung, jeder Heereszug, jedes Schiff, EINEM Oberbefehlshaber gehorchen: Überall muß EIN Wille der leitende sein. Sogar der tierische Organismus ist monarchisch konstruiert: Das Gehirn allein ist der Lenker und Regierer …

Wenngleich Herz, Lunge und Magen zum Bestande des Ganzen viel mehr beitragen, so können diese Spießbürger darum doch nicht lenken und leiten: Dies ist Sache des Gehirns allein und muß von EINEM

Punkte ausgehn. Selbst das Planetensystem ist monarchisch. Hingegen ist das republikanische System dem Menschen so widernatürlich, wie es dem höhern Geistesleben, also Künsten und Wissenschaften, ungünstig ist. Diesem allen entsprechend finden wir auf der ganzen Erde und zu allen Zeiten die Völker, sie mögen zivilisiert, oder wild sein oder auf den Zwischenstufen stehn, allemal monarchisch regiert.

## Moral

Da ergibt sich, daß Moralpredigen leicht, Moralbegründen schwer ist.

*

Eine Moral ohne Begründung, also bloßes Moralisieren, kann nicht wirken, weil sie nicht motiviert. Eine Moral aber, DIE motiviert, kann dies nur durch Einwirkung auf die Eigenliebe. Was nun aber aus dieser entspringt, hat keinen moralischen Wert. Hieraus folgt, daß durch die Moral und abstrakte Erkenntnis überhaupt keine echte Tugend bewirkt werden kann, sondern diese aus der intuitiven Erkenntnis entspringen muß, welche im fremden Individuo dasselbe Wesen erkennt wie im eigenen.

*

Die sämtlichen skeptischen Bedenklichkeiten reichen zwar keineswegs hin, das Dasein aller echten Moralität abzuleugnen, wohl aber unsere Erwartungen von der moralischen Anlage im Menschen und mithin vom natürlichen Fundament der Ethik zu mäßigen, da so vieles, was diesem zugeschrieben wird, nachweislich von andern Triebfedern herrührt und die Betrachtung der moralischen Verderbnis der Welt genugsam beweist, daß die Triebfeder zum Guten keine sehr mächtige sein kann, zumal weil sie oft selbst da nicht wirkt, wo die ihr entgegenstehenden Motive nicht stark sind, wiewohl hierbei der individuelle Unterschied der Charaktere seine volle Gültigkeit behauptet. Inzwischen wird die Erkenntnis jener moralischen Verderbnis dadurch erschwert, daß die Äußerungen derselben gehemmt und verdeckt werden durch die gesetzliche Ordnung, durch die Notwendigkeit der Ehre, ja, auch noch durch die Höflichkeit. Endlich kommt noch hinzu, daß man bei der Erziehung die Moralität der Zöglinge dadurch zu befördern vermeint, daß man ihnen Rechtlichkeit und Tugend als die in der Welt allgemein befolgten Maximen darstellt: Wenn nun später die Erfahrung sie, und oft zu ihrem großen Schaden, eines andern belehrt, so kann die Entdeckung, daß ihre Jugendlehrer die ersten waren, welche sie betrogen, nachteiliger auf ihre eigene Moralität wirken, als wenn diese Lehrer ihnen das erste Beispiel der Offenherzigkeit und Redlichkeit selbst gegeben und unverhohlen gesagt hätten: »Die Welt liegt im argen, die Menschen sind nicht, wie sie sein sollten; aber laß es dich nicht irren und sei du besser.« – Alles dieses, wie gesagt, erschwert unsere Erkenntnis der wirklichen Immoralität des Menschengeschlechts.

### Moralsysteme

Alle Moralsysteme des Altertums, das Platonische allein ausgenommen, waren Anleitungen zu einem glückseligen Leben: Demnach hat bei ihnen die Tugend ihren Zweck durchaus nicht jenseits des Todes, sondern in dieser Welt. Denn sie ist ihnen eben nur der rechte Weg zum wahrhaft glücklichen Leben; deshalb erwählt sie der Weise. Daher eben stammen die besonders von Cicero uns aufbehaltenen, weitläufigen Debatten und scharfen, stets erneuerten Untersuchungen, ob auch wirklich die Tugend, ganz allein und für sich, zum glücklichen Leben hinreichend sei, oder ob es dazu noch irgend eines Äußerlichen bedürfe, ob der Tugendhafte und Weise auch auf der Folter und dem Rade oder im Stier des Phalaris glücklich sei, oder ob es so weit doch nicht gehe. Denn freilich wäre dies der Probierstein einer Ethik dieser Art: Beglücken müßte ihre Ausübung unmittelbar und unbedingt. Vermag sie das nicht, so leistet sie nicht, was sie soll, und ist zu verwerfen.

## Musik

Populär redend könnte man sagen: Die Musik im ganzen ist die Melodie, zu der die Welt der Text ist.

## Muße

Unser praktisches, reales Leben ist, wenn nicht die Leidenschaften es bewegen, langweilig und fade; wenn sie aber es bewegen, wird es bald schmerzlich: Darum sind die allein beglückt, denen irgendein Überschuß des Intellekts über das zum Dienst ihres Willens erforderte Maß zuteil geworden. Denn damit führen sie neben ihrem wirklichen noch ein intellektuelles Leben, welches sie fortwährend auf eine SCHMERZLOSE Weise und doch lebhaft beschäftigt und unterhält. Bloße MUSSE, d. h. durch den Dienst des Willens UNBESCHÄFTIGTER Intellekt, reicht dazu nicht aus, sondern ein wirklicher Überschuß der Kraft ist erfordert; denn nur dieser befähigt zu einer dem Willen nicht dienenden, rein geistigen Beschäftigung: hingegen *otium sine litteris mors est et hominis vivi sepultura (Seneca) [Muße ohne geistige Beschäftigung ist ein Tod und ein Lebendigbegrabensein des Menschen].* Je nachdem nun aber dieser Überschuß klein oder groß ist, gibt es unzählige Abstufungen jenes neben dem realen zu führenden intellektuellen Lebens: vom bloßen Insekten-, Vögel-, Mineralien-, Münzensammeln und -beschreiben bis zu den höchsten Leistungen der Poesie und Philosophie. Nebenbei wird ein solches intellektuelles Leben auch noch eine Schutzwehr gegen die vielen Gefahren, Unglücksfälle, Verluste und Verschwendungen, in die man gerät, wenn man sein Glück ganz in der realen Welt sucht. So hat z. B. mir meine Philosophie nie etwas eingebracht; aber sie hat mir sehr viel erspart.

*

Dem entsprechend, daß das Gehirn als der Parasit oder Pensionär des ganzen Organismus auftritt, ist die errungene FREIE MUSSE eines jeden, indem sie ihm den freien Genuß seines Bewußtseins und seiner Individualität gibt, die Frucht und der Ertrag seines gesamten Daseins, welches im übrigen nur Mühe und Arbeit ist. Was nun aber wirft die freie Muße der meisten Menschen ab? Langeweile und Dumpfheit, sooft nicht sinnliche Genüsse oder Albernheiten da sind, sie auszufüllen.

*

Ein innerlich Reicher bedarf von außen nichts weiter als eines negativen Geschenks, nämlich freier Muße, um seine geistigen Fähigkeiten ausbilden und entwickeln und seinen innern Reichtum genießen zu können, also eigentlich nur der Erlaubnis, sein ganzes Leben hindurch, jeden Tag und jede Stunde, ganz er selbst sein zu dürfen.

## Mut

Die TAPFERKEIT, oder genauer der ihr zum Grunde liegende MUT (denn Tapferkeit ist nur der Mut im Kriege) verdient noch eine nähere Untersuchung. Die Alten zählten den Mut den Tugenden, die Feigheit den Lastern bei: Dem christlichen Sinne, der auf Wohlwollen und Dulden gerichtet ist, und dessen Lehre alle Feindseligkeit, eigentlich sogar den Widerstand, verbietet, entspricht dies nicht; daher es bei den Neuern weggefallen ist. Dennoch müssen wir zugeben, daß Feigheit uns mit einem edlen Charakter nicht wohl verträglich scheint, schon wegen der übergroßen Besorglichkeit um die eigene Person, welche sich darin verrät. Der Mut nun aber läßt sich auch darauf zurückführen, daß man den im gegenwärtigen Augenblicke drohenden Übeln willig entgegengeht, um dadurch größeren, in der Zukunft liegenden vorzubeugen, während die Feigheit es umgekehrt hält. Nun ist jenes erstere der Charakter der GEDULD, als welche eben in dem deutlichen Bewußtsein besteht, daß es noch größere Übel als die eben gegenwärtigen gibt und man durch heftiges Fliehen oder Abwehren dieser jene herbeiziehn könnte. Demnach wäre denn der Mut eine Art GEDULD, und weil eben diese es ist, die uns zu Entbehrungen und Selbstüberwindungen jeder Art befähigt, so ist mittelst ihrer auch der Mut wenigstens der Tugend verwandt.

*

Nächst der Klugheit aber ist Mut eine für unser Glück sehr wesentliche Eigenschaft. Freilich kann man weder die eine noch die andere sich geben, sondern ererbt jene von der Mutter und diesen vom Vater; jedoch läßt sich durch Vorsatz und Übung dem davon Vorhandenen nachhelfen. Zu dieser Welt, wo »die Würfel eisern fallen«, gehört ein eiserner Sinn, gepanzert gegen das Schicksal und gewaffnet gegen die Menschen. Denn das ganze Leben ist ein Kampf, jeder Schritt wird uns streitig gemacht.

## Nachahmer

Für die KUNST, also auch für die PHILOSOPHIE, ist DAS LEBEN, DIE WELT, die einzige Quelle. Durch Kopieren fremder Bilder wird kein wahrer Maler, durch Lesen fremder Werke kein wahrer Dichter, auch kein Philosoph; sondern auf diesem Wege entstehn die zahllosen *imitatores [Nachahmer]*.

## Nachruhm

Den echtesten Ruhm, den Nachruhm, vernimmt sein Gegenstand ja nie, und doch schätzt man ihn glücklich. Also bestand sein Glück in den großen Eigenschaften selbst, die ihm den Ruhm erwarben, und darin, daß er Gelegenheit fand, sie zu entwickeln, also daß ihm vergönnt wurde zu handeln, wie es ihm angemessen war, oder zu treiben, was er mit Lust und Liebe trieb: Denn nur die aus dieser entsprungenen Werke erlangen Nachruhm. Sein Glück bestand also in seinem großen Herzen oder auch im Reichtum eines Geistes, dessen Abdruck in seinen Werken die Bewunderung kommender Jahrhunderte erhält; es bestand in den Gedanken selbst, welchen nachzudenken die Beschäftigung und der Genuß der edelsten Geister einer unabsehbaren Zukunft ward. Der Wert des Nachruhms liegt also im Verdienen desselben, und dieses ist sein eigener Lohn. Ob nun die Werke, welche ihn erwarben, unterweilen auch den Ruhm der Zeitgenossen hatten, hing von zufälligen Umständen ab und war nicht von großer Bedeutung. Denn da die Menschen in der Regel ohne eigenes Urteil sind und zumal hohe und schwierige Leistungen abzuschätzen durchaus keine Fähigkeit haben, so folgen sie hier stets fremder Autorität, und der Ruhm, in hoher Gattung, beruht bei 99 unter 100 Rühmern bloß auf Treu und Glauben. Daher kann auch der vielstimmigste Beifall der Zeitgenossen für denkende Köpfe nur wenig Wert haben, indem sie in ihm stets nur das Echo weniger Stimmen hören, die zudem selbst nur sind, wie der Tag sie gebracht hat. Würde wohl ein Virtuose sich geschmeichelt fühlen durch das laute Beifallsklatschen seines Publikums, wenn ihm bekannt wäre, daß es bis auf einen oder zwei aus lauter völlig Tauben bestände, die, um einander gegenseitig ihr Gebrechen zu verbergen, eifrig klatschten, sobald sie die Hände jenes einen in Bewegung sähen? Und nun gar, wenn die Kenntnis hinzukäme, daß jene Vorklatscher sich oft bestechen ließen, um dem elendesten Geiger den lautesten Applaus zu verschaffen! – Hieraus ist erklärlich, warum der Ruhm der Zeitgenossen so selten die Metamorphose in Nachruhm erlebt; weshalb D'ALEMBERT in seiner überaus schönen Beschreibung des Tempels des literarischen Ruhmes sagt: »Das Innere des Tempels ist von lauter Toten bewohnt, die während ihres Lebens nicht darin waren, und von einigen Lebenden, welche fast alle, wann sie sterben, hinausgeworfen werden.«

*

Das Beste, was jeder ist, muß er notwendig für sich selbst sein; was davon in den Köpfen anderer sich abspiegelt und er in ihrer Meinung gilt, ist Nebensache und kann nur von untergeordnetem Interesse für ihn sein. Wer demnach nur den Ruhm verdient, auch ohne ihn zu erhalten, besitzt bei weitem die Hauptsache, und was er entbehrt, ist etwas, darüber er sich mit derselben trösten kann. Denn nicht, daß einer von der urteilslosen, so oft betörten Menge für einen großen Mann gehalten werde, sondern daß er es sei, macht ihn beneidenswert; auch nicht, daß die Nachwelt von ihm erfahre, sondern daß in ihm sich Gedanken erzeugen, welche verdienen, Jahrhunderte hindurch aufbewahrt und nachgedacht zu werden, ist ein hohes Glück.

### Nachsicht

Die Menschen gleichen darin den Kindern, daß sie unartig werden, wenn man sie verzieht; daher man gegen keinen zu nachgiebig und liebreich sein darf. Wie man in der Regel keinen Freund dadurch verlieren wird, daß man ihm ein Darlehn abschlägt, aber sehr leicht dadurch, daß man es ihm gibt, ebenso nicht leicht einen durch stolzes und etwas vernachlässigendes Betragen, aber oft infolge zu vieler Freundlichkeit und Zuvorkommens, als welche ihn arrogant und unerträglich machen, wodurch der Bruch herbeigeführt wird. Besonders aber den Gedanken, daß man ihrer benötigt sei, können die Menschen schlechterdings nicht vertragen: Übermut und Anmaßung sind sein unzertrennliches Gefolge.

### Nationalcharakter

Die Individualität überwiegt bei weitem die Nationalität, und in einem gegebenen Menschen verdient jene tausendmal mehr Berücksichtigung als diese. Dem Nationalcharakter wird, da er von der Menge redet, nie viel Gutes ehrlicherweise nachzurühmen sein. Vielmehr erscheint nur die menschliche Beschränktheit, Verkehrtheit und Schlechtigkeit in jedem Lande in einer andern Form, und diese nennt man den Nationalcharakter. Von EINEM derselben degoutiert, loben wir den andern, bis es uns mit ihm ebenso ergangen ist. – Jede Nation spottet über die andere, und alle haben recht.

### Nationalstolz

Die wohlfeilste Art des Stolzes ist der Nationalstolz. Denn er verrät in dem damit Behafteten den Mangel an INDIVIDUELLEN Eigenschaften, auf die er stolz sein könnte, indem er sonst nicht zu dem greifen würde, was er mit so vielen Millionen teilt. Wer bedeutende persönliche Vorzüge besitzt, wird vielmehr die Fehler seiner eigenen Nation, da er sie beständig vor Augen hat, am deutlichsten erkennen. Aber jeder erbärmliche Tropf, der nichts in der Welt hat, darauf er stolz sein könnte, ergreift das letzte Mittel, auf die Nation, der er gerade angehört, stolz zu sein: Hieran erholt er sich und ist nun dankbarlich bereit, alle Fehler und Torheiten, die ihr eigen sind, mit Händen und Füßen zu verteidigen.

## Naturwissenschaft

In diesem Jahrhundert ist der Glanz und damit die Präponderanz der NATURWISSENSCHAFTEN wie auch die Allgemeinheit ihrer Verbreitung so mächtig, daß kein PHILOSOPHISCHES SYSTEM zu einer dauernden Herrschaft gelangen kann, wenn es sich nicht an die Naturwissenschaften schließt und in stetigem Zusammenhange mit ihnen steht. Sonst kann es sich nicht behaupten.

## Neid

Neid ist dem Menschen natürlich; dennoch ist er ein Laster und ein Unglück zugleich. Wir sollen daher ihn als den Feind unsers Glückes betrachten und als einen bösen Dämon zu ersticken suchen. Hiezu leitet uns Seneca an, mit den schönen Worten: *Nostra nos sine comparatione delectent: nunquam erit felix quem torquebit felicior (De ira III, 30) [am Unsrigen wollen wir uns freuen, ohne zu vergleichen: Niemals wird einer glücklich sein, wenn es ihn quält, daß ein anderer glücklicher ist]*, und wiederum: *Quum adspexeris quot te antecedant, cogita quot sequantur (Epistulae 15) [wenn du siehst, wie viele dir voraus sind, denk daran, wie viele dir nachstehen]*: Also wir sollen öfter die betrachten, welche schlimmer daran sind als wir, denn die, welche besser daran zu sein scheinen. Sogar wird bei eingetretenen, wirklichen Übeln uns den wirksamsten, wiewohl aus derselben Quelle mit dem Neide fließenden Trost die Betrachtung größerer Leiden als die unsrigen sind, gewähren, und nächst dem der Umgang mit solchen, die mit uns im selben Falle sich befinden, mit den *sociis malorum [Gefährten im Unglück]*. Soviel von der aktiven Seite des Neides. Von der passiven ist zu erwägen, daß kein Haß so unversöhnlich ist wie der Neid; daher wir nicht unablässig und eifrig bemüht sein sollten, ihn zu erregen, vielmehr besser täten, diesen Genuß, wie manchen andern der gefährlichen Folgen wegen uns zu versagen.

*

Keiner wird von andern Beweise echter Menschenliebe erhalten, solange es ihm in jedem Betracht wohlgeht. Der Glückliche kann zwar das Wohlwollen seiner Angehörigen und Freunde vielfach erfahren, aber die

Äußerungen jener reinen, uneigennützigen, objektiven Teilnahme am fremden Zustand und Schicksal, welche Wirkung der Menschenliebe sind, bleiben dem in irgendeinem Betracht Leidenden aufbehalten. Denn an dem Glücklichen ALS SOLCHEM nehmen wir nicht teil; vielmehr bleibt er ALS SOLCHER unserm Herzen fremd: *Habeat sibi sua [möge er das Seinige für sich behalten].* Ja, er wird, wenn er viel vor andern voraus hat, leicht Neid erregen, welcher droht, bei seinem einstigen Sturz von der Höhe des Glücks sich in Schadenfreude zu verwandeln.

*

Man vergesse nie, daß, wo Neid ist, Haß ihn begleitet, und hüte sich, aus dem Neider einen falschen Freund werden zu lassen.

*

Nichts ist so unversöhnlich und so grausam wie der NEID: Und doch sind wir unaufhörlich hauptsächlich bemüht, NEID zu erregen.

*

Der Punkt, an welchem die moralischen Tugenden und Laster des Menschen zuerst auseinandergehn, ist jener Gegensatz der Grundgesinnung gegen andere, welche nämlich entweder den Charakter des Neides oder aber den des Mitleides annimmt. Denn diese zwei einander diametral entgegengesetzten Eigenschaften trägt jeder

Mensch in sich, indem sie entspringen aus der ihm unvermeidlichen Vergleichung seines eigenen Zustandes mit dem der andern: Je nachdem nun das Resultat dieser auf seinen individuellen Charakter wirkt, wird die eine oder die andere Eigenschaft seine Grundgesinnung und die Quelle seines Handelns. Der Neid nämlich baut die Mauer zwischen Du und Ich fester auf; dem Mitleid wird sie dünn und durchsichtig; ja bisweilen reißt es sie ganz ein, wo dann der Unterschied zwischen Ich und Nicht-Ich verschwindet.

## Neigung

So wird denn täglich unser Intellekt durch die Gaukeleien der Neigung betört und bestochen.

## Neugier

Das Begehren nach Kenntnissen, wenn auf das Allgemeine gerichtet, heißt WISSBEGIER; wenn auf das Einzelne, NEUGIER. – Knaben zeigen meistens Wißbegier, kleine Mädchen bloße Neugier, diese aber in stupendem Grade und oft mit widerwärtiger Naivität.

## Nichtachtung

Wir würden bei Beleidigungen, als welche eigentlich immer in Äußerungen der Nichtachtung bestehn, viel weniger aus der Fassung geraten, wenn wir nicht einerseits eine ganz übertriebene Vorstellung von unserm hohen Wert und Würde, also einen ungemessenen Hochmut hegten, und andrerseits uns deutlich gemacht hätten, was in der Regel jeder vom andern in seinem Herzen hält und denkt. Welch ein greller Kontrast ist doch zwischen der Empfindlichkeit der meisten Leute über die leiseste Andeutung eines sie treffenden Tadels und dem, was sie hören würden, wenn sie die Gespräche ihrer Bekannten über sie belauschten.

**Not**

Diejenigen, welche schon mit der eigentlichen Not und dem Mangel handgemein gewesen sind, fürchten diese ungleich weniger und sind daher zur Verschwendung geneigter als die, welche solche nur von Hörensagen kennen. Zu den ersteren gehören alle, die durch Glücksfälle irgendeiner Art oder durch besondere Talente, gleichviel welcher Gattung, ziemlich schnell aus der Armut in den Wohlstand gelangt sind; die andern hingegen sind die, welche im Wohlstande geboren und geblieben sind. Diese sind durchgängig mehr auf die Zukunft bedacht und daher ökonomischer als jene. Man könnte daraus schließen, daß die Not nicht eine so schlimme Sache wäre, wie sie, von weitem gesehn, scheint. Doch möchte der wahre Grund vielmehr dieser sein, daß dem, der in angestammtem Reichtume geboren ist, dieser als etwas Unentbehrliches erscheint, als das Element des einzig möglichen Lebens, so gut wie die Luft, daher er ihn bewacht wie sein Leben, folglich meistens ordnungsliebend, vorsichtig und sparsam ist. Dem in angestammter Armut Geborenen hingegen erscheint diese als der natürliche Zustand, der ihm danach irgendwie zugefallene Reichtum aber als etwas Überflüssiges, bloß tauglich zum Genießen und Verprassen, indem man, wann er wieder fort ist, sich so gut wie vorher ohne ihn behilft und noch eine Sorge los ist.

*

So, wie unser Leib auseinanderplatzen müßte, wenn der Druck der Atmosphäre von ihm genommen wäre, – so würde, wenn der Druck der Not, Mühseligkeit, Widerwärtigkeit und Vereitelung der Bestrebungen vom Leben der Menschen weggenommen wäre, ihr Übermut sich steigern, wenn auch nicht bis zum Platzen, doch bis zu den Erscheinungen der zügellosesten Narrheit, ja, Raserei. – Sogar bedarf jeder allezeit eines gewissen Quantums Sorge oder Schmerz oder Not wie das Schiff des Ballasts, um fest und gerade zu gehn.

## Notlüge

DAS RECHT ZU LÜGEN erstreckt sich beträchtlich weiter, als ich es in meinem Werke angegeben habe; nämlich es tritt ein bei JEDER UNBEFUGTEN FRAGE, welche die persönlichen Verhältnisse des Gefragten betrifft und dadurch VORWITZIG ist. Wir haben nämlich alle das Recht, dasjenige aus unsern Verhältnissen geheimzuhalten, was offen liegend den Angriffen andrer ausgesetzt wäre, deren bösen Willen wir immer als möglich annehmen müssen.

## Nutzen

Bei jeder neuen Bekanntschaft ist meistens unser erster Gedanke, ob der Mann uns nicht zu irgend etwas nützlich werden könnte: Wenn er dies nun NICHT kann, so ist er den meisten, sobald sie sich hievon überzeugt haben, auch selbst NICHTS. In jedem andern ein mögliches Mittel zu unsern Zwecken, also ein Werkzeug zu suchen, liegt beinahe schon in der Natur des menschlichen Blicks; ob nun aber etwan das Werkzeug beim Gebrauche mehr oder weniger zu LEIDEN haben werde, ist ein Gedanke, der viel später und oft gar nicht nachkommt. Daß wir diese Sinnesart bei andern voraussetzen, zeigt sich an mancherlei, z.B. daran, daß, wenn wir von jemandem Auskunft oder Rat verlangen, wir alles Vertrauen zu seinen Aussagen verlieren, sobald wir entdecken, daß er irgendein, wenn auch nur kleines oder entferntes INTERESSE bei der Sache haben könnte. Denn da setzen wir sogleich voraus, er werde uns zum Mittel seiner Zwecke machen und seinen Rat daher nicht seiner EINSICHT, sondern seiner ABSICHT gemäß erteilen, selbst wenn jene auch noch so groß und diese noch so klein sein sollte. Denn wir wissen nur zu wohl, daß eine Kubiklinie Absicht mehr wiegt als eine Kubikrute Einsicht. Andererseits wird in solchem Falle bei unserer Frage: »Was soll ich tun?« dem andern oft gar nichts anderes einfallen, als was wir SEINEN Zwecken gemäß zu tun hätten: Dieses also wird er alsdann, ohne an UNSERE Zwecke auch nur zu denken, sogleich und wie mechanisch antworten, indem sein Wille unmittelbar die Antwort diktiert, ehe nur die Frage zum Forum seines wirklichen Urteils gelangen konnte, und er also uns seinen Zwecken gemäß zu lenken sucht, ohne sich dessen auch nur bewußt zu werden, sondern selbst vermeinend, aus Einsicht zu reden, während aus ihm nur die Absicht redet; ja, er kann hierin so weit gehen, ganz eigentlich zu lügen, ohne es selbst zu merken. So überwiegend ist der Einfluß des Willens über den der Erkenntnis. Demzufolge ist darüber, ob einer aus Einsicht oder aus Absicht redet, nicht einmal das Zeugnis seines eigenen Bewußtseins gültig, meistens aber das seines Interesses.

## Objektivität

Warum, trotz allen Spiegeln, weiß man eigentlich nicht, wie man aussieht und kann daher nicht die eigene Person wie die jedes Bekannten der Phantasie vergegenwärtigen? Eine Schwierigkeit, welche dem »Erkenne dich selbst« schon beim ersten Schritte entgegensteht. Ohne Zweifel liegt es zum Teil daran, daß man im Spiegel sich nie anders als mit gerade zugewendetem und unbeweglichem Blicke sieht, wodurch das so bedeutsame Spiel der Augen, mit ihm aber das eigentlich Charakteristische des Blickes, großenteils verlorengeht. Neben dieser physischen Unmöglichkeit scheint aber noch eine ihr analoge ethische mitzuwirken. Man vermag nicht auf sein eigenes Bild im Spiegel den BLICK DER ENTFREMDUNG zu werfen, welcher die Bedingung der OBJEKTIVITÄT der Auffassung desselben ist; weil nämlich dieser Blick zuletzt auf dem moralischen Egoismus mit seinem tiefgefühlten Nicht-Ich beruht, als welche erfordert sind, um alle Mängel rein objektiv und ohne Abzug wahrzunehmen, wodurch allererst das Bild sich treu und wahr darstellt. Statt dessen nämlich flüstert beim Anblicke der eigenen Person im Spiegel eben jener Egoismus uns allezeit ein vorkehrendes »es ist kein Nicht-Ich, sondern Ich« zu, welches als ein *noli me tangere [rühr mich nicht an]* wirkt und die rein objektive Auffassung verhindert, welche nämlich ohne das Ferment eines Grans Malice nicht zustande kommen zu können scheint.

### Opportunismus

Der deutsche Gelehrte ist aber auch zu arm, um redlich und ehrenhaft sein zu können. Daher ist drehen, winden, sich akkommodieren und seine Überzeugung verleugnen, kriechen, schmeicheln, Partei machen und Kameradschaft schließen, Minister, Große, Kollegen, Studenten, Buchhändler, Rezensenten, kurz, alles eher als die Wahrheit und fremdes Verdienst, berücksichtigen, – sein Gang und seine Methode. Er wird dadurch meistens ein rücksichtsvoller Lump. Infolge davon hat denn auch, in der deutschen Literatur überhaupt und der Philosophie insbesondere, die Unredlichkeit so sehr die Oberhand gewonnen, daß zu hoffen steht, es werde damit den Punkt erreichen, wo sie, als unfähig, noch irgend jemanden zu täuschen, unwirksam wird.

*

Die Philosophie nach dem Willen der Machthaber modeln und sie zum Werkzeuge ihrer Pläne machen, um dafür Geld und Ämter zu erlangen, kommt mir vor, wie wenn einer zur Kommunion geht, um seinen Hunger und Durst zu stillen.

## Optimismus

Der Optimismus ist im Grunde das unberechtigte Selbstlob des eigentlichen Urhebers der Welt, des Willens zum Leben, der sich wohlgefällig in seinem Werke spiegelt, und demgemäß ist er nicht nur eine falsche, sondern auch eine verderbliche Lehre. Denn er stellt uns das Leben als einen wünschenswerten Zustand und als Zweck desselben das Glück des Menschen dar. Davon ausgehend glaubt dann jeder den gerechtesten Anspruch auf Glück und Genuß zu haben: Werden nun diese, wie es zu geschehen pflegt, ihm nicht zuteil, so glaubt er, ihm geschehe Unrecht, ja, er verfehle den Zweck seines Daseins, während es viel richtiger ist, Arbeit, Entbehrung, Not und Leiden, gekrönt durch den Tod, als Zweck unseres Lebens zu betrachten.

*

Dieser Welt, diesem Tummelplatz gequälter und geängstigter Wesen, welche nur dadurch bestehen, daß eines das andere verzehrt, wo daher jedes reißende Tier das lebendige Grab tausend anderer und seine Selbsterhaltung eine Kette von Martertoden ist, wo sodann mit der Erkenntnis die Fähigkeit, Schmerz zu empfinden, wächst, welche daher im Menschen ihren höchsten Grad erreicht und einen um so höheren, je intelligenter er ist –, dieser Welt hat man das System des Optimismus anpassen und sie uns als die beste unter den möglichen andemonstrieren wollen. Die Absurdität ist schreiend.

*

In Prosa und Versen, im gemeinen Leben und in Büchern ist gar oft die Rede von einer besseren Welt; welches anzeigt, daß man voraussetzt, kein vernünftiger Mensch könne die gegenwärtige für DIE BESTE halten: Diese Behauptung, welche den OPTIMISMUS ausmacht, gehört also zu jenen Rasereien, welche auszusprechen die Philosophen allein privilegiert sind.

*

Wenn man den verstocktesten Optimisten durch die Krankenhospitäler, Lazarette und chirurgische Marterkammern, durch die Gefängnisse, Folterkammern und Sklavenställe, über Schlachtfelder und Gerichtsstätten führen, dann alle die finstern Behausungen des Elends, wo es sich vor den Blicken kalter Neugier verkriecht, ihm öffnen und zum Schluß ihn in den Hungerturm des Ugolino blicken lassen wollte, so würde sicherlich auch er zuletzt einsehn, welcher Art dieser *meilleur des mondes possibles [diese beste aller möglichen Welten]* ist. Woher denn anders hat Dante den Stoff zu seiner Hölle genommen als aus dieser unserer wirklichen Welt? Und doch ist es eine recht ordentliche Hölle geworden. Hingegen als er an die Aufgabe kam, den Himmel und seine Freuden zu schildern, da hatte er eine unüberwindliche

Schwierigkeit vor sich, weil eben unsere Welt gar keine Materialien zu so etwas darbietet.

*

Ein Optimist heißt mich die Augen öffnen und sehn, wie schön die Welt ist an Bergen, Pflanzen, Duft, Tieren usf. Diese Dinge sind freilich schön zu SEHN; aber sie zu SEIN ist ganz etwas andres. Ist denn die Welt ein Guckkasten?

## Orden

Der RANG, so wichtig er in den Augen des großen Haufens und der Philister und so groß sein Nutzen im Getriebe der Staatsmaschine sein mag, läßt sich für unsern Zweck mit wenigen Worten abfertigen. Es ist ein konventioneller, d. h. eigentlich ein simulierter Wert; seine Wirkung ist eine simulierte Hochachtung und das Ganze eine Komödie für den großen Haufen. – Orden sind Wechselbriefe, gezogen auf die öffentliche Meinung: Ihr Wert beruht auf dem Kredit des Ausstellers. Inzwischen sind sie, auch ganz abgesehen von dem vielen Gelde, welches sie als Substitut pekuniärer Belohnungen dem Staat ersparen, eine ganz zweckmäßige Einrichtung, vorausgesetzt, daß ihre Verteilung mit Einsicht und Gerechtigkeit geschehe. Der große Haufe nämlich hat Augen und Ohren, aber nicht vielmehr, zumal blutwenig Urteilskraft und selbst wenig Gedächtnis. Manche Verdienste liegen ganz außerhalb der Sphäre seines Verständnisses, andere versteht und bejubelt er bei ihrem Eintritt, hat sie aber nachher bald vergessen. Da finde ich es ganz passend, durch Kreuz oder Stern der Menge jederzeit und überall zuzurufen: »Der Mann ist nicht euresgleichen: Er hat Verdienste!« Durch ungerechte oder urteilslose oder übermäßige Verteilung verlieren aber die Orden diesen Wert; daher ein Fürst mit ihrer Erteilung so vorsichtig sein sollte wie ein Kaufmann mit dem Unterschreiben der Wechsel. Die Inschrift *pour le mérite* auf einem Kreuze ist ein Pleonasmus: Jeder Orden sollte *pour le mérite [für das Verdienst]* sein – *ça va sans dire [ohne daß man es besonders sagen muß]*.

## Originalität

Für sein Tun und Lassen darf man keinen andern zum Muster nehmen, weil Lage, Umstände, Verhältnisse nie die gleichen sind und weil die Verschiedenheit des Charakters auch der Handlung einen verschiedenen Anstrich gibt, daher *duo cum faciant idem non est idem. [wenn zwei dasselbe tun, so ist es nicht dasselbe]*. Man muß, nach reiflicher Überlegung und scharfem Nachdenken, seinem eigenen Charakter gemäß handeln. Also auch im Praktischen ist Originalität unerläßlich: Sonst paßt, was man tut, nicht zu dem, was man ist.

## Patriotismus

Hier sei beiläufig erwähnt, daß der Patriotismus, wenn er im Reiche der Wissenschaften sich geltend machen will, ein schmutziger Geselle ist, den man hinauswerfen soll. Denn was kann impertinenter sein, als da, wo das rein und allgemein Menschliche betrieben wird und wo Wahrheit, Klarheit und Schönheit allein gelten sollen, seine Vorliebe für die Nation, welcher die eigene werte Person gerade angehört, in die Waagschale legen zu wollen und nun, aus solcher Rücksicht, bald der Wahrheit Gewalt anzutun, bald gegen die großen Geister fremder Nationen ungerecht zu sein, um die geringeren der eigenen herauszustreichen. Beispielen dieser Gemeinheit begegnet man aber täglich bei den Schriftstellern aller Nationen Europas.

## Pedanterei

Zur Narrheit gehört auch die PEDANTEREI. Sie entsteht daraus, daß man wenig Zutrauen zu seinem eigenen Verstande hat und daher ihm es nicht überlassen mag, im einzelnen Fall unmittelbar das Rechte zu erkennen, demnach ihn ganz und gar unter die Vormundschaft der Vernunft stellt und sich dieser überall bedienen, d. h. immer von allgemeinen Begriffen, Regeln, Maximen ausgehen und sich genau an sie halten will, im Leben, in der Kunst, ja im ethischen Wohlverhalten.

## Persönlichkeit

Ist die Individualität von schlechter Beschaffenheit, so sind alle Genüsse wie köstliche Weine in einem mit Galle tingierten Munde. Demnach kommt es im Guten wie im Schlimmen, schwere Unglücksfälle beiseite gesetzt, weniger darauf an, was einem im Leben begegnet und widerfährt, als darauf, wie er es empfindet, also auf die Art und den Grad seiner Empfänglichkeit in jeder Hinsicht. Was einer in sich ist und an sich selbst hat, kurz die Persönlichkeit und deren Wert, ist das alleinige Unmittelbare zu seinem Glück und Wohlsein.

## Pflicht

Es ist PFLICHT, DAS GUTE ZU TUN, DAS MAN TUN KANN, nicht aber alles Unglück in der Welt aufzuheben, da dazu kein einzelner die Macht hat: Hätte er sie, so wäre auch dies Pflicht. Die Pflicht geht grade so weit als die Kraft.

## Phantasie

In allem, was unser Wohl und Wehe betrifft, sollen wir DIE PHANTASIE IM ZÜGEL HALTEN: also zuvörderst keine Luftschlösser bauen, weil diese zu kostspielig sind, indem wir gleich darauf sie unter Seufzern wieder einzureißen haben. Aber noch mehr sollen wir uns hüten, durch das Ausmalen bloß möglicher Unglücksfälle unser Herz zu ängstigen. Wenn nämlich diese ganz aus der Luft gegriffen oder doch sehr weit hergeholt wären, so würden wir beim Erwachen aus einem solchen Traume gleich wissen, daß alles nur Gaukelei gewesen, daher uns der bessern Wirklichkeit um so mehr freuen und allenfalls eine Warnung gegen ganz entfernte, wiewohl mögliche Unglücksfälle daraus entnehmen. Allein mit dergleichen spielt unsere Phantasie nicht leicht: Ganz müßigerweise baut sie höchstens heitere Luftschlösser. Der Stoff zu ihren finstern Träumen sind Unglücksfälle, die uns, wenn auch aus der Ferne, doch einigermaßen wirklich bedrohen: Diese vergrößert sie, bringt ihre Möglichkeit viel näher, als sie in Wahrheit ist, und malt sie auf das fürchterlichste aus.

*

Zum Leitstern seiner Bestrebungen soll man nicht BILDER DER PHANTASIE nehmen, sondern deutlich gedachte BEGRIFFE. Meistens aber geschieht das Umgekehrte. Man wird nämlich bei genauerer Untersuchung finden, daß, was bei unsern Entschließungen in letzter Instanz den Ausschlag gibt, meistens nicht die Begriffe und Urteile sind, sondern ein Phantasiebild, welches die eine der Alternativen repräsentiert und vertritt. Ich weiß nicht mehr, in welchem Romane von Voltaire oder Diderot dem Helden, als er ein Jüngling und Herkules am Scheidewege war, die Tugend sich stets darstellte in Gestalt seines alten Hofmeisters, in der Linken die Tabaksdose, in der Rechten eine Prise haltend, das Laster hingegen in Gestalt der Kammerjungfer seiner Mutter. – Besonders in der Jugend fixiert sich das Ziel unsers Glückes in Gestalt einiger Bilder, die uns vorschweben und oft das halbe, ja das ganze Leben hindurch verharren. Sie sind eigentlich neckende Gespenster, denn, haben wir sie erreicht, so zerrinnen sie in nichts, indem wir die Erfahrung machen, daß sie gar nichts von dem, was sie verhießen, leisten.

## Philister

Inzwischen will ich hier doch nicht unerwähnt lassen, daß der Mensch, welcher infolge des streng und knapp normalen Maßes seiner intellektuellen Kräfte KEINE GEISTIGEN BEDÜRFNISSE hat, es eigentlich ist, den ein der deutschen Sprache ausschließlich eigener, vom Studentenleben ausgegangener, nachmals aber in einem höheren, wiewohl dem ursprünglichen durch den Gegensatz zum Musensohne immer noch analogen Sinne gebrauchter Ausdruck als den PHILISTER bezeichnet … Kein Drang nach Erkenntnis und Einsicht um ihrer selbst willen belebt sein Dasein, auch keiner nach eigentlich ästhetischen Genüssen, als welcher dem ersteren durchaus verwandt ist. Was dennoch von Genüssen solcher Art etwan Mode oder Autorität ihm aufdringt, wird er als eine Art Zwangsarbeit möglichst kurz abtun. Wirkliche Genüsse für ihn sind allein die sinnlichen: Durch diese hält er sich schadlos. Demnach sind Austern und Champagner der Höhepunkt seines Daseins, und sich alles, was zum leiblichen Wohlsein beiträgt, zu verschaffen, ist der Zweck seines Lebens. Glücklich genug, wenn dieser ihm viel zu schaffen macht! Denn, sind jene Güter ihm schon zum voraus oktroyiert, so fällt er unausbleiblich der Langeweile anheim, gegen welche dann alles Ersinnliche versucht wird: Ball, Theater, Gesellschaft, Kartenspiel, Pferde, Weiber, Trinken, Reisen usw. Und doch reicht dies alles gegen die Langeweile nicht aus, wo Mangel an geistigen Bedürfnissen die geistigen Genüsse unmöglich macht. Daher auch ist dem Philister ein dumpfer, trockener Ernst, der sich dem tierischen nähert, eigen und charakteristisch. Nichts freut ihn, nichts erregt ihn, nichts gewinnt ihm Anteil ab. Denn die sinnlichen Genüsse sind bald erschöpft, die Gesellschaft, aus ebensolchen Philistern bestehend, wird bald langweilig, das Kartenspiel zuletzt ermüdend. Allenfalls bleiben ihm noch die Genüsse der Eitelkeit nach seiner Weise, welche denn darin bestehn, daß er an Reichtum oder Rang oder Einfluß und Macht andere übertrifft, von welchen er dann deshalb geehrt wird, oder aber auch darin, daß er wenigstens mit solchen, sie in dergleichen eminieren, Umgang hat und so sich im Reflex ihres Glanzes sonnt *(a snob)*.

*

Die Schweiz gleicht einem Genie: schön und erhaben, jedoch wenig geeignet, nahrhafte Frucht zu tragen. Dagegen ist Pommern und das holsteinische Marschland überaus fruchtbar und nahrhaft, aber platt und langweilig wie der nützliche Philister.

*

Warum wäre der Tod eines Philisters und gemeiner Seele bedeutender als sein Leben? Er war lauter zäher, matter Willen zum Leben. Das endet: Was ist da mehr? Wo, Teufel, soll seine Verklärung herkommen?

### Philosoph

Der Philosoph hat vor andern bloß das voraus, daß er *in abstracto* weiß, was alle *in concreto*.

### Philosophie

Die Philosophie muß, so gut wie Kunst und Poesie, ihre Quelle in der anschaulichen Auffassung der Welt haben: Auch darf es dabei, so sehr auch der Kopf oben zu bleiben hat, doch nicht so kaltblütig hergehn, daß nicht am Ende der ganze Mensch mit Herz und Kopf zur Aktion käme und durch und durch erschüttert würde. Philosophie ist kein Algebra-Exempel.

*

Dadurch, daß DIE PHILOSOPHIE DER UNIVERSITÄTEN sich für die Zwecke des Staats hat BRAUCHEN lassen und seinen Verwaltern ZU WILLEN gewesen ist, wird sie, sobald dies ganz zutage gekommen, sein wie ein Mädchen, die gehurt hat: um alle Ehre gekommen, so daß keiner sich mehr mit ihr abgeben will.

*

Wenn REGIERUNGEN DIE PHILOSOPHIE zum Werkzeug ihrer Pläne machen durch Anstellung von Professoren ihnen gefälliger Lehren u. dgl. m., so ist dies ein Sakrilegium am Allerheiligsten der Menschheit.

*

Werden aus der menschlichen Anschauung überhaupt, wie sie auch sei, Resultate und allgemeine Wahrheiten in abstrakte Begriffe abgezogen, so gibt dies EINE PHILOSOPHIE. Da die Begründung dieser allein in der Anschauung liegt, aus der sie sich gleichsam abgesetzt hat, so muß sie verschieden ausfallen, je nachdem die Anschauung ist, auf die sie sich bezieht. – Hieraus folgt, daß es gar keine FÜR ALLE MENSCHEN vorhandne und ALLGEMEINGÜLTIGE PHILOSOPHIE geben kann. Denn der Unterschied im Grade der Intelligenz ist viel zu groß. Die wahre Philosophie, wann sie erscheint, wird nur für wenige, für Köpfe erster Gattung, wirklich gültig sein, gleichviel ob die andern ihr auf Autorität huldigen oder nicht, wozu sie aus Gefühl ihrer Unfähigkeit zu solcher stets bereit sind. Neben ihr wird es immer noch andre Philosophien für die zweite, dritte, vierte Klasse geben müssen, wovon die für die untern Klassen meistens im Gewande absoluter Autorität, d. h. als Religionen, erscheinen.

*

Die PHILOSOPHIE ist die Betrachtung der ERFAHRUNG ALS SOLCHER, also des Ganzen der Erfahrung, nicht dieser oder jener Erfahrung wie die übrigen Wissenschaften. Daraus folgt, daß das erste, was sie zu betrachten hat, sein muß das *Medium* oder die Form, in welcher DIE ERFAHRUNG ÜBERHAUPT sich darstellt: Dieses *Medium* ist die VORSTELLUNG oder die Erkenntnis. Dieserhalb muß alle Philosophie anheben mit Untersuchung des Erkenntnisvermögens und seiner Gesetze.

*

Die wahre Philosophie wird sich dadurch bewähren, daß die unzählbaren Widersprüche, von denen die Welt (aus jedem andern Standpunkt gesehn) voll ist, in ihrem Lichte sich auflösen und verschwinden, hingegen Zusammenhang und Übereinstimmung überall zu finden sind.

*

Allerdings ist die PHILOSOPHIE ganz und gar auf BEOBACHTUNG UND ERFAHRUNG gegründet, äußere und innere; nicht aber aus abstrakten Begriffen herausgesponnen, wie man vor KANT durchgängig wollte.

*

Jede PHILOSOPHIE, die nicht vom empirischen Bewußtsein ausgeht, sondern von beliebig gewählten Begriffen, schwebt in der Lauft: Denn das empirische Bewußtsein ist das einzig unmittelbare.

*

Philosophie ist eigentlich das Bestreben, durch die Vorstellung hindurch das zu erkennen, was NICHT Vorstellung ist und doch auch in uns selbst zu finden sein muß, sonst wir bloße Vorstellung wären.

*

Daß es mit der Philosophie ERNST sein kann, davon hat in der Regel niemand weniger Ahnung als ein Dozent der Philosophie; so wie in der Regel niemand weniger an das Christentum glaubt als der Papst.

*

Die Philosophie ist wesentlich Weltweisheit; ihr Problem ist die Welt. Mit dieser allein hat sie es zu tun und läßt die Götter in Ruhe, erwartet aber dafür, auch von ihnen in Ruhe gelassen zu werden.

*

Meint ihr denn, die Philosophie werde nicht sein wie jedes echte Kunstwerk, das unerreichbare Maß, an dem jeder seine eigne Höhe mißt? Sondern sie werde sein wie ein Rechnungsexempel, das auch der Beschränkteste und Geistesärmste sich vollständig aneignen und übersehn kann?

### Philosophieren

Zum Philosophieren sind die zwei ersten Erfordernisse diese: erstlich, daß man den Mut habe, keine Frage auf dem Herzen zu behalten; und zweitens, daß man alles das, WAS SICH VON SELBST VERSTEHT, sich zum deutlichen Bewußtsein bringe, um es als Problem aufzufassen.

*

Wie soll der, der selbst an einer Erdscholle festklebt, sich in die Lüfte erheben und von da die Welt unter sich überschauen? Wie soll der, den eine Begierde oder Sorge oder sonst irgendeine Subjektivität festhält, philosophieren?

### Physiognomie

Jedes Menschengesicht ist eine Hieroglyphe, die sich allerdings entziffern läßt, ja, deren Alphabet wir fertig in uns tragen. Sogar sagt das Gesicht eines Menschen in der Regel mehr und Interessanteres als sein Mund, denn es ist das Kompendium alles dessen, was dieser je sagen wird, indem es das Monogramm alles Denkens und Trachtens dieses Menschen ist. Auch spricht der Mund nur Gedanken eines Menschen, das Gesicht einen Gedanken der Natur aus. Daher ist jeder wert, daß man ihn aufmerksam betrachte, wenn auch nicht jeder, daß man mit ihm rede. – Ist nun schon jedes Individuum als ein einzelner Gedanke der Natur betrachtungswürdig, so ist es im höchsten Grade die Schönheit; denn sie ist ein höherer, allgemeinerer Begriff der Natur: Sie ist ihr Gedanke der Spezies. Darum fesselt sie so mächtig unsern Blick. Sie ist ein Grund- und Hauptgedanke der Natur, während das Individuum nur ein Nebengedanke, ein Korollarium, ist.

## Pöbel

Es ist in der Literatur nicht anders als im Leben: Wohin auch man sich wende, trifft man sogleich auf den inkorrigibeln Pöbel der Menschheit, welcher überall legionenweise vorhanden ist, alles erfüllt und alles beschmutzt wie die Fliegen im Sommer. Daher die Unzahl schlechter Bücher, dieses wuchernde Unkraut der Literatur, welches dem Weizen die Nahrung entzieht und ihn erstickt. Sie reißen nämlich Zeit, Geld und Aufmerksamkeit des Publikums, welche von Rechts wegen den guten Büchern und ihren edelen Zwecken gehören, an sich, während sie bloß in der Absicht, Geld einzutragen oder Ämter zu verschaffen, geschrieben sind. Sie sind also nicht bloß unnütz, sondern positiv schädlich.

### Poesie

Die einfachste und wahrste Definition der Poesie möchte wohl die sein, daß sie ist die Kunst, die Einbildungskraft ins Spiel zu bringen, zu erregen. In der Phantasie stehn die Dinge reiner ausgeprägt als in der Wirklichkeit, weil wir nur das Bedeutsame aufbehalten: Nur dieses drückt sich ein.

### Pragmatismus

Wenn man die vielen und mannigfaltigen Anstalten zum Lehren und Lernen und das so große Gedränge von Schülern und Meistern sieht, könnte man glauben, daß es dem Menschengeschlechte gar sehr um Einsicht und Wahrheit zu tun sei. Aber auch hier trügt der Schein. Jene lehren, um Geld zu verdienen und streben nicht nach Weisheit, sondern nach dem Schein und Kredit derselben; und diese lernen nicht, um Kenntnis und Einsicht zu erlangen, sondern um schwätzen zu können und sich ein Ansehn zu geben. Die eigentlichen Brotstudien habe ich hier nicht einmal in Rechnung gebracht.

## Rache

Durch erlittenes Unrecht entbrennt im natürlichen Menschen ein heißer Durst nach RACHE, und oft ist gesagt worden, daß Rache süß sei. Es wird bestätigt durch die vielen Opfer, welche gebracht werden, bloß um sie zu genießen und ohne dadurch irgendeinen Schadenersatz zu beabsichtigen. Dem Kentauren Nessus versüßt den bittern Tod das sichere Vorhersehn einer unter Benutzung seines letzten Augenblicks überaus klug vorbereiteten Rache.

## Rausch

Zu den Eigentümlichkeiten des Gedächtnisses gehört auch, daß ein leichter Rausch die Erinnerung vergangener Zeiten und Szenen oft sehr erhöht, so daß man alle Umstände derselben sich vollkommener zurückruft, als man es im nüchternen Zustande gekonnt hätte; hingegen ist die Erinnerung dessen, was man während des Rausches selbst gesagt oder getan hat, unvollkommener als sonst, ja, nach einem starken Rausche gar nicht vorhanden. Der Rausch erhöht also die Erinnerung, liefert ihr hingegen wenig Stoff.

## Rechtlichkeit

In Wahrheit beruht die allgemeine, im menschlichen Verkehr ausgeübte und als felsenfeste Maxime behauptete Rechtlichkeit hauptsächlich auf zwei äußeren Notwendigkeiten: erstlich auf der gesetzlichen Ordnung, mittels welcher die öffentliche Gewalt die Rechte eines jeden schützt, und zweitens auf der erkannten Notwendigkeit des guten Namens oder der bürgerlichen Ehre zum Fortkommen in der Welt, mittels welcher die Schritte eines jeden unter der Aufsicht der öffentlichen Meinung stehen, welche, unerbittlich streng, auch einen einzigen Fehltritt in diesem Stücke nie verzeiht, sondern ihn als einen unauslöschlichen Makel dem Schuldigen bis an den Tod nachträgt.

**Reden**

Unsere sämtlichen persönlichen Angelegenheiten haben wir als Geheimnisse zu betrachten, und unsern guten Bekannten müssen wir über das hinaus, was sie mit eigenen Augen sehn, völlig fremd bleiben. Denn ihr Wissen um die unschuldigsten Dinge kann durch Zeit und Umstände uns Nachteil bringen. – Überhaupt ist es geratener, seinen Verstand durch das, was man verschweigt, an den Tag zu legen, als durch das, was man sagt. Ersteres ist Sache der Klugheit, letzteres der Eitelkeit. Die Gelegenheit zu beiden kommt gleich oft: Aber wir ziehn häufig die flüchtige Befriedigung, welche das letztere gewährt, dem dauernden Nutzen vor, welchen das erstere bringt. Sogar die Herzenserleichterung, einmal ein Wort mit sich selbst laut zu reden, was lebhaften Personen wohl begegnet, sollte man sich versagen, damit sie nicht zur Gewohnheit werde, weil dadurch der Gedanke mit dem Worte so befreundet und verbrüdert wird, daß allmählich auch das Sprechen mit andern ins laute Denken übergeht, während die Klugheit gebeut, daß zwischen unserm Denken und unserm Reden eine weite Kluft offengehalten werde…

Dem allen gemäß ist denn auch die Schweigsamkeit von sämtlichen Lehrern der Weltklugheit auf das dringendste und mit den mannigfaltigsten Argumenten anempfohlen worden, daher ich es bei dem Gesagten bewenden lassen kann. Bloß ein paar arabische Maximen, welche besonders eindringlich und wenig bekannt sind, will ich noch hersetzen. »Was dein Feind nicht wissen soll, das sage deinem Freunde nicht.« – »Wenn ich mein Geheimnis verschweige, ist es mein Gefangener; lasse ich es entschlüpfen, bin ich sein Gefangener.« – »Am Baume des Schweigens hängt seine Frucht, der Friede.«

### Redlichkeit

DER REICHE ist oft wirklich von einer unverbrüchlichen Rechtlichkeit, weil er von ganzem Herzen einer Regel zugetan ist und eine Maxime aufrechterhält, auf deren Befolgung sein ganzer Besitz, mit dem vielen, was er dadurch vor andern voraus hat, beruht; daher er zu dem Grundsatze *suum cuique [jedem das Seine]* sich in vollem Ernst bekennt und nicht davon abweicht. Es gibt in der Tat eine solche OBJEKTIVE Anhänglichkeit an Treu und Glauben mit dem Entschluß, sie heilig zu halten, die bloß darauf beruht, daß Treu und Glauben die Grundlage alles freien Verkehrs unter Menschen, der guten Ordnung und des sichern Besitzes sind, daher sie UNS SELBST gar oft zugute kommen und in dieser Hinsicht sogar mit Opfern aufrecht gehalten werden müssen, wie man ja an einen guten Acker auch etwas WENDET. Doch wird man die so begründete Redlichkeit in der Regel nur bei wohlhabenden oder wenigstens einem einträglichen Erwerb obliegenden Leuten finden, am allermeisten bei Kaufleuten, als welche die deutlichste Überzeugung haben, daß Handel und Wandel am gegenseitigen Vertrauen und Kredit ihre unentbehrliche Stütze haben, weshalb auch die kaufmännische Ehre eine ganz spezielle ist.

**Reflektieren**

Jedes Einzelne, wenn es nur recht betrachtet wird, vertritt seine Gattung. Unter allen Gegenständen ist keiner so sehr uns zur Betrachtung nahegelegt als unser eigner Lebenslauf. Daher ist es wohlgetan, ja ganz notwendig, sein eignes Leben, soweit es abgetan in der Vergangenheit vorliegt, häufig zu überdenken, jeden Teil desselben von allen Seiten zu betrachten, nicht nur jede Begebenheit, sondern auch jede Stimmung und Ansicht, die man dabei gehabt, zurückzurufen, längst abgetane Vorgänge nun mit ganz andern Augen wieder zu betrachten, das Urteil der Vergangenheit mit dem der Gegenwart zu vergleichen, den Vorsatz und das Streben mit dem Erfolg und der Befriedigung. Das ist das Repetieren des Privatissimums, als welches jedes individuelle Leben zu betrachten ist. Nur durch solche Rumination seiner Vergangenheit wird man aus seinem Leben allen Gehalt so ganz ausziehn, wie die Berghütte den aus den Erzstufen zieht, und dann wird uns das eigne Leben das Wesen alles Lebens verstehn lehren, die Gattung vertretend.

## Reichtum

Es ist weiser, auf Erhaltung seiner Gesundheit und auf Ausbildung seiner Fähigkeiten, als auf Erwerbung von Reichtum hinzuarbeiten, was jedoch nicht dahin mißdeutet werden darf, daß man den Erwerb des Nötigen und Angemessenen vernachlässigen sollte. Aber eigentlicher Reichtum, d.h. großer Überfluß, vermag wenig zu unserm Glück; daher viele Reiche sich unglücklich fühlen, weil sie ohne eigentliche Geistesbildung, ohne Kenntnisse und deshalb ohne irgendein objektives Interesse, welches sie zu geistiger Beschäftigung befähigen könnte, sind. Denn was der Reichtum über die Befriedigung der wirklichen und natürlichen Bedürfnisse hinaus noch leisten kann, ist von geringem Einfluß auf unser eigentliches Wohlbehagen: Vielmehr wird dieses gestört durch die vielen und unvermeidlichen Sorgen, welche die Erhaltung eines großen Besitzes herbeiführt. Dennoch aber sind die Menschen tausendmal mehr bemüht, sich Reichtum, als Geistesbildung zu erwerben, während doch ganz gewiß, was man ist, viel mehr zu unserm Glück beiträgt, als was man HAT.

### Reisesucht

Die Menschen bedürfen der Tätigkeit nach außen, weil sie keine nach innen haben. Wo hingegen diese stattfindet, ist jene vielmehr eine sehr ungelegene, ja, oft verwünschte Störung und Abhaltung. – Aus dem ersteren ist auch die Rastlosigkeit und zwecklose Reisesucht der Unbeschäftigten zu erklären. Was sie so durch die Länder jagt, ist dieselbe Langeweile, welche zu Hause sie haufenweise zusammentreibt und zusammendrängt, daß es ein Spaß ist, es anzusehn.

### Religion

Wenn man die vortreffliche Moral, welche die christliche und mehr oder weniger jede Religion predigt, vergleicht mit der Praxis ihrer Bekenner und sich vorstellt, wohin es mit dieser kommen würde, wenn nicht der weltliche Arm die Verbrechen verhinderte, ja, was wir zu befürchten hätten, wenn auch nur auf einen Tag alle Gesetze aufgehoben würden, so wird man bekennen müssen, daß die Wirkung aller Religionen auf die Moralität eigentlich sehr gering ist.

*

Religionen sind dem Volke notwendig und sind ihm eine unschätzbare Wohltat. Wenn sie jedoch den Fortschritten der Menschheit in der Erkenntnis der Wahrheit sich entgegenstellen wollen, so müssen sie mit möglichster Schonung beiseite geschoben werden. Und zu verlangen, daß sogar ein großer Geist – ein Shakespeare, ein Goethe – die Dogmen irgendeiner Religion *impliciter, bona fide et sensu proprio [mit inbegriffen, auf Treu und Glauben und im eigentlichen Sinne]* zu seiner Überzeugung mache, ist wie verlangen, daß ein Riese den Schuh eines Zwerges anziehe.

## Reue

Die Pein des unerfüllten Wunsches ist klein gegen die der Reue: Denn jene steht vor der stets offenen, unabsehbaren Zukunft, diese vor der unwiderruflichen, abgeschlossenen Vergangenheit.

### Romane

Was sind alle ROMANE anders als Guckkasten, darin man die Spasmen und Konvulsionen des geängsteten menschlichen Herzens beschaut?

### Ruhe

Dauernde Ruhe kann auf Erden keiner haben.

### Ruhm

Die EHRE hat in gewissem Sinne einen NEGATIVEN Charakter, nämlich im Gegensatz des RUHMES, der einen POSITIVEN Charakter hat. Denn die Ehre ist nicht die Meinung von besondern, diesem Subjekt allein zukommenden Eigenschaften, sondern nur von den der Regel nach vorauszusetzenden, als welche auch ihm nicht abgehn sollen. Sie besagt daher nur, daß dies Subjekt keine Ausnahme mache, während der Ruhm besagt, daß es eine mache. Ruhm muß daher erst erworben werden; die Ehre hingegen braucht bloß nicht verlorenzugehn.

*

Während … die EHRE in der Regel gerechte Richter findet und kein Neid sie anficht, ja sogar sie jedem zum voraus, auf Kredit, verliehen wird, muß der RUHM, dem Neide zum Trotz, erkämpft werden, und den Lorbeer teilt ein Tribunal entschieden ungünstiger Richter aus. Denn die Ehre können und wollen wir mit jedem teilen; der Ruhm wird geschmälert oder erschwert durch jeden, der ihn erlangt. – Nun ferner steht die Schwierigkeit der Erlangung des Ruhmes durch Werke im umgekehrten Verhältnis der Menschenzahl, die das Publikum solcher Werke ausmacht; aus leicht abzusehenden Gründen. Daher ist sie viel größer bei Werken, welche Belehrung, als bei solchen, welche Unterhaltung verheißen. Am größten ist sie bei philosophischen Werken, weil die Belehrung, welche diese versprechen, einerseits ungewiß und andrerseits ohne materiellen Nutzen ist; wonach denn solche zunächst vor einem Publiko auftreten, das aus lauter Mitbewerbern besteht.

*

Ruhm und Ehre sind Zwillingsgeschwister, jedoch so, wie die Dioskuren, von denen Pollux unsterblich und Kastor sterblich war: Der Ruhm ist der unsterbliche Bruder der sterblichen Ehre. Freilich ist dies nur vom Ruhme höchster Gattung, dem eigentlichen und echten Ruhme, zu verstehen: Denn es gibt allerdings auch mancherlei ephemeren Ruhm.

*

Ruhm und Jugend auf einmal ist zuviel für einen Sterblichen. Unser Leben ist so arm, daß seine Güter haushälterischer verteilt werden müssen. Die Jugend hat vollauf an ihrem eigenen Reichtum und kann sich daran genügen lassen. Aber im Alter, wenn alle Genüsse und Freuden wie die Bäume im Winter abgestorben sind, dann schlägt am gelegensten der Baum des Ruhmes aus, als ein echtes Wintergrün. Auch kann man ihn den Winterbirnen vergleichen, die im Sommer wachsen, aber im Winter genossen werden. Im Alter gibt es keinen schöneren Trost, als daß man die ganze Kraft seiner Jugend Werken einverleibt hat, die nicht mit altern.

## Satire

Die SATIRE soll, gleich der Algebra, bloß mit abstrakten und unbestimmten, nicht mit konkreten Werten oder benannten Größen operieren; und an lebendigen Menschen darf man sie so wenig wie die Anatomie ausüben; bei Strafe, seiner Haut und seines Lebens nicht sicher zu sein.

## Schadenfreude

Der schlechteste Zug in der menschlichen Natur bleibt die Schadenfreude, da sie der Grausamkeit enge verwandt ist, ja eigentlich von dieser sich nur wie Theorie von Praxis unterscheidet, überhaupt aber da eintritt, wo das Mitleid seine Stelle finden sollte, welches als ihr Gegenteil die wahre Quelle aller echten Gerechtigkeit und Menschenliebe ist. In einem andern Sinne dem Mitleid entgegengesetzt ist der Neid, sofern er nämlich durch den entgegengesetzten Anlaß hervorgerufen wird: Sein Gegensatz zum Mitleid beruht also zunächst auf dem Anlaß, und erst infolge hievon zeigt er sich auch in der Empfindung selbst. Daher eben ist der Neid, wenngleich verwerflich, doch noch einer Entschuldigung fähig und überhaupt menschlich, während die Schadenfreude teuflisch und ihr Hohn das Gelächter der Hölle ist. Sie tritt, wie gesagt, gerade da ein, wo Mitleid eintreten sollte, der Neid hingegen doch nur da, wo kein Anlaß zu diesem, vielmehr zum Gegenteil desselben vorhanden ist; und eben als dieses Gegenteil entsteht er in der menschlichen Brust, mithin soweit noch als eine menschliche Gesinnung, ja, ich befürchte, daß keiner ganz frei davon befunden werden wird. Denn daß der Mensch beim Anblick fremden Genusses und Besitzes den eigenen Mangel bitterer fühle, ist natürlich, ja, unvermeidlich; nur sollte dies nicht seinen Haß gegen den Beglückteren erregen: Gerade hierin aber besteht der eigentliche Neid.

*

In gewissem Betracht ist das Gegenteil des Neides die SCHADENFREUDE. Jedoch ist Neid zu fühlen menschlich, Schadenfreude zu genießen teuflisch. Es gibt kein unfehlbareres Zeichen eines ganz schlechten Herzens und tiefer moralischer Nichtswürdigkeit als einen Zug reiner, herzlicher Schadenfreude. Man soll den, an welchem man ihn wahrgenommen, auf immer meiden: *Hic niger est, hunc tu, Romane, caveto [dieser ist schwarz, den sollst du meiden, Römer].*

Neid und Schadenfreude sind an sich bloß theoretisch: Praktisch werden sie Bosheit und Grausamkeit. Der Egoismus kann zu Verbrechen und Untaten aller Art führen, aber der dadurch verursachte Schaden und Schmerz anderer ist ihm bloß Mittel, nicht Zweck, tritt also nur akzidentell dabei ein. Der Bosheit und Grausamkeit hingegen sind die Leiden und Schmerzen anderer Zweck an sich und dessen Erreichen Genuß.

### Schein und Sein

Die allermeisten Herrlichkeiten sind bloß Schein, wie die Theaterdekoration, und das Wesen der Sache fehlt. Z. B. bewimpelte und bekränzte Schiffe, Kanonenschüsse, Illuminationen, Pauken und Trompeten, Jauchzen und Schreien usw., dies alles ist das Aushängeschild, die Andeutung, die Hieroglyphe der FREUDE: Aber die Freude ist daselbst meistens nicht zu finden; sie allein hat beim Feste abgesagt. Wo sie sich wirklich einfindet, da kommt sie in der Regel ungeladen und unangemeldet, von selbst und *sans façon [ohne Umstände]*, ja, still herangeschlichen, oft bei den unbedeutendsten, futilsten Anlässen, unter den alltäglichsten Umständen, ja, bei nichts weniger als glänzenden oder ruhmvollen Gelegenheiten: Sie ist, wie das Gold in Australien, hierhin und dorthin gestreut, nach der Laune des Zufalls, ohne alle Regel und Gesetz, meistens nur in ganz kleinen Körnchen, höchst selten in großen Massen. Bei allen jenen oben erwähnten Dingen hingegen ist auch der Zweck bloß, andere glauben zu machen, hier wäre die Freude eingekehrt: Dieser Schein im Kopfe anderer ist die Absicht. Nicht anders als mit der Freude verhält es sich mit der Trauer. Wie schwermütig kommt jener lange und langsame Leichenzug daher! Der Reihe der Kutschen ist kein Ende. Aber seht nur hinein: Sie sind alle leer, und der Verblichene wird eigentlich bloß von sämtlichen Kutschern der ganzen Stadt zu Grabe geleitet. Sprechendes Bild der Freundschaft und Hochachtung dieser Welt! Dies also ist die Falschheit, Hohlheit und Gleißnerei des menschlichen Treibens. – Ein anderes Beispiel wieder geben viele geladene Gäste in Feierkleidung, unter festlichem Empfange; sie sind das Aushängeschild der edelen, erhöhten Geselligkeit: Aber statt ihrer ist in der Regel nur Zwang, Pein und Langeweile gekommen; denn schon wo viele Gäste sind, ist viel Pack, – und hätten sie auch sämtlich Sterne auf der Brust.

## Schicksal

Obwohl alles vom Schicksal unwiderruflich vorherbestimmt angesehen werden kann, so ist es dies doch eben nur mittels der Kette der Ursachen. Daher in keinem Fall bestimmt sein kann, daß eine Wirkung ohne ihre Ursache eintrete. Nicht die Begebenheit schlechthin also ist vorherbestimmt, sondern dieselbe als Erfolg vorhergängiger Ursachen. Also ist nicht der Erfolg allein, sondern auch die Mittel, als deren Erfolg er einzutreten bestimmt ist, vom Schicksal beschlossen. Treten demnach die Mittel nicht ein, dann auch sicherlich nicht der Erfolg: beides immer nach der Bestimmung des Schicksals, die wir aber auch immer erst hinterher erfahren. Wie die Begebenheiten immer dem Schicksal, d. h. der endlosen Verkettung der Ursachen, so werden unsere Taten immer unserem intelligiblen Charakter gemäß ausfallen; aber wie wir jenes nicht vorher wissen, so ist uns auch keine Einsicht a priori in diesen gegeben, sondern nur a posteriori, durch die Erfahrung, lernen wir, wie die anderen, so auch uns selbst kennen.

*

Was aber die Leute gemeiniglich das Schicksal nennen, sind meistens nur ihre eigenen dummen Streiche.

*

Wir gleichen den Lämmern, die auf der Wiese spielen, während der Metzger schon eines und das andere von ihnen mit den Augen auswählt: Denn wir wissen nicht in unseren guten Tagen, welches Unheil eben jetzt das Schicksal uns bereitet – Krankheit, Verfolgung, Verarmung, Verstümmelung, Erblindung, Wahnsinn, Tod usw.

*

Ein edler Charakter wird nicht leicht über sein eigenes Schicksal klagen; vielmehr wird von ihm gelten, was Hamlet dem Horatio nachrühmt:

*for thou hast been*
*As one, in suffering all, that suffers nothing.*

*[Denn du bist, während du alles zu leiden*
*hattest, gewesen wie einer, dem nichts widerfuhr.]*

Und dies ist daraus zu verstehn, daß ein solcher, sein eigenes Wesen auch in andern erkennend und daher an ihrem Schicksale teilnehmend, rings um sich fast immer noch härtere Lose als sein eigenes erblickt, weshalb er zu einer Klage über dieses nicht kommen kann. Hingegen wird ein unedler Egoist, der alle Realität auf sich selbst beschränkt und die andern als bloße Larven und Phantasmen ansieht, am Schicksal dieser keinen Teil nehmen, sondern seinem eigenen seine ganze Teilnahme zuwenden, wovon denn große Empfindlichkeit und häufige Klagen die Folge sind.

*

Der »Kampf des Menschen mit dem Schicksal«, welchen unsere faden, hohlen, verblasenen und ekelhaft süßlichen modernen Ästhetiker seit etwan 50 Jahren wohl einstimmig als das allgemeine Thema des Trauerspiels aufstellen, hat zu seiner Voraussetzung die Freiheit des Willens, diese Marotte aller Ignoranten, und dazu wohl auch noch den kategorischen Imperativ, dessen moralische Zwecke oder Befehle, dem Schicksale zum Trotz, nun durchgesetzt werden sollen, woran denn die besagten Herren ihre Erbauung finden. Zudem aber ist jenes vorgebliche Thema des Trauerspiels schon darum ein lächerlicher Begriff, weil es der

Kampf mit einem unsichtbaren Gegner, einem Kämpen in der Nebelkappe, wäre, gegen den daher jeder Schlag ins Leere geführt würde und dem man sich in die Arme würfe, indem man ihm ausweichen wollte, wie ja dies dem Lajus und dem Ödipus begegnet ist. Dazu kommt, daß das Schicksal allgewaltig ist, daher mit ihm zu kämpfen die lächerlichste aller Vermessenheiten wäre.

### Schlaf

Der tiefe Schlaf ist vom Tode, in welchen er oft, z. B. beim Erfrieren, ganz stetig übergeht, für die Gegenwart seiner Dauer gar nicht verschieden, sondern nur für die Zukunft, nämlich in Hinsicht auf das Erwachen. Der Tod ist ein Schlaf, in welchem die Individualität vergessen wird: Alles andere erwacht wieder, oder vielmehr ist wach geblieben.

### Schlechtigkeit

Wenn man die menschliche Schlechtigkeit ins Auge gefaßt hat und sich darüber entsetzen möchte, so muß man alsbald den Blick auf den Jammer des menschlichen Daseins werfen; und wieder ebenso, wenn man vor diesem erschrocken ist, auf jene: Da wird man finden, daß sie einander das Gleichgewicht halten und wird der ewigen Gerechtigkeit innewerden, indem man merkt, daß die Welt selbst das Weltgericht ist und zu begreifen anfängt, warum alles, was lebt, sein Dasein abbüßen muß, erst im Leben und dann im Sterben.

*

Immer von neuem fühlt sich, wer unter Menschen lebt, zu der Annahme versucht, daß moralische Schlechtigkeit und intellektuelle Unfähigkeit eng zusammenhängen, indem sie direkt einer Wurzel entsprössen ... Jener Anschein, der bloß daraus entspringt, daß man beide so gar oft beisammenfindet, ist gänzlich aus dem sehr häufigen Vorkommen beider zu erklären, infolgedessen ihnen leicht begegnet, unter einem Dache wohnen zu müssen. Dabei ist aber nicht zu leugnen, daß sie einander zu gegenseitigem Vorteil in die Hände spielen, wodurch denn die so unerfreuliche Erscheinung zustande kommt, welche nur zu viele Menschen darbieten, und die Welt geht, wie sie geht. Namentlich ist der Unverstand dem deutlichen Sichtbarwerden der Falschheit, Niederträchtigkeit und Bosheit günstig, während die Klugheit diese besser zu verhüllen versteht. Und wie oft verhindert andrerseits die Perversität des Herzens den Menschen, Wahrheiten einzusehn, denen sein Verstand ganz wohl gewachsen wäre. Jedoch, es überhebe sich keiner. Wie jeder, auch das größte Genie, in irgendeiner Sphäre der Erkenntnis entschieden borniert ist und dadurch seine Stammverwandtschaft mit dem wesentlich verkehrten und absurden Menschengeschlechte beurkundet, so trägt auch jeder moralisch etwas durchaus Schlechtes in sich, und selbst der beste, ja edelste Charakter wird uns bisweilen durch einzelne Züge von Schlechtigkeit überraschen; gleichsam um seine Verwandtschaft mit dem Menschengeschlechte, unter welchem jeder Grad von Nichtswürdigkeit, ja Grausamkeit vorkommt, anzuerkennen. Denn gerade kraft dieses Schlechten in ihm, dieses bösen Prinzips, hat er ein Mensch werden müssen. Und aus demselben Grunde ist überhaupt die Welt das, als was mein treuer Spiegel derselben sie gezeigt hat. Bei dem allen jedoch bleibt auch zwischen Menschen der Unterschied unermeßlich groß, und mancher würde erschrecken, wenn er den andern sähe, wie er ist. – Oh, um einen Asmodäus der Moralität, welcher seinem Günstlinge nicht bloß Dächer und Mauern, sondern den über alles ausgebreiteten Schleier der Verstellung, Falschheit, Heuchelei, Grimasse, Lüge und Trug durchsichtig machte und ihn sehn ließe, wie wenig wahre Redlichkeit in der Welt zu finden ist, und wie so oft, auch wo man es am wenigsten vermutet, hinter allen den tugendsamen Außenwerken heimlich und im innersten Rezeß die Unrechtlichkeit am Ruder sitzt. – Daher eben kommen die vierbeinigen Freundschaften so vieler Menschen besserer Art: Denn freilich, woran sollte man sich von der endlosen Verstellung, Falschheit und Heimtücke der Menschen erholen, wenn die Hunde nicht wären, in deren ehrliches Gesicht man ohne Mißtrauen schauen kann?

### Schmerz

Wie der Bach keine Strudel macht, solange er auf keine Hindernisse trifft, so bringt die menschliche wie die tierische Natur es mit sich, daß wir alles, was unserm Willen gemäß geht, nicht recht merken und innewerden. Sollen wir es merken, so muß es nicht sogleich unserm Willen gemäß gegangen sein, sondern irgendeinen Anstoß gefunden haben. – Hingegen alles, was unserm Willen sich entgegenstellt, ihn durchkreuzt, ihm widerstrebt, also alles Unangenehme und Schmerzliche empfinden wir unmittelbar, sogleich und sehr deutlich. Hierauf beruht die von mir öfter hervorgehobene Negativität des Wohlseins und Glücks, im Gegensatz der Positivität des Schmerzes.

*

Der SCHMERZ DES LEBENS läßt sich nicht abwälzen. Alle Bemühungen dazu leisten nichts, als daß er seine Gestalt verändert. Diese ist ursprünglich Mangel, Not, Sorge um Erhaltung des Lebens. Kaum in dieser Gestalt verdrängt, erscheint der Schmerz sukzessive als

Geschlechtstrieb, Liebe, Eifersucht, Neid, Ehrgeiz, Geiz, Sorge, Haß, Angst, Krankheit und so in noch unzähligen Gestalten: Hat man ihn in allen überwunden, so nimmt er zuletzt die der Langeweile an; und gelingt es, diese zu besiegen, so wird es schwerlich geschehn, ohne wieder den Schmerz in einigen der vorigen Gestalten einzulassen und so den Tanz von vorne zu beginnen.

*

Weil der geistige Schmerz als der viel größere gegen den physischen unempfindlich macht, wird dem Verzweifelnden oder von krankhaftem Unmut Verzehrten der Selbstmord sehr leicht, auch wenn er früher, im behaglichen Zustande, vor dem Gedanken daran zurückbebte. Imgleichen reiben die Sorge und Leidenschaft, also das Gedankenspiel, den Leib öfter und mehr auf als die physischen Beschwerden.

## Schönheit

Das schwindelnde Entzücken, welches den Mann beim Anblick eines Weibes von ihm angemessener Schönheit ergreift und ihm die Vereinigung mit ihr als das höchste Gut vorspiegelt, ist eben der SINN DER GATTUNG, welcher, den deutlich ausgedrückten Stempel derselben erkennend, sie mit diesem perpetuieren möchte. Auf diesem entschiedenen Hange zur Schönheit beruht die

Erhaltung des Typus der Gattung: Daher wirkt derselbe mit so großer Macht.

*

MENSCHLICHE SCHÖNHEIT ist ein objektiver Ausdruck, welcher die vollkommenste Objektivation des Willens auf der höchsten Stufe seiner Erkennbarkeit bezeichnet, die Idee des Menschen überhaupt, vollständig ausgedrückt in der angeschauten Form. So sehr hier aber auch die objektive Seite des Schönen hervortritt, so bleibt die subjektive doch ihre stete Begleiterin; und eben weil kein Objekt uns so schnell zum rein ästhetischen Anschauen hinreißt wie das schönste Menschenantlitz und Gestalt, bei deren Anblick uns augenblicklich ein unaussprechliches Wohlgefallen ergreift und über uns selbst und alles, was uns quält, hinaushebt, so ist dieses nur dadurch möglich, daß diese allerdeutlichste und reinste Erkennbarkeit des Willens uns auch am leichtesten und schnellsten in den Zustand des reinen Erkennens versetzt, in welchem unsere Persönlichkeit, unser Wollen mit seiner steten Pein, verschwindet, solange die rein ästhetische Freude anhält.

*

Der Gesundheit zum Teil verwandt ist die Schönheit. Wenngleich dieser subjektive Vorzug nicht eigentlich unmittelbar zu unserm Glücke beiträgt, sondern bloß mittelbar, durch den Eindruck auf andere, so ist er doch von großer Wichtigkeit, auch im Manne. Schönheit ist ein offener Empfehlungsbrief, der die Herzen zum voraus für uns gewinnt.

### Schöpfer

Wenn wir die Welt ansehn wollen als das gelungene Werk eines allweisen und allgütigen Schöpfers, so werden einerseits das Elend, davon sie voll ist, und andrerseits die Unvollkommenheit und die burleske Verzerrung der meisten ihrer Gestalten als eine nicht zu beschwichtigende Dissonanz laut dagegen aufschreien. Eben diese aber werden zu unsrer Rede stimmen und sie belegen, wenn wir die Welt ansehn als die Erscheinung von etwas, das besser nicht da wäre. Schildert man das Elend und die verzerrte Gestalt der Welt unter der ersten Annahme, so wird dies zur bittern Anklage des Schöpfers.

*

Wenn ich mir vorstellig zu machen suche, daß ich vor einem Individuo stände, zu dem ich sagte: »Mein Schöpfer, ich war nichts, und du hast mich hervorgebracht, so daß ich jetzt etwas und zwar ich bin.« – und nun gar noch hinzusetzte: »Ich danke dir für diese Wohltat.« und endlich noch: »Wenn ich nicht gewesen bin, wie ich gesollt, – so ist's MEINE Schuld!« – so muß ich gestehn, daß mein Kopf durch philosophische und indische Studien ganz unfähig geworden ist, solche Gedanken auszuhalten.

*

Denkt man sich einen schaffenden Dämon, so wäre man doch berechtigt, auf seine Schöpfung weisend, ihm zuzurufen: »Wie wagtest du die heilige Ruhe des Nichts abzubrechen, um eine solche Masse von Wehe und Jammer hervorzurufen!«

## Schreibstil

Der wahre Nationalcharakter der Deutschen ist SCHWERFÄLLIGKEIT: Sie leuchtet hervor aus ihrem Gange, ihrem Tun und Treiben, ihrer Sprache, ihrem Reden, Erzählen, Verstehn und Denken, ganz besonders aber aus ihrem Stil im Schreiben, aus dem Vergnügen, welches sie an langen, schwerfälligen, verstrickten Perioden haben, bei welchen das Gedächtnis ganz allein, fünf Minuten lang, geduldig die ihm aufgelegte Lektion lernt, bis zuletzt, am Schluß der Periode, der Verstand zum Schuß kommt und die Rätsel gelöst werden.

## Schriftsteller

Einem Schriftsteller gebührt nur dann der Name »GROSS«, wenn er ohne Rücksicht auf die herrschenden Abwege und Irrtümer seiner Zeitgenossen oder die Absichten der Machthaber einzig dem Rechten und

Wahren und Echten nachgeht, unbekümmert über den dadurch verscherzten Beifall seiner Zeit oder seine persönliche Wohlfahrt.

*

Die SCHRIFTSTELLER kann man einteilen in Sternschnuppen, Planeten und Fixsterne. – Die ersteren liefern die momentanen Knalleffekte: Man schaut auf, ruft »siehe da!«, und auf immer sind sie verschwunden. – Die zweiten, also die Irr- und Wandelsterne, haben viel mehr Bestand. Sie glänzen, wiewohl bloß vermöge ihrer Nähe, oft heller als die Fixsterne und werden von Nichtkennern mit diesen verwechselt. Inzwischen müssen auch sie ihren Platz bald räumen, haben zudem nur geborgtes Licht und eine auf ihre Bahngenossen (Zeitgenossen) beschränkte Wirkungssphäre. Sie wandeln und wechseln: Ein Umlauf von einigen Jahren Dauer ist ihre Sache. – Die dritten allein sind unwandelbar, stehn fest am Firmament, haben eigenes Licht, wirken zu einer Zeit wie zur andern, indem sie ihr Ansehn nicht durch die Veränderung unsers Standpunkts ändern, da sie keine Parallaxe haben. Sie gehören nicht, wie jene andern, EINEM Systeme (Nation) allein an, sondern der Welt. Aber eben wegen der Höhe ihrer Stelle braucht ihr Licht meistens viele Jahre, ehe es dem Erdbewohner sichtbar wird.

## Schund

Ein vom Neide häufig gebrauchtes Mittel zur Herabsetzung des Guten, im Grunde sogar die bloße Kehrseite derselben, ist das ehr- und gewissenlose Lobpreisen des Schlechten: Denn sobald das Schlechte Geltung erhält, ist das Gute verloren. So wirksam daher dieses Mittel, besonders wenn ins Große getrieben, auf eine Weile ist, so kommt am Ende doch die Zeit der Abrechnung, und der vorübergehende Kredit, in den es die schlechten Produktionen gesetzt hatte, wird durch den bleibenden Diskredit der niederträchtigen Lober desselben bezahlt, weshalb sie gern sich anonym halten.

## Schwächen

Leute von großen und glänzenden Eigenschaften machen sich wenig daraus, ihre Fehler und Schwächen einzugestehen oder sehen zu lassen. Sie betrachten solche als etwas, dafür sie bezahlt haben, oder denken wohl gar, daß eher noch als diese Schwäche ihnen Schande, sie den Schwächen Ehre machen werden.

## Sehnsucht

Wir sind unser ganzes Leben hindurch voll Sehnsucht, entweder nach der fernen Zukunft, wie besonders in der ersten Hälfte des Lebens, oder nach der fernen Vergangenheit, wie besonders in der zweiten: Aber die

Gegenwart, in der allein die Wirklichkeit liegt, befriedigt uns nie.

*

Oft glauben wir uns nach einem fernen ORT zurückzusehnen, während wir uns eigentlich nur nach der ZEIT zurücksehnen, die wir dort zugebracht, wo wir soviel frischer und jünger waren. So täuscht uns die Zeit unter der Maske des Raums.

## Selbstbesserung

Ein Mensch, selbst bei der deutlichen Erkenntnis, ja Verabscheuung seiner moralischen Fehler und Gebrechen, ja beim aufrichtigsten Vorsatz der Besserung, bessert sich doch eigentlich nicht, sondern läßt sich trotz ernsten Vorsätzen und redlichem Versprechen bei erneuerter Gelegenheit doch wieder auf denselben Pfaden wie zuvor zu seiner eigenen Überraschung betreffen. Bloß seine Erkenntnis läßt sich berichtigen; daher er zu der Einsicht gelangen kann, daß diese oder jene Mittel, die er früher anwandte, nicht zu seinem Zwecke führen oder mehr Nachteil als Gewinn bringen: Dann ändert er die Mittel, nicht die Zwecke.

## Selbstdisziplin

Freilich ist zur Lenkung und Ablenkung unserer selbst, wie zu so viel anderm, Selbstzwang erfordert; zu diesem aber sollte uns die Überlegung stärken, daß jeder Mensch gar vielen und großen Zwang von außen zu erdulden hat, ohne welchen es in keinem Leben abgeht, daß jedoch ein kleiner, an der rechten Seite angebrachter Selbstzwang nachmals vielem Zwange von außen vorbeugt, wie ein kleiner Abschnitt des Kreises zunächst dem Centro einem oft hundertmal größern an der Peripherie entspricht. Durch nichts entziehn wir uns so sehr dem Zwange von außen wie durch Selbstzwang; das besagt Senecas Ausspruch: *Si tibi vis omnia subjicere, te subjice rationi [willst du dir alles unterwerfen, so unterwirf dich der Vernunft].* Auch haben wir den Selbstzwang noch immer in der Gewalt und können im äußersten Falle oder wo er unsere empfindlichste Stelle trifft, etwas nachlassen: Hingegen der Zwang von außen ist ohne Rücksicht, ohne Schonung und unbarmherzig. Daher ist es weise, diesem durch jenen zuvorzukommen.

## Selbsterkenntnis

Erst aus der Erfahrung und wenn die Gelegenheit kommt, erwächst die Bekanntschaft mit uns selbst, auf welche das Selbstvertrauen oder Mißtrauen sich gründet. Je nachdem wir in einem Fall Besonnenheit, Mut, Redlichkeit, Verschwiegenheit, Feinheit oder was sonst erheischen mochte, gezeigt haben oder aber der Mangel an solchen Tugenden zutage gekommen ist, sind wir infolge der mit uns gemachten Bekanntschaft hinterher zufrieden mit uns selbst oder das Gegenteil. Erst die genaue Kenntnis seines eigenen empirischen Charakters gibt dem Menschen das, was man ERWORBENEN CHARAKTER nennt: Derjenige besitzt ihn, der seine eigenen Eigenschaften, gute wie schlechte, genau kennt und dadurch sicher weiß, was er sich zutrauen und zumuten darf, was aber nicht. Er spielt seine eigene Rolle, die er zuvor vermöge seines empirischen Charakters nur naturalisierte, jetzt kunstmäßig und methodisch, mit Festigkeit und Anstand, ohne jemals, wie man sagt, aus dem Charakter zu fallen, was stets beweist, daß einer im einzelnen Fall sich über sich selbst im Irrtum befand.

*

Wer, durch Erfahrung oder fremde Ermahnung belehrt, einen Grundfehler seines Charakters erkennt und beklagt, faßt wohl den festen und redlichen Vorsatz, sich zu bessern und ihn abzulegen; trotzdem aber erhält bei nächster Gelegenheit der Fehler freien Lauf. NEUE REUE, NEUER VORSATZ, NEUES VERGEBEN. Wenn dies einige Male so durchgemacht ist, wird er inne, daß er sich nicht bessern kann, daß der Fehler in seiner Natur und Persönlichkeit liegt, ja, mit dieser eins ist. Jetzt wird er seine Natur und Persönlichkeit mißbilligen und verdammen, ein schmerzliches Gefühl haben, welches bis zur Gewissenspein steigen kann: Aber jene zu ändern, vermag er nicht.

*

Es ist eine unmögliche, in sich selbst sich widersprechende Forderung fast aller Philosophen, daß der Mensch INNRE EINHEIT SEINES WESENS, EINTRACHT MIT SICH SELBST erlangen soll. Denn als MENSCH ist innre Zwietracht sein Wesen, durchaus solang er lebt. Denn nur eines kann er wirklich ganz und gar sein; zu allem andern hat er aber die Anlage und die unvertilgbare Möglichkeit, es zu sein. Hat er sich zu einem entschlossen, so steht alles übrige als Anlage immer bereit und fordert unablässig, aus der Möglichkeit zur Wirklichkeit zu gelangen: Er muß es also fortwährend zurückdrängen, überwältigen, töten, solang er jenes eine sein will. – Will er z. B. nur denken und nicht handeln und treiben, so ist damit die Anlage zum Handeln und Treiben nicht mit einem Mal vernichtet, sondern solange er als Denker lebt, muß er sich stündlich und immer als handelnden, betriebsamen Menschen töten, ewig mit sich als einem Ungeheuer, dem jeder abgehaune Kopf gleich wiederwächst, kämpfen. So, wenn er sich zur Heiligkeit entschlossen hat, muß er sein ganzes Leben hindurch, und nicht ein für allemal, sich als genießendes, der Wollust ergebenes Wesen töten; denn ein solches bleibt er, solange er lebt.

Hat er sich für den Genuß, auf welche Weise auch dieser zu erlangen sei, entschieden, so kämpft er sein Leben lang mit sich als einem Wesen, das rein und frei und heilig sein möchte; denn die Anlage bleibt ihm, er muß sie stündlich töten. So durchaus in allem, in unendlichen Modifikationen. Bald mag das eine, bald das andre in ihm siegen: Er ist der Tummelplatz. Siegt auch das eine fortwährend, so kämpft doch das andre fortwährend; denn es lebt, solang er lebt: Als Mensch ist er die Möglichkeit vieler Gegensätze.

*

Wer weiß, was er ist und nur dies sein will, resignierend auf alles andre, wird stets mit sich zufrieden sein, ohne darum in falschen Dünkel zu geraten, da er eben seine Fehler und Schwächen genau kennt und die Gelegenheiten meidet, wo sie ihm selbst und andern bloß gegeben werden. Da nun aber Unzufriedenheit mit sich selbst das bitterste Leiden ist und er diesem solchermaßen entgeht, so wird er durch diese VOLLKOMMNE SELBSTERKENNTNIS, dieses dem »Erkenne dich selbst« Genügeleisten, welches man den ERWORBENEN CHARAKTER nennt, um vieles glücklicher.

*

Was man »Charakter haben« nennt, ist eigentlich nur Selbstkenntnis, nämlich dies, daß man seines angebornen, unabänderlichen (empirischen) Charakters sich auch *in abstracto* bewußt ist, seine Stärken und Schwächen kennt und seine eigne notwendige Handelsweise auf Maximen gebracht hat und nach Maximen befolgt, als wäre es eine erlernte: Dadurch hat man doppelte Festigkeit, man braucht nicht zu warten, daß man sehe, was man wolle, und dann wieder, was man könne (dies tun die sogenannten Charakterlosen), sondern weiß es sogleich zum voraus in jedem Fall.

*

Die Reflexion über die Unveränderlichkeit des Charakters, über die Einheit der Quelle, aus welcher alle unsere Taten fließen, darf uns nicht verleiten, zugunsten des einen noch des anderen Teiles der Entscheidung des Charakters vorzugreifen: Am erfolgenden Entschluß werden wir sehen, welcher Art wir sind, und uns an unseren Taten spiegeln. Hieraus eben erklärt sich die Befriedigung oder die Seelenangst, mit der wir auf den zurückgelegten Lebensweg zurücksehen: Beide kommen nicht daher, daß jene vergangenen Taten noch ein Dasein hätten; sie sind vergangen, gewesen und jetzt nichts mehr, aber ihre große Wichtigkeit für uns kommt aus ihrer Bedeutung, kommt daher, daß diese Taten der Abdruck des Charakters, der Spiegel des Willens sind, in welchen schauend wir unser innerstes Selbst, den Kern unseres Willens erkennen. Weil wir dies also nicht vorher, sondern erst nachher erfahren, kommt es uns zu, in der Zeit zu streben und zu kämpfen, eben damit das Bild, welches wir durch unsere Taten wirken, so ausfalle, daß sein Anblick uns möglichst beruhige, nicht beängstige.

### Selbsterziehung

Wie man das Gewicht seines eigenen Körpers trägt, ohne es, wie doch das jedes fremden, den man bewegen will, zu fühlen, so bemerkt man nicht die eigenen Fehler und Laster, sondern nur die der andern. – Dafür aber hat jeder am andern einen Spiegel, in welchem er seine eigenen Laster, Fehler, Unarten und Widerlichkeiten jeder Art deutlich erblickt. Allein meistens verhält er sich dabei wie der Hund, welcher gegen den Spiegel bellt, weil er nicht weiß, daß er sich selbst sieht, sondern meint, es sei ein anderer Hund. Wer andre bekrittelt, arbeitet an seiner Selbstbesserung. Also die, welche die Neigung und Gewohnheit haben, das äußerliche Benehmen, überhaupt das Tun und Lassen der andern im stillen, bei sich selbst, einer aufmerksamen und scharfen Kritik zu unterwerfen, arbeiten dadurch an ihrer eigenen Besserung und Vervollkommnung: Denn sie werden entweder Gerechtigkeit oder doch Stolz und Eitelkeit genug besitzen, selbst zu vermeiden, was sie oft strenge tadeln. Von den Toleranten gilt das Umgekehrte: nämlich *hanc veniam damus peti-*

*musque vicissim [diese Erlaubnis geben wir und bitten sie uns dagegen aus].* Das Evangelium moralisiert recht schön über den Splitter im fremden, den Balken im eigenen Auge; aber die Natur des Auges bringt es mit sich, daß es nach außen und nicht sich selbst sieht: Daher ist zum Innewerden der eigenen Fehler das Bemerken und Tadeln derselben an andern ein sehr geeignetes Mittel. Zu unserer Besserung bedürfen wir eines Spiegels.

### Selbstlob

Auch beim besten Rechte dazu lasse man sich nicht zum Selbstlobe verführen. Denn die Eitelkeit ist eine so gewöhnliche, das Verdienst aber eine so ungewöhnliche Sache, daß, sooft wir, wenn auch nur indirekt, uns selbst zu loben scheinen, jeder hundert gegen eins wettet, daß, was aus uns redet, die Eitelkeit sei, der es am Verstande gebricht, das Lächerliche der Sache einzusehn.

### Selbstmord

Ganz gewiß lebt keiner, der nicht schon SEINEM LEBEN EIN ENDE gemacht hätte, wenn dies Ende etwas rein Negatives wäre, ein bloß plötzliches Nichtdasein der Person: Aber es hat etwas Positives, die Zerstörung des Leibes; diese schreckt uns zurück, eben weil der Leib verkörperter, d. h. erscheinender Wille zum Leben ist.

*

Wen die Lasten des Lebens drücken, wer zwar wohl das Leben möchte und es bejaht, aber die Qualen desselben verabscheut und besonders das harte Los, das gerade ihm zugefallen ist, nicht länger tragen mag: Ein solcher hat nicht vom Tode Befreiung zu hoffen und kann sich nicht durch Selbstmord retten; nur mit falschem Scheine lockt ihn der finstere, kühle Orkus als Hafen der Ruhe. Die Erde wälzt sich vom Tage in die Nacht; das Individuum stirbt; aber die Sonne selbst brennt ohne Unterlaß ewigen Mittag. Dem Willen zum Leben ist das Leben gewiß: Die Form des Lebens ist Gegenwart ohne Ende; gleichviel wie die Individuen, Erscheinungen der Idee, in der Zeit entstehen und vergehen, flüchtigen Träumen zu vergleichen. – Der Selbstmord erscheint uns also schon hier als eine vergebliche und darum törichte Handlung; wenn wir in unserer Betrachtung weiter vorgedrungen sein werden, wird er sich uns in einem noch ungünstigern Lichte darstellen.

## Selbsttäuschung

Alles im Leben gibt kund, daß das irdische Glück bestimmt ist, vereitelt oder als eine Illusion erkannt zu werden. Hiezu liegen tief im Wesen der Dinge die Anlagen. Demgemäß fällt das Leben der meisten Menschen trübselig und kurz aus. Die komparativ

Glücklichen sind es meistens nur scheinbar, oder aber sie sind, wie die Langlebenden, seltene Ausnahmen, zu denen eine Möglichkeit übrigbleiben mußte – als Lockvogel. Das Leben stellt sich dar als ein fortgesetzter Betrug, im Kleinen wie im Großen. Hat es versprochen, so hält es nicht; es sei denn, um zu zeigen, wie wenig wünschenswert das Gewünschte war: So täuscht uns also bald die Hoffnung, bald das Gehoffte. Hat es gegeben, so war es, um zu nehmen. Der Zauber der Entfernung zeigt uns Paradiese, welche wie optische Täuschungen verschwinden, wann wir uns haben hinäffen lassen. Das Glück liegt demgemäß stets in der Zukunft, oder auch in der Vergangenheit, und die Gegenwart ist einer kleinen dunkeln Wolke zu vergleichen, welche der Wind über die besonnte Fläche treibt: Vor ihr und hinter ihr ist alles hell, nur sie selbst wirft stets einen Schatten. Sie ist demnach allezeit ungenügend, die Zukunft aber ungewiß, die Vergangenheit unwiederbringlich. Das Leben mit seinen stündlichen, täglichen, wöchentlichen und jährlichen, kleinen, größern und großen Widerwärtigkeiten, mit seinen getäuschten Hoffnungen und seinen alle Berechnung vereitelnden Unfällen trägt so deutlich das Gepräge von etwas, das uns verleidet werden soll, daß es schwer zu begreifen ist, wie man dies hat verkennen können und sich überreden lassen, es sei da, um dankbar genossen zu werden, und der Mensch, um glücklich zu sein. Stellt doch vielmehr jene fortwährende Täuschung und Enttäuschung wie auch die durchgängige Beschaffenheit des Lebens sich dar als darauf abgesehen und berechnet, die Überzeugung zu erwecken, daß gar nichts unsers Strebens, Treibens und Ringens wert sei, daß alle Güter nichtig seien, die Welt an allen Enden bankrott und das Leben ein Geschäft, das nicht die Kosten deckt; – auf daß unser Wille sich davon abwende.

### Selbstwert

Eine richtige Abschätzung des Wertes dessen, was man in und FÜR SICH selbst ist, gegen das, was man bloß in den Augen ANDERER ist, wird zu unserm Glück viel beitragen. Zum ersteren gehört die ganze Ausfüllung der Zeit unsers eigenen Daseins, der innere Gehalt desselben, mithin alle die Güter, welche unter den Titeln »was einer ist« und »was einer hat« von uns in Betrachtung genommen worden sind. Denn der Ort, in welchem alles dieses seine Wirkungssphäre hat, ist das eigene Bewußtsein. Hingegen ist der Ort dessen, was wir FÜR ANDERE sind, das fremde Bewußtsein: Es ist die Vorstellung, unter welcher wir darin erscheinen, nebst den Begriffen, die auf diese angewandt werden. Dies nun ist etwas, das unmittelbar gar nicht für uns vorhanden ist, sondern bloß mittelbar, nämlich sofern das Betragen der andern gegen uns dadurch bestimmt wird. Und auch dieses selbst kommt eigentlich nur in Betracht, sofern es Einfluß hat auf irgend etwas, wodurch das, was wir IN UND FÜR UNS SELBST SIND, modifiziert werden kann. Außerdem ist ja, was in einem fremden Bewußtsein vorgeht, als solches für uns gleichgültig, und auch wir werden allmählich gleichgültig dagegen werden, wenn wir von der Oberflächlichkeit und Futilität der Gedanken, von der Beschränktheit der Begriffe, von der Kleinlichkeit der Gesinnung, von der Verkehrtheit der Meinungen und von der Anzahl der Irrtümer in den allermeisten Köpfen eine hinlängliche Kenntnis erlangen und dazu aus eigener Erfahrung lernen, mit welcher Geringschätzung gelegentlich von jedem geredet wird, sobald man ihn nicht zu fürchten hat oder glaubt, es komme ihm nicht zu Ohren; insbesondere aber, nachdem wir einmal angehört haben, wie vom größten Manne ein halbes Dutzend Schafsköpfe mit Wegwerfung spricht.

## Sensibilität

Soviel nun aber auch zu der für unser Glück so wesentlichen Heiterkeit die Gesundheit beiträgt, so hängt jene doch nicht von dieser allein ab: Denn auch bei vollkommener Gesundheit kann ein melancholisches Temperament und eine vorherrschend trübe Stimmung bestehn. Der letzte Grund davon liegt ohne Zweifel in der ursprünglichen und daher unabänderlichen Beschaffenheit des Organismus, und zwar zumeist in dem mehr oder minder normalen Verhältnis der Sensibilität zur Irritabilität und Reproduktionskraft. Abnormes Übergewicht der Sensibilität wird Ungleichheit der Stimmung, periodische übermäßige Heiterkeit und vorwaltende Melancholie herbeiführen. Weil nun auch das Genie durch ein Übermaß der Nervenkraft, also der Sensibilität, bedingt ist, so hat Aristoteles ganz richtig bemerkt, daß alle ausgezeichneten und überlegenen Menschen melancholisch seien.

### Sichbrüsten

Das Affektieren irgendeiner Eigenschaft, das Sichbrüsten damit, ist ein Selbstgeständnis, daß man sie nicht hat. Sei es Mut oder Gelehrsamkeit oder Geist oder Witz oder Glück bei Weibern oder Reichtum oder vornehmer Stand oder was sonst, womit einer großtut, so kann man daraus schließen, daß es ihm gerade daran in etwas gebricht; denn wer wirklich eine Eigenschaft vollkommen besitzt, dem fällt es nicht ein, sie herauszulegen und zu affektieren, sondern er ist darüber ganz beruhigt. Dies ist auch der Sinn des spanischen Sprichworts: *Herradura que chacolotea clavo le falta [dem klappernden Hufeisen fehlt ein Nagel].* Allerdings darf keiner sich unbedingt den Zügel schießen lassen und sich ganz zeigen, wie er ist, weil das viele Schlechte und Bestialische unserer Natur der Verhüllung bedarf; aber dies rechtfertigt bloß das Negative, die Dissimulation, nicht das Positive, die Simulation.

**Sicherheit**

Der Mensch als die vollkommenste Objektivation des Willens zum Leben ist demgemäß auch das bedürftigste unter allen Wesen: Er ist konkretes Wollen und Bedürfen durch und durch, ist ein Konkrement von tausend Bedürfnissen. Mit diesen steht er auf der Erde, sich selber überlassen, über alles in Ungewißheit, nur nicht über seine Bedürftigkeit und seine Not; demgemäß füllt die Sorge für die Erhaltung jenes Daseins unter so schweren, sich jeden Tag von neuem meldenden Forderungen in der Regel das ganze Menschenleben aus. An sie knüpft sich sodann unmittelbar die zweite Anforderung, die der Fortpflanzung des Geschlechts. Zugleich bedrohen ihn von allen Seiten die verschiedenartigsten Gefahren, denen zu entgehen es beständiger Wachsamkeit bedarf. Mit behutsamem Schritt und ängstlichem Umherspähen verfolgt er seinen Weg; denn tausend Zufälle und tausend Feinde lauern ihm auf. So ging er in der

Wildnis, und so geht er im zivilisierten Leben. Es gibt für ihn keine Sicherheit.

## Sprache

Jeder LUMPENHUND ist Herr über die Sprache, z. B. jeder der Schreibstube oder dem Ladentisch entlaufene und in den Dienst eines Zeitungsschreibers übergegangene Bursche. Am tollsten treiben es die Zeitungen, zumal die süddeutschen, so daß man bisweilen zu glauben anfängt, sie persiflierten und parodierten die grassierende Sprachverbeßrung. Allein sie meinen's ehrlich.

*

Die Sprache, in der man schreibt, ist Nationalphysiognomie, läßt große ursprüngliche Differenzen zu, von der griechischen zur karaibischen.

*

Der ganze Jammer der heutigen Literatur in und außer Deutschland hat zur Wurzel das Geldverdienen durch Bücherschreiben. Jeder, der Geld braucht, setzt sich hin und schreibt ein Buch, und das Publikum ist so dumm, es zu kaufen. Die sekundäre Folge davon ist der Verderb der Sprache.

## Sprachschluderei

An der unglaublichen Schnelligkeit, mit welcher jeder neu ersonnene Sprachschnitzer in Umlauf kommt und, ehe man noch vom ersten Schreck über ihn sich erholt hat, uns schon allerorten entgegenstarrt, sieht man, was unsre Skribler lesen, nämlich nichts anderes als das soeben frisch Gedruckte: Das ist ihre einzige Lektüre. Darum denken sie und schreiben sie einer genauso wie der andre.

### Sterben

Ich habe immer gehofft, leicht zu sterben; denn wer sein Leben lang einsam gewesen ist, wird sich auf dieses solitäre Geschäft besser verstehen als andere. Statt unter den auf die ärmliche Kapazität der *bipedes [Zweifüßer]* berechneten Alfanzereien werde ich im freudigen Bewußtsein endigen, dahin zurückzukehren, von wo ich so hoch begnadigt ausgegangen bin, und meine Mission vollbracht zu haben.

### Stil

Affektation im Stil ist Gesichterschneiderei.

*

Der Stil erhält die Schönheit vom Gedanken, statt daß bei jenen Scheindenkern die Gedanken durch den Stil schön werden sollen. Ist doch der Stil der bloße Schattenriß des Gedankens: Undeutlich oder schlecht schreiben, heißt dumpf oder konfus denken. Daher nun ist die erste, ja, schon für sich allein beinahe ausreichende Regel des guten Stils diese, DASS MAN ETWAS ZU SAGEN HABE: Oh, damit kommt man weit!

*

Der STIL ist die Physiognomie des Geistes. Sie ist untrüglicher als die des Leibes. Fremden Stil nachahmen heißt eine Maske tragen.

*

Wer NACHLÄSSIG SCHREIBT, legt dadurch das Bekenntnis ab, daß er selbst seinen Gedanken keinen großen Wert zuerkennt. Denn nur wer von der Wahrheit und Wichtigkeit seiner Gedanken fest überzeugt ist, erhält hierdurch die Begeisterung, welche ihn die Ausdauer haben läßt, seine Gedanken so deutlich, schön und kräftig, als nur immer möglich ist, auszusprechen, wie man nur Heiligtümer oder unschätzbare Kunstwerke in silbernen, goldnen und mit Edelsteinen besetzten Behältnissen bewahrt. Daher haben die Alten, deren Gedanken und Worte seit Jahrtausenden leben und die man daher Klassiker nennt, stets sorgfältig geschrieben.

## Stimmungen

Unsere Gedanken vor dem Einschlafen oder gar beim nächtlichen Erwachen sind meistens fast ebenso arge Verzerrungen und Verkehrungen der Dinge, wie die Träume es sind, und dazu, wenn sie persönliche Angelegenheiten betreffen, gewöhnlich pechschwarz, ja, entsetzlich. Am Morgen sind dann alle solche Schreckbilder, so gut wie die Träume, verschwunden; dies bedeutet das spanische Sprichwort: *noche tinta, blanco el dia [die Nacht ist schwarz, weiß ist der Tag]*. Aber auch schon abends, sobald das Licht brennt, sieht der Verstand wie das Auge nicht so klar wie bei Tage, daher diese Zeit nicht zur Meditation ernster, zumal unangenehmer Angelegenheiten geeignet ist. Hiezu ist der Morgen die rechte Zeit, wie er es denn überhaupt zu allen Leistungen, ohne Ausnahme, sowohl den geistigen, wie den körperlichen, ist. Denn der Morgen ist die Jugend des Tages: Alles ist heiter, frisch und leicht; wir fühlen uns kräftig und haben alle unsere Fähigkeiten zu völliger Disposition. Man soll ihn nicht durch spätes Aufstehn verkürzen noch auch an unwürdige Beschäftigungen oder Gespräche verschwenden, sondern ihn als die Quintessenz des Lebens betrachten und gewissermaßen heilig halten. Hingegen ist der Abend das Alter des Tages: Wir sind abends matt, geschwätzig und leichtsinnig. Überhaupt aber hat Gesundheitszustand, Schlaf, Nahrung, Temperatur, Wetter, Umgebung und noch viel anderes Äußerliches auf unsere Stimmung und diese auf unsere Gedanken einen mächtigen Einfluß. Daher ist, wie unsere Ansicht einer Angelegenheit, so auch unsere Fähigkeit zu einer Leistung so sehr der Zeit und selbst dem Orte unterworfen.

*

Geistige Beängstigung verursacht Herzklopfen und Herzklopfen geistige Beängstigung. Gram, Sorge, Unruhe des Gemüts wirken hemmend und erschwerend auf den Lebensprozeß und die Getriebe des Organismus, sei es auf den Blutumlauf oder auf die Sekretionen oder auf die Verdauung; sind nun umgekehrt diese Getriebe, sei es im Herzen oder in den Gedärmen oder in der vena portarum oder in den Samenbläschen oder wo noch sonst, durch physische Ursachen gehemmt, obstruiert oder anderweitig gestört, so entsteht Gemütsunruhe, Besorgnis, Grillenfängerei und Gram ohne Gegenstand, also der Zustand, den man Hypochondrie nennt. Ebenso, noch ferner, macht Zorn schreien, stark auftreten und heftig gestikulieren: Eben diese körperlichen Äußerungen aber vermehren ihrerseits den Zorn oder fachen ihn beim geringsten Anlaß an. Ich brauche nicht zu sagen, wie sehr alles dieses meine Lehre von der Einheit und Identität des Willens mit dem Leibe bestätigt, nach welcher der Leib sogar nichts anderes ist als eben der in der räumlichen Anschauung des Gehirns sich darstellende Wille selbst.

## Stoiker

Die vollkommenste Entwickelung der PRAKTISCHEN VERNUNFT im wahren und echten Sinne des Worts, der höchste Gipfel, zu dem der Mensch durch den bloßen Gebrauch seiner Vernunft gelangen kann und auf welchem sein Unterschied vom Tiere sich am deutlichsten zeigt, ist als Ideal dargestellt im STOISCHEN WEISEN. Denn die Stoische Ethik ist ursprünglich und wesentlich gar nicht Tugendlehre, sondern bloß Anweisung zum vernünftigen Leben, dessen Ziel und Zweck Glück durch Geistesruhe ist. Der tugendhafte Wandel findet sich dabei gleichsam nur *per accidens*, als Mittel, nicht als Zweck ein.

**Stoizismus**

Es ist einerlei, ob man aus dem Kerker oder aus dem Palast die Sonne untergehen sieht.

**Stolz**

So sehr auch durchgängig der Stolz getadelt und verschrien wird, so vermute ich doch, daß dies hauptsächlich von solchen ausgegangen ist, die nichts haben, darauf sie stolz sein könnten. Der Unverschämtheit und Dummdreistigkeit der meisten Menschen gegenüber tut jeder, der irgendwelche Vorzüge hat, ganz wohl, sie selbst im Auge zu behalten, um nicht sie gänzlich in Vergessenheit geraten zu lassen; denn wer, solche gutmütig ignorierend, mit jenen sich geriert, als wäre er ganz ihresgleichen, den werden sie treuherzig sofort dafür halten. Am meisten aber möchte ich solches denen anempfehlen, deren Vorzüge von der höchsten Art, d. h. reale und also rein persönliche sind, da diese nicht, wie Orden und Titel, jeden Augenblick durch sinnliche Einwirkung in Erinnerung gebracht werden; denn sonst werden sie oft genug das *sus Minervam [das Schwein (belehrt) die Minerva]* exemplifiziert sehn. »Scherze mit dem Sklaven; bald wird er dir den Hintern zeigen« – ist ein vortreffliches arabisches Sprichwort, und das Horazische *sume superbiam, quaesitam meritis [eigne den Stolz dir an, den durch Verdienst du erwarbst]* ist nicht zu verwerfen. Wohl aber ist die Tugend der Bescheidenheit eine erkleckliche Erfindung für die Lumpe, da ihr gemäß jeder von sich zu reden hat, als wäre auch er ein solcher, welches herrlich nivelliert, indem es dann so herauskommt, als gäbe es überhaupt nichts als Lumpe.

## Strafe

Daß, wie BECCARIA gelehrt hat, die Strafe ein richtiges Verhältnis zum Verbrechen haben soll, beruht nicht darauf, daß sie eine Buße für dasselbe wäre, sondern darauf, daß das Pfand dem Werte dessen, wofür es haftet, angemessen sein muß. Daher ist jeder berechtigt, als Garantie der Sicherheit seines Lebens fremdes Leben zum Pfande zu fordern, nicht aber ebenso für die Sicherheit seines Eigentums, als für welches fremde Freiheit usw. Pfand genug ist. Zur Sicherstellung des Lebens der Bürger ist daher die Todesstrafe schlechterdings notwendig. Denen, welche sie aufheben möchten, ist zu antworten: »Schafft erst den Mord aus der Welt: Dann soll die Todesstrafe nachfolgen.«

## Subjektivität

Die meisten Menschen sind so subjektiv, daß sie bei allem, was gesagt wird, sogleich an sich denken und jede zufällige, noch so entfernte Beziehung auf irgend etwas ihnen Persönliches ihre ganze Aufmerksamkeit an sich reißt, so daß sie für den objektiven Gegenstand der Rede keine Fassungskraft übrig behalten. Daher sind sie so leicht zerstreut, so leicht beleidigt oder gekränkt, wie auch so leicht geschmeichelt und gewonnen. Daher auch ist ihr Urteil meistens bestochen und bloß ein Ausspruch zugunsten ihrer Partei oder Klasse, nicht aber ein objektives und gerechtes. Dies alles beruht darauf, daß in ihnen der Wille bei weitem die Erkenntnis überwiegt.

*

Merke dir es, liebe Seele, ein für allemal, und sei klug. Die Menschen sind subjektiv, nicht objektiv, sondern durchaus subjektiv. Wenn du einen Hund hättest und ihn dir anhänglich machen wolltest und dächtest nun:

»Von meinen 100 seltnen und vortrefflichen Eigenschaften wird dem Köter doch wohl eine einleuchten, und das muß genug sein, um ihn mir auf immer mit Leib und Seele ergeben zu machen« – wenn du das dächtest, so wärst du ein Narr: Streichle ihn, gib ihm zu fressen und sei dabei übrigens, wie du willst, das geniert nicht, er wird dir treu und ergeben. Nun, merke dir's, mit den Menschen ist's ebenso.

## Tageslauf

Jeder Tag ist EIN KLEINES LEBEN, – jedes Erwachen und Aufstehn eine kleine Geburt, jeder frische Morgen eine kleine Jugend und jedes Zubette gehn und Einschlafen ein kleiner Tod.

## Tapferkeit

Tapferkeit ist keine Tugend, höchstens ein Tugendmittel, eigentlich Temperamentseigenschaft und mit größter Nichtswürdigkeit verträglich.

## Tätigkeit

Tätigkeit, etwas treiben, wo möglich, etwas machen, wenigstens aber etwas lernen, – ist zum Glücke des Menschen unerläßlich: Seine Kräfte verlangen nach ihrem Gebrauch, und er möchte den Erfolg desselben irgendwie wahrnehmen. Die größte Befriedigung jedoch in dieser Hinsicht gewährt es, etwas zu MACHEN, zu verfertigen, sei es ein Korb, sei es ein Buch; aber daß man ein Werk unter seinen Händen täglich wachsen und endlich seine Vollendung erreichen sehe, beglückt unmittelbar. Dies leistet ein Kunstwerk, eine Schrift, ja selbst eine bloße Handarbeit; freilich, je edlerer Art das Werk, desto höher der Genuß.

**Theoretiker**

Wie die Sichtbarkeit der Gegenstände ihren Wert und Bedeutung doch nur dadurch hat, daß sie die Fühlbarkeit derselben verkündigt, so liegt der ganze Wert der abstrakten Erkenntnis immer in ihrer Beziehung auf die anschauliche. Daher aber legt der natürliche Mensch immer viel mehr Wert auf das unmittelbar und anschaulich Erkannte als auf die abstrakten Begriffe, das bloß Gedachte: Er zieht die empirische Erkenntnis der logischen vor. Umgekehrt aber sind diejenigen gesinnt, welche mehr in Worten als Taten leben, mehr in Papier und Bücher als in die wirkliche Welt gesehen haben und die in ihrer größten Ausartung zu Pedanten und Buchstabenmenschen werden.

**Theorie**

»Das mag in der Theorie richtig sein; in der Praxis ist es falsch.« – Jene Behauptung setzt eine Unmöglichkeit: Was in der Theorie richtig ist, MUSS auch in der Praxis zutreffen; trifft es nicht zu, so liegt ein Fehler in der Theorie, irgend etwas ist übersehn und nicht in Anschlag gebracht worden, folglich ist's auch in der Theorie falsch.

**Tod**

Oft erscheint der Tod sogar als ein Gut, ein Erwünschtes, als Freund Hein. Alles, was auf unüberwindliche

Hindernisse seines Daseins oder seiner Bestrebungen gestoßen ist, was an unheilbaren Krankheiten oder an untröstlichem Grame leidet, hat zur letzten Zuflucht die Rückkehr in den Schoß der Natur, aus welchem es wie alles andere auch auf eine kurze Zeit heraufgetaucht war, verlockt durch die Hoffnung auf günstigere Bedingungen des Daseins als ihm zuteil geworden, und von wo aus ihm derselbe Weg stets offenbleibt.

*

Wenn, was uns den Tod so schrecklich erscheinen läßt, der Gedanke des NICHTSEINS wäre, so müßten wir mit gleichem Schauder der Zeit gedenken, da wir noch nicht waren. Denn es ist unumstößlich gewiß, daß das Nichtsein nach dem Tode nicht verschieden sein kann von dem vor der Geburt, folglich auch nicht beklagenswerter. Eine ganze Unendlichkeit ist abgelaufen, als wir NOCH NICHT waren; aber das betrübt uns keineswegs. Hingegen, daß nach dem momentanen Intermezzo eines ephemeren Daseins eine zweite Unendlichkeit folgen sollte, in der wir NICHT MEHR sein werden, finden wir hart, ja unerträglich.

*

Den, welcher den Tod erleiden soll, betrachten wir mit grenzenlosem Mitleid; und doch wissen wir, daß ihm weiter nichts widerfährt als das Ende eines Zustandes, der wahrhaftig nicht wünschenswert ist. Ist dies nicht ein Beweis, daß unser innerstes Wesen blinder WILLE ZUM LEBEN ist?

*

Der Tod ist die Trennung des Willens vom Intellekt.

*

Wenn man so ein langes Leben in Unbedeutsamkeit und Geringschätzung zugebracht hat, da kommen sie am Schluß mit Pauken und Trompeten und meinen, es sei was.

*

Der wird am wenigsten fürchten, im Tode zu nichts zu werden, der erkannt hat, daß er schon jetzt nichts ist.

*

Bekannt und zum Abschreiben zu lang ist die Stelle in der Apologie des Sokrates, wo PLATO diesen weisesten der Sterblichen sagen läßt, daß der Tod, selbst wenn er uns auf immer das Bewußtsein raubte, ein wundervoller Gewinn sein würde, da ein tiefer, traumloser Schlaf jedem Tage, auch des beglücktesten Lebens, vorzuziehen sei.

*

Wer könnte auch nur den Gedanken des Todes ertragen, wenn das Leben eine Freude wäre! So aber hat jener immer noch das Gute, das Ende des Lebens zu sein, und wir trösten uns über die Leiden des Lebens mit dem Tode und über den Tod mit den Leiden des Lebens.

*

Der TOD ist die große Zurechtweisung, welche der Wille zum Leben und näher der diesem wesentliche Egoismus durch den Lauf der Natur erhält; und er kann aufgefaßt werden als eine Strafe für unser Dasein. Er ist die schmerzliche Lösung des Knotens, den die Zeugung mit Wollust geschürzt hatte, und die von außen eindringende, gewaltsame Zerstörung des Grundirrtums unseres Wesens: die große Enttäuschung. Wir sind im Grunde etwas, das nicht sein sollte: Darum hören wir auf zu sein.

*

Sooft ein Mensch stirbt, geht eine Welt unter: nämlich die er in seinem Kopfe trägt: Je intelligenter der Kopf, desto deutlicher, klarer, bedeutender, umfassender diese Welt, desto schrecklicher ihr Untergang. Mit dem Tier geht nur eine ärmliche Rhapsodie oder Skizze einer Welt unter.

*

Für uns ist und bleibt der Tod ein NEGATIVES – das Aufhören des Lebens, allein er muß auch eine positive Seite haben, die jedoch uns verdeckt bleibt, weil unser Intellekt durchaus unfähig ist, sie zu fassen. Daher erkennen wir wohl, was wir durch den Tod verlieren, aber nicht, was wir durch ihn gewinnen.

*

Das größte der Übel, das Schlimmste, was überall gedroht werden kann, ist der Tod, die größte Angst Todesangst. Nichts reißt uns so unwiderstehlich zur lebhaftesten Teilnahme hin wie fremde Lebensgefahr; nichts ist entsetzlicher als eine Hinrichtung. Die hierin hervortretende grenzenlose Anhänglichkeit an das Leben kann nun aber nicht aus der Erkenntnis und Überlegung entsprungen sein; vor dieser erscheint sie vielmehr töricht, da es um den objektiven Wert des Lebens sehr mißlich steht und wenigstens zweifelhaft bleibt, ob dasselbe dem Nichtsein vorzuziehen sei, ja, wenn Erfahrung und Überlegung zum Worte kommen, das Nichtsein wohl gewinnen muß. Klopfte man an die Gräber und fragte die Toten, ob sie wieder aufstehen wollten; sie würden mit den Köpfen schütteln. Überdies muß ja das Leben jedenfalls bald enden, so daß die wenigen Jahre, die man vielleicht noch dazusein hat, gänzlich verschwinden vor der endlosen Zeit, da man nicht mehr sein wird. Demnach erscheint es vor der Reflexion sogar lächerlich, um diese Spanne Zeit so sehr besorgt zu sein, so sehr zu zittern, wenn eigenes oder fremdes Leben in Gefahr gerät, und Trauerspiele zu dichten, deren Schreckliches seinen Nerv bloß in der Todesfurcht hat. Jene mächtige Anhänglichkeit an das Leben ist mithin eine unvernünftige und blinde: Sie ist nur daraus erklärlich, daß unser ganzes Wesen an sich selbst schon Wille zum Leben ist, dem dieses daher als das höchste Gut gelten muß, so verbittert, kurz und ungewiß es auch immer sein mag, und daß jener Wille, an sich und ursprünglich, erkenntnislos und blind ist. Die Erkenntnis hingegen, weit entfernt, der Ursprung jener Anhänglichkeit an das Leben zu sein, wirkt ihr sogar entgegen, indem sie die Wertlosigkeit desselben aufdeckt und hierdurch die Todesfurcht bekämpft.

*

Der Mensch allein trägt in abstrakten Begriffen die Gewißheit seines Todes mit sich herum; diese kann ihn dennoch, was sehr seltsam ist, nur auf einzelne Augenblicke, wo ein Anlaß sie der Phantasie vergegenwärtigt, ängstigen. Gegen die mächtige Stimme der Natur vermag die Reflexion wenig. Auch in ihm wie im Tiere, das nicht denkt, waltet als dauernder Zustand jene aus dem innersten Bewußtsein, daß er die Natur, die Welt selbst ist, entspringende Sicherheit vor, vermöge welcher keinen Menschen der Gedanke des gewissen und nie fernen Todes merklich beunruhigt, sondern jeder dahinlebt, als müsse er ewig leben; was so weit geht, daß sich sagen ließe, keiner habe eine eigentlich lebendige Überzeugung von der Gewißheit seines Todes, da sonst zwischen seiner Stimmung und der des verurteilten Verbrechers kein so großer Unterschied sein könnte; sondern jeder erkenne zwar jene Gewißheit *in abstracto* und theoretisch an, lege sie jedoch, wie andere theoretische Wahrheiten, die aber auf die Praxis nicht anwendbar sind, beiseite, ohne sie irgend in sein lebendiges Bewußtsein aufzunehmen

*

Mit dem Tode geht zwar das Bewußtsein verloren, nicht aber das, was das Bewußtsein hervorbrachte und erhielt: Das Leben erlischt, nicht aber mit ihm das Prinzip des Lebens, welches in ihm sich manifestierte.

*

Mehr oder weniger wünschen wir bei allem, was wir treiben und tun, das Ende heran, sind ungeduldig, fertig zu werden, und froh, fertig zu sein. Bloß das General-Ende, das Ende aller Enden, wünschen wir in der Regel so fern als möglich.

*

Der tiefe Schmerz beim Tode jedes befreundeten Wesens entsteht aus dem Gefühle, daß in jedem Individuo etwas Unaussprechliches, ihm allein Eigenes und daher durchaus UNWIEDERBRINGLICHES liegt. *Omne individuum ineffabile [jedes Individuum ist unergründlich].* Dies gilt selbst vom tierischen Individuo, wo es am lebhaftesten der empfinden wird, welcher zufällig ein geliebtes Tier tödlich verletzt hat und nun seinen Scheideblick empfängt, welches einen herzzerreißenden Schmerz verursacht.

*

Jeder Atemzug wehrt den beständig eindringenden Tod ab, mit welchem wir auf diese Weise in jeder Sekunde kämpfen, und dann wieder, in größeren Zwischenräumen, durch jede Mahlzeit, jeden Schlaf, jede Erwärmung usw. Zuletzt muß er siegen: Denn ihm sind wir schon durch die Geburt anheimgefallen, und er spielt nur eine Weile mit seiner Beute, bevor er sie verschlingt. Wir setzen indessen unser Leben mit großem Anteil und vieler Sorgfalt fort, solange als möglich, wie man eine Seifenblase so lange und so groß als möglich aufbläst, wiewohl mit der festen Gewißheit, daß sie platzen wird.

*

Das Leben selbst ist ein Meer voller Klippen und Strudel, die der Mensch mit der größten Behutsamkeit und Sorgfalt vermeidet, obwohl er weiß, daß, wenn es ihm auch gelingt, mit aller Anstrengung und Kunst sich durchzuwinden, er eben dadurch mit jedem Schritt dem größten, dem totalen, dem unvermeidlichen und unheilbaren Schiffbruch näher kommt, ja gerade auf ihn zusteuert, dem Tode: Dieser ist das endliche Ziel der mühseligen Fahrt und für ihn schlimmer als alle Klippen, denen er auswich.

*

Wie kann man nur beim Anblick des Todes eines Menschen vermeinen, hier werde ein Ding an sich selbst zu nichts? Daß vielmehr nur eine Erscheinung in der Zeit, dieser Form aller Erscheinungen, ihr Ende finde, ohne daß das Ding an sich selbst dadurch angefochten werde, ist eine unmittelbare, intuitive Erkenntnis jedes Menschen. Jeder fühlt, daß er etwas anderes ist als ein von einem andern einst aus nichts geschaffenes Wesen. Daraus entsteht ihm die Zuversicht, daß der Tod wohl seinem Leben, jedoch nicht seinem Dasein ein Ende machen kann.

## Toleranz

Die TOLERANZ, welche man oft an großen Männern bemerkt und preiset, ist wohl immer das Kind der größten MENSCHENVERACHTUNG: Denn erst, wenn ein großer Geist von dieser ganz durchdrungen ist, hört er auf, die Menschen für seinesgleichen zu halten und diesem entsprechende Forderungen an sie zu machen.

*

Um uns gegen fremde, der unsrigen entgegengesetzte Ansichten tolerant und beim Widerspruch geduldig zu machen, ist vielleicht nichts wirksamer als die Erinnerung, wie häufig wir selbst über denselben Gegenstand sukzessiv ganz entgegengesetzte Meinungen gehegt und solche, bisweilen sogar in sehr kurzer Zeit, wiederholt gewechselt, bald die eine Meinung, bald wieder ihr Gegenteil, verworfen und wiederaufgenommen haben; je nachdem der Gegenstand bald in diesem, bald in jenem Lichte sich uns darstellte.

*

Man soll eine fast grenzenlose Toleranz und Versöhnlichkeit haben, weil, wenn man sich kapriziert, einem einzelnen die Erbärmlichkeiten oder Schlechtigkeiten, die ihm zur Last fallen, nicht zu verzeihen, man dadurch allen übrigen eine ganz unverdiente Ehre erzeigt. – Dafür aber machen viele Schweine den Brei dünn, und es versteht sich von selbst, welche Art der Freundschaft es sei, die wir dem menschlichen Geschlecht überhaupt offenhalten und welcher die Rückkehr fast jedem, nach allem, was er auch begangen, noch offensteht.

*

Wenn man auf der Welt und unter Menschen leben will, so ist es Pflicht und Notwendigkeit, daß man keine Individualität, sofern sie Naturprodukt ist, auch nicht die erbärmlichste oder lächerlichste, unbedingt verwerfe, vielmehr hat man sie zu nehmen als ein schlechthin Gegebenes, das aus einem ewigen und metaphysischen Prinzip so sein muß, wie es ist. Sonst tut man Unrecht und befugt den andern zum Krieg auf

Tod und Leben. Denn seine eigentliche Individualität, sein Moralisches, seine Erkenntniskraft, sein Temperament, seine Physiognomie, kann er schlechterdings nicht ändern; verdammen wir sie nun ganz und gar, so bleibt ihm nichts übrig, als uns als einen Todfeind zu bekämpfen; denn wir wollen ihm das Recht zur Existenz nur zugestehn unter der Bedingung, daß er ein andrer wäre als er ist. Darum müssen wir, um bestehn zu können, jeden mit seiner gegebenen Individualität, wie sie auch immer sei, bestehn lassen, dürfen bloß darauf bedacht sein, sie zu benutzen, wie ihre Art und Weise es zuläßt, oder sie zu meiden, aber weder auf ihre Änderung hoffen noch sie, so wie sie ist, verdammen. Das ist der Sinn des Spruchs »Leben und leben lassen.«

### Der Ton macht die Musik

*Parler sans accent [ohne Betonung sprechen]:* Diese alte Regel der Weltleute bezweckt, daß man dem Verstande der andern überlasse herauszufinden, was man gesagt hat; der ist langsam, und ehe er fertig geworden, ist man davon. Hingegen *parler avec [mit] accent* heißt zum Gefühle reden, wo denn alles umgekehrt ausfällt. Manchem kann man mit höflicher Gebärde und freundlichem Ton sogar wirkliche Sottisen sagen, ohne unmittelbare Gefahr.

### Torheit

Mit jeder menschlichen Torheit, Fehler, Laster sollen wir Nachsicht haben, bedenkend, daß, was wir da vor uns haben, eben unsere eigenen Torheiten, Fehler und Laster sind; denn es sind eben die Fehler der Menschheit, welcher auch wir angehören und sonach ihre sämtlichen Fehler an uns haben, also auch die, über welche wir eben jetzt uns entrüsten, bloß weil sie nicht gerade jetzt bei uns hervortreten. Sie sind nämlich nicht auf der Oberfläche, aber sie liegen unten auf dem Grund und werden beim ersten Anlaß heraufkommen und sich zeigen, ebenso wie wir sie jetzt am andern sehen; wenngleich bei einem dieser, bei jenem ein anderer hervorsticht, oder wenn auch nicht ganz zu leugnen ist, daß das gesamte Maß aller schlechten Eigenschaften bei meinen sehr viel größer als beim andern ist. Denn der Unterschied der Individualitäten ist unberechenbar groß.

*

Wenn man sieht, wie fast alles, wonach Menschen, ihr Leben lang, mit rastloser Anstrengung und unter tausend Gefahren und Mühseligkeiten, unermüdlich streben, zum letzten Zwecke hat, sich dadurch in der Meinung anderer zu erhöhen, indem nämlich nicht nur Ämter, Titel und Orden, sondern auch Reichtum und selbst Wissenschaft und Kunst im Grund und hauptsächlich deshalb angestrebt werden, und der größere Respekt anderer das letzte Ziel ist, darauf man hinarbeitet - so beweist dies leider nur die Größe der menschlichen Torheit.

### Traum

Das allein sichere Kriterium zur Unterscheidung des Traumes von der Wirklichkeit ist in der Tat kein anderes als das ganz empirische des Erwachens, durch welches allerdings der Kausalzusammenhang zwischen den geträumten Begebenheiten und denen des wachen Lebens ausdrücklich und fühlbar abgebrochen wird.

*

Die Träume für bloßes Gedankenspiel, bloße Phantasiebilder ausgeben zu wollen zeugt von Mangel an Besinnung oder an Redlichkeit; denn offenbar sind sie von diesen spezifisch verschieden. Phantasiebilder sind schwach, matt, unvollständig, einseitig und so flüchtig, daß man das Bild eines Abwesenden kaum einige Sekunden gegenwärtig zu erhalten vermag, und sogar das lebhafteste Spiel der Phantasie hält keinen Vergleich aus mit jener handgreiflichen Wirklichkeit, die der Traum uns vorführt. Es ist ganz falsch, dies daraus erklären zu wollen, daß die Bilder der Phantasie durch den gleichzeitigen Eindruck der realen Außenwelt gestört und geschwächt würden; denn auch in der tiefsten Stille der finstersten Nacht vermag die Phantasie nichts hervorzubringen, was jener objektiven Anschaulichkeit und Leibhaftigkeit des Traumes irgend nahekäme. Zudem sind Phantasiebilder stets durch die Gedankenassoziation oder durch Motive herbeigeführt und vom Bewußtsein ihrer Willkürlichkeit begleitet. Der Traum hingegen steht da als ein völlig Fremdes, sich wie die Außenwelt ohne unser Zutun, ja wider unsern Willen Aufdrängendes.

### Treue

Der Hund ist mit Recht das Symbol der Treue; unter den Pflanzen aber sollte es die Tanne sein. Denn sie allein harrt mit uns aus, zur schlimmen wie zur guten Zeit, und verläßt uns nicht mit der Gunst der Sonne, wie alle andern Bäume, Pflanzen, Insekten und Vögel, – um wiederzukehren, wann der Himmel uns wieder lacht.

### Tun

Durch das, was wir tun, erfahren wir bloß, was wir sind.

## Übel

Uns zu beunruhigen sind bloß solche künftige Übel berechtigt, welche gewiß sind und deren Eintrittszeit ebenfalls gewiß ist. Dies werden aber sehr wenige sein, denn die Übel sind entweder bloß möglich, allenfalls wahrscheinlich, oder sie sind zwar gewiß, alleine ihre Eintrittszeit ist völlig ungewiß. Läßt man nun auf diese beiden Arten sich ein, so hat man keinen ruhigen Augenblick mehr. Um also nicht der Ruhe unsres Lebens durch ungewisse oder unbestimmte Übel verlustig zu werden, müssen wir uns gewöhnen, jene anzusehn, als kämen sie nie, diese, als kämen sie gewiß nicht so bald.

*

Der Tor läuft den Genüssen des Lebens nach und sieht sich betrogen; der Weise vermeidet die Übel. Sollte ihm jedoch auch dieses mißglücken, so ist es dann die Schuld des Geschicks, nicht die seiner Torheit. Soweit es ihm aber glückt, ist er nicht betrogen; denn die Übel, denen er aus dem Wege ging, sind höchst real. Selbst wenn er etwan ihnen zu weit aus dem Wege gegangen sein sollte und Genüsse unnötigerweise geopfert hätte; so ist eigentlich doch nichts verloren: Denn alle Genüsse sind chimärisch, und über die Versäumnis derselben zu trauern wäre kleinlich, ja lächerlich.

### Überlegenheit

Körperliche Vorzüge kommen bei Männern nicht sehr in Betracht, wiewohl man sich doch behaglicher neben einem kleineren als neben einem größeren fühlt. Demzufolge also sind unter Männern die dummen und unwissenden, unter Weibern die häßlichen allgemein beliebt und gesucht: Sie erlangen leicht den Ruf eines überaus guten Herzens, weil jedes für seine Zuneigung vor sich selbst und vor andern eines Vorwandes bedarf. Eben deshalb ist Geistesüberlegenheit jeder Art eine sehr isolierende Eigenschaft: Sie wird geflohen und gehaßt, und als Vorwand hiezu werden ihrem Besitzer allerhand Fehler angedichtet.

*

Was für ein Neuling ist doch der, welcher wähnt, Geist und Verstand zu zeigen wäre ein Mittel, sich in Gesellschaft beliebt zu machen! Vielmehr erregen sie bei der unberechenbar überwiegenden Mehrzahl einen Haß und Groll, der um so bittrer ist, als der ihn Fühlende die Ursache desselben anzuklagen nicht berechtigt ist, ja, sie vor sich selbst verhehlet. Ist doch Geist und Verstand an den Tag legen nur eine indirekte Art, allen andern ihre Unfähigkeit und Stumpfsinn vorzuwerfen. Zudem gerät die gemeine Natur in Aufruhr, wenn sie ihres Gegenteils ansichtig wird, und der geheime Anstifter des Aufruhrs ist der Neid. Denn die Befriedigung ihrer Eitelkeit ist, wie man täglich sehn kann, ein Genuß, der den Leuten über alles geht, der jedoch allein mittelst der Vergleichung ihrer selbst mit andern möglich ist. Auf keine Vorzüge aber ist der Mensch so stolz wie auf die geistigen: beruht doch nur auf ihnen sein Vorrang vor den Tieren. Ihm entschiedene Überlegenheit in dieser Hinsicht vorzuhalten, und noch dazu vor Zeugen, ist daher die größte Verwegenheit. Er fühlt sich dadurch zur Rache aufgefordert und wird meistens Gelegenheit suchen, diese auf dem Wege der Beleidigung auszuführen, als wodurch er vom Gebiete der Intelligenz auf das des Willens tritt, auf welchem wir in dieser Hinsicht alle gleich sind.

### Übermaß

Unmäßige Freude und sehr heftiger Schmerz finden sich immer nur in derselben Person ein, denn beide bedingen sich wechselseitig und sind auch gemeinschaftlich durch große Lebhaftigkeit des Geistes bedingt.

### Übermut

Wie unser Leib auseinanderplatzen müßte, wenn der Druck der Atmosphäre von ihm genommen wäre, – so würde, wenn der Druck der Not, Mühseligkeit, Widerwärtigkeit und Vereitelung der Bestrebungen vom Leben der Menschen weggenommen wäre, ihr Übermut sich steigern, wenn auch nicht bis zum Platzen, doch bis zu den Erscheinungen der zügellosesten Narrheit, ja, Raserei. – Sogar bedarf jeder allezeit eines gewissen Quantums Sorge oder Schmerz oder Not wie das Schiff des Ballasts, um fest und gerade zu gehn.

### Überredungskunst

Wie die richtigen, strengen Schlüsse dadurch zustande kommen, daß man das Verhältnis der Begriffssphären genau betrachtet und nur, wenn eine Sphäre genau in einer andern und diese wieder ganz in einer dritten enthalten ist, auch die erste für in der dritten ganz enthalten anerkennt, so beruht hingegen die Überredungskunst darauf, daß man die Verhältnisse der Begriffssphären nur einer oberflächlichen Betrachtung unterwirft und sie dann seinen Absichten gemäß einseitig bestimmt, hauptsächlich dadurch, daß, wenn die Sphäre eines betrachteten Begriffs nur zum Teil in einer andern liegt, zum Teil aber auch in einer ganz verschiedenen, man sie als ganz in der ersten liegend angibt oder ganz in der zweiten, nach der Absicht des Redners. Z. B. wenn von Leidenschaft geredet wird, kann man diese beliebig unter den Begriff der größten Kraft, des mächtigsten Agens in der Welt subsumieren oder unter den Begriff der Unvernunft und diesen unter den der Ohnmacht, der Schwäche: Dasselbe Verfahren kann man nun fortsetzen und bei jedem Begriff, auf den die Rede führt, von neuem anwenden. Fast immer teilen sich in der Sphäre eines Begriffs mehrere andere, deren jede einen Teil des Gebiets des ersteren auf dem ihrigen enthält, selbst aber auch noch mehr außerdem umfaßt: Von diesen letzteren Begriffssphären läßt man aber nur die eine beleuchtet werden, unter welche man den ersten Begriff subsumieren will, während man die übrigen unbeachtet liegenläßt oder verdeckt hält. Auf diesem Kunstgriff beruhen eigentlich alle Überredungskünste, alle feineren Sophismen: Denn die logischen, wie der *mentiens, velatus, cornutus [der Lügner, der Verhüllte, der Gehörnte; Namen von Fangschlüssen]* usw., sind für die wirkliche Anwendung offenbar zu plump.

### Übersicht

Die allseitige Übersicht des Lebens im ganzen, welche der Mensch durch die Vernunft vor dem Tiere voraus hat, ist auch zu vergleichen mit einem geometrischen, farblosen, abstrakten, verkleinerten Grundriß seines Lebensweges. Er verhält sich damit zum Tiere wie der Schiffer, welcher mittelst Seekarte, Kompaß und Quadrant seine Fahrt und jedesmalige Stelle auf dem Meer genau weiß, zum unkundigen Schiffsvolk, das nur die Wellen und den Himmel sieht. Daher ist es betrachtungswert, ja wunderbar, wie der Mensch neben seinem Leben *in concreto* immer noch ein zweites *in abstracto* führt. Im ersten ist er allen Stürmen der Wirklichkeit und dem Einfluß der Gegenwart preisgegeben, muß streben, leiden, sterben wie das Tier. Sein Leben *in abstracto* aber, wie es vor seinem vernünftigen Besinnen steht, ist die stille Abspiegelung des ersten und der Welt, worin er lebt, ist jener eben erwähnte verkleinerte Grundriß.

### Überzeugen

Man bestreite keines Menschen Meinung, sondern bedenke, daß, wenn man alle Absurditäten, die er glaubt, ihm ausreden wollte, man Methusalems Alter erreichen könnte, ohne damit fertig zu werden. Auch aller, selbst noch so wohlgemeinter korrektioneller Bemerkungen soll man im Gespräche sich enthalten; denn die Leute zu kränken ist leicht, sie zu bessern schwer, wo nicht unmöglich. Wenn die Absurditäten eines Gesprächs, welches wir anzuhören im Falle sind, anfangen uns zu ärgern, müssen wir uns denken, es wäre eine Komödienszene zwischen zwei Narren. *Probatum est [es ist erprobt].*

*

Nichts ist verdrießlicher, als wenn man, mit Gründen und Auseinandersetzungen gegen einen Menschen streitend, sich alle Mühe gibt, ihn zu überzeugen, in der

Meinung, es bloß mit seinem Verstande zu tun zu haben, – und nun endlich entdeckt, daß er nicht verstehen will, daß man also es mit seinem Willen zu tun hatte, welcher sich der Wahrheit verschließt und mutwillig Mißverständnisse, Schikanen und Sophismen ins Feld stellt, sich hinter seinem Verstande und dessen vorgeblichem Nichteinsehen verschanzend. Da ist ihm freilich so nicht beizukommen: Denn Gründe und Beweise, gegen den Willen angewandt, sind wie die Stöße eines Hohlspiegelphantoms gegen einen festen Körper.

*

Um einen andern von einer Wahrheit, die gegen einen von ihm festgehaltenen Irrtum streitet, zu überzeugen, ist die erste zu befolgende Regel eine leichte und natürliche: Man lasse die Prämissen vorangehen, die Konklusionen aber folgen. Dennoch wird diese Regel selten beobachtet, sondern umgekehrt verfahren; weil Eifer, Hastigkeit und Rechthaberei uns treiben, die Konklusion, laut und gellend, dem am entgegengesetzten Irrtum Hängenden entgegen zu schreien. Dies macht ihn leicht kopfscheu, und nun stemmt er seinen Willen gegen alle Gründe und Prämissen, von denen er schon weiß, zu welcher Konklusion sie führen. Daher soll man vielmehr die Konklusion völlig verdeckt halten und allein die Prämissen geben, deutlich, vollständig, allseitig. Womöglich spreche man sogar die Konklusion gar nicht aus: Sie wird sich in der Vernunft der Hörer notwendig und gesetzmäßig von selbst einfinden, und die so in ihnen selbstgeborene Überzeugung wird um so aufrichtiger, zudem von Selbstgefühl statt von Beschämung begleitet sein.

### Unabänderlichkeit

Sind wir … vollkommen bekannt mit unseren Stärken und Schwächen, so werden wir auch nicht versuchen, Kräfte zu zeigen, die wir nicht haben, werden nicht mit falscher Münze spielen, weil solche Spiegelfechterei doch endlich ihr Ziel verfehlt. Denn da der ganze Mensch nur die Erscheinung seines Willens ist, so kann nichts verkehrter sein als, von der Reflexion ausgehend, etwas anderes sein zu wollen als man ist, denn es ist ein unmittelbarer Widerspruch des Willens mit sich selbst. Nachahmung fremder Eigenschaften und Eigentümlichkeiten ist viel schimpflicher als das Tragen fremder Kleider, denn es ist das Urteil der eigenen Wertlosigkeit, von sich selbst ausgesprochen. Kenntnis seiner eigenen Gesinnung und seiner Fähigkeiten jeder Art und ihrer unabänderlichen Grenzen ist in dieser Hinsicht der sicherste Weg, um zur möglichsten Zufriedenheit mit sich selbst zu gelangen. Denn es gilt von den inneren Umständen, was von den äußeren, daß es nämlich für uns keinen wirksamern Trost gibt als die volle Gewißheit der unabänderlichen Notwendigkeit. Uns quält ein Übel, das uns betroffen, nicht so sehr als der Gedanke an die Umstände, durch die es hätte abgewendet werden können; daher nichts wirksamer zu unserer Beruhigung ist als das Betrachten des Geschehenen aus dem Gesichtspunkte der Notwendigkeit, aus welchem alle Zufälle sich als Werkzeuge eines waltenden Schicksals darstellen und wir mithin das eingetretene Übel als durch den Konflikt innerer und äußerer Umstände unausweichbar herbeigezogen erkennen, also der Fatalismus. Wir jammern und toben auch eigentlich nur so lange als wir hoffen, dadurch entweder auf andere zu wirken oder uns selbst zu unerhörter Anstrengung aufzuregen. Aber Kinder und Erwachsene wissen sich sehr wohl zufriedenzugeben, sobald sie deutlich einsehen, daß es durchaus nicht anders ist.

## Unabwendbarkeit

Bei einem unglücklichen Ereignis, welches bereits eingetreten, also nicht mehr zu ändern ist, soll man sich nicht einmal den Gedanken, daß dem anders sein könnte, noch weniger den, wodurch es hätte abgewendet werden können, erlauben: Denn gerade er steigert den Schmerz ins Unerträgliche; so daß man damit zum »Selbstquäler« (Komödie des Terenz) wird. Vielmehr mache man es wie der König David, der, solange sein Sohn krank daniederlag, den Jehovah unablässig mit Bitten und Flehen bestürmte, als er aber gestorben war, ein Schnippchen schlug und nicht weiter daran dachte. Wer aber dazu nicht leichtsinnig genug ist, flüchte sich auf den fatalistischen Standpunkt, indem er sich die große Wahrheit verdeutlicht, daß alles, was geschieht, notwendig eintritt, also unabwendbar ist.

*

Wünschen, daß irgendein Vorfall nicht geschehen wäre, ist eine törichte Selbstquälerei; denn es heißt etwas absolut Unmögliches wünschen und ist so unvernünftig wie der Wunsch, daß die Sonne im Westen aufginge. Weil eben alles Geschehende, Großes wie Kleines, streng notwendig eintritt, ist es durchaus eitel, darüber nachzudenken, wie geringfügig und zufällig die Ursachen waren, welche jenen Vorfall herbeigeführt haben, und wie so sehr leicht sie hätten anders sein können: Denn dies ist illusorisch, indem sie alle mit ebenso strenger Notwendigkeit eingetreten sind und mit ebenso vollkommener Macht gewirkt haben wie die, infolge welcher die Sonne im Osten aufgeht. Wir sollten vielmehr die Begebenheiten, wie sie eintreten, mit eben dem Auge betrachten wie das Gedruckte, welches wir lesen, wohlwissend, daß es da stand, ehe wir es lasen.

## Unerklärliches

Der Grund und Boden, auf dem alle unsere Erkenntnisse und Wissenschaften ruhen, ist das Unerklärliche. Auf dieses führt daher jede Erklärung mittelst mehr oder weniger Mittelglieder zurück, wie auf dem Meere das Senkblei den Grund bald in größerer, bald in geringerer Tiefe findet, ihn jedoch überall zuletzt erreichen muß. Dieses Unerklärliche fällt der Metaphysik anheim.

## Ungemach

Die kleinen Unfälle, die uns stündlich vexieren, kann man betrachten als bestimmt, uns in Übung zu erhalten, damit die Kraft, die großen zu ertragen, im Glück nicht ganz erschlaffe. Gegen die täglichen Hudeleien, kleinlichen Reibungen im menschlichen Verkehr, unbedeutende Anstöße, Ungebührlichkeiten anderer, Klatscherein und dergleichen mehr muß man ein gehörnter Siegfried sein, d. h. sie gar nicht empfinden, viel weniger sich zu Herzen nehmen und darüber brüten, sondern von dem allen nichts an sich kommen lassen, es von sich stoßen wie Steinchen, die im Wege liegen, und keineswegs es aufnehmen in das Innere seiner Überlegung und Rumination.

## Unglück

Im Alter versteht man besser die Unglücksfälle zu verhüten, in der Jugend, sie zu ertragen.

*

Daß ein Unglücksfall uns weniger schwer zu tragen fällt, wenn wir zum voraus ihn als möglich betrachtet und, wie man sagt, uns darauf gefaßt gemacht haben, mag hauptsächlich daher kommen, daß, wenn wir den Fall, ehe er eingetreten, als eine bloße Möglichkeit mit Ruhe überdenken, wir die Ausdehnung des Unglücks deutlich und nach allen Seiten übersehn und so es wenigstens als ein endliches und überschaubares erkennen, infolge wovon es, wenn es nun wirklich trifft, doch mit nicht mehr als seiner wahren Schwere wirken kann. Haben wir hingegen jenes nicht getan, sondern werden unvorbereitet getroffen, so kann der erschrockene Geist im ersten Augenblick die Größe des Unglücks nicht genau ermessen: Es ist jetzt für ihn unübersehbar, stellt sich daher leicht als unermeßlich, wenigstens viel größer dar, als es wirklich ist. Auf gleiche Art läßt Dunkelheit und Ungewißheit jede Gefahr größer erscheinen.

## Unschuld

Die UNSCHULD ist wesentlich dumm.

## Unsterblichkeit

Unsterblichkeit der Individualität verlangen heißt eigentlich einen Irrtum ins Unendliche perpetuieren wollen. Denn im Grunde ist doch jede Individualität nur ein spezieller Irrtum, Fehltritt, etwas, das besser nicht wäre, ja, wovon uns zurückzubringen der eigentliche Zweck des Lebens ist. Dies findet seine Bestätigung auch darin, daß die allermeisten, ja, eigentlich alle Menschen so beschaffen sind, daß sie nicht glücklich sein könnten, in welche Welt auch immer sie versetzt werden möchten.

## Unterhaltung

Jede GEMEINSCHAFT MIT ANDERN, jede UNTERHALTUNG, hat nur statt unter der Bedingung gegenseitiger Beschränkung, gegenseitiger SELBSTVERLEUGNUNG; daher muß man in jedes Gespräch sich nur mit RESIGNATION einlassen.

*

Sprechen und Mitteilung, die immer von leiser Anregung des Willens gegeneinander begleitet sind, sind beinahe physisches Bedürfnis. Bisweilen aber sind mir die Tiere viel unterhaltender als die gewöhnlichen Menschen. Denn, erstlich, was kann man sich überhaupt sagen? Nur Begriffe sind durch Worte mitteilbar, also die trockensten Vorstellungen, und was für Begriffe hat denn wohl so ein gewöhnlicher Mensch mitzuteilen, wenn er nicht eben erzählt oder berichtet, was aber kein Gespräch gibt; auch ist der größte Reiz des Gesprächs nur das Mimische, der sich zeigende Charakter, sowenig es auch sei. Sogar aber der vorzüglichste Mensch, wie wenig kann er SAGEN von dem, was in ihm vorgeht! Nur Begriffe sind ja mitteilbar.

*

Für das Bedürfnis aufheiternder Unterhaltung und um der Einsamkeit die Öde zu benehmen, empfehle ich die Hunde, an deren moralischen und intellektuellen Eigenschaften man fast allemal Freude und Befriedigung erleben wird.

## Unverschämtheit

Zum Symbol der Unverschämtheit und Dummdreistigkeit sollte man die Fliege nehmen. Denn während alle Tiere den Menschen über alles scheuen und schon von ferne vor ihm fliehen, setzt sie sich ihm auf die Nase.

## Unwissenheit

UNWISSENHEIT degradiert den Menschen erst dann, wann sie in Gesellschaft des Reichtums angetroffen wird. Den Armen bändigt seine Arbeit und Not; seine Leistungen ersetzen bei ihm das Wissen und beschäftigen seine Gedanken. Hingegen Reiche, welche unwissend sind, leben bloß ihren Lüsten und gleichen dem Vieh, wie man dies täglich sehn kann. Hiezu kommt nun noch der Vorwurf, daß man Reichtum und Muße nicht benutzt habe zu dem, was ihnen den allergrößten Wert verleiht.

## Unzufriedenheit

Die Quelle unsrer Unzufriedenheit liegt in unsern stets erneuerten Versuchen, den Faktor der Ansprüche in die Höhe zu schieben bei der Unbeweglichkeit des andern Faktors, die es verhindert.

*

Haben wir, wie unsere guten Eigenschaften und Stärken, so unsere Fehler und Schwächen ein für allemal deutlich erkannt, demgemäß uns unser Ziel gesteckt und über das Unerreichbare uns zufriedengegeben, so entgehen wir dadurch am sichersten, soweit es unsere Individualität zuläßt, dem bittersten aller Leiden, der Unzufriedenheit mit uns selbst, welche die unausbleibliche Folge der Unkenntnis der eigenen Individualität, des falschen Dünkels und daraus entstandener Vermessenheit ist.

## Urteil

Wer da will, daß sein Urteil Glauben finde, spreche es kalt und ohne Leidenschaftlichkeit aus. Denn alle Heftigkeit entspringt aus dem Willen: Daher wird man DIE-

SEM und nicht der Erkenntnis, die ihrer Natur nach kalt ist, das Urteil zuschreiben. Weil nämlich das Radikale im Menschen der Wille, die Erkenntnis aber bloß sekundär und hinzugekommen ist, so wird man eher glauben, daß das Urteil aus dem erregten Willen, als daß die Erregung des Willens bloß aus dem Urteil entsprungen sei.

### Urteilen

Urteilen aus eigenen Mitteln ist das Vorrecht weniger; die übrigen leitet Autorität und Beispiel. Sie sehen mit fremden Augen und hören mit fremden Ohren. Daher ist es gar leicht zu denken, wie jetzt alle Welt denkt; aber zu denken, wie alle Welt über dreißig Jahre denken wird, ist nicht jedermanns Sache.

### Urteilskraft

Äußerungen der Urteilskraft sind auch Witz und Scharfsinn: In jenem ist sie reflektierend, in diesem subsumierend tätig. Bei den meisten Menschen ist die Urteilskraft bloß nominell vorhanden; es ist eine Art Ironie, daß man sie den normalen Geisteskräften beizählt, statt sie allein den *monstris per excessum [unnatürlichen Ausnahmeerscheinungen]* zuzuschreiben. Die gewöhnlichen Köpfe zeigen selbst in den kleinsten Angelegenheiten Mangel an Zutrauen zu ihrem eigenen Urteil, eben weil sie aus Erfahrung wissen, daß es keines verdient. Seine

Stelle nimmt bei ihnen Vorurteil und Nachurteil ein, wodurch sie in einem Zustand fortdauernder Unmündigkeit erhalten werden, aus welcher unter vielen Hunderten kaum einer losgesprochen wird.

*

Ein glücklich organisierter, folglich mit feiner Urteilskraft ausgestatteter Kopf hat zwei Vorzüge. Erstlich diesen, daß von allem, was er sieht, erfährt und liest, das Wichtige und Bedeutsame sich bei ihm ansetzt und von selbst sich seinem Gedächtnisse einprägt, um einst hervorzukommen, wann es gebraucht wird, während die übrige Masse wieder abfließt. Sein Gedächtnis gleicht demnach einem feinen Siebe, welches nur die größern Stücke aufbewahrt; andere gleichen groben Sieben, welche alles durchlassen bis auf das zufällig darin Bleibende. Der zweite, dem erstern verwandte Vorzug eines solchen Geistes ist, daß ihm jedesmal das zu einer Sache Gehörige, ihr Analoge oder sonst Verwandte, läge es auch noch so fern, zur rechten Zeit einfällt. Dies beruht darauf, daß er an den Dingen das eigentlich Wesentliche auffaßt, wodurch er, auch in den sonst Verschiedensten, das Identische und daher Zusammengehörige sogleich erkennt.

*

Weil früh eingesogene Irrtümer meistens unauslöschlich sind und die Urteilskraft am spätesten zur Reife kommt, soll man die Kinder bis zum sechzehnten Jahre von allen Lehren, worin große Irrtümer sein können, frei erhalten, also von aller Philosophie, Religion und allgemeinen Ansichten jeder Art, und sie bloß solche Dinge treiben lassen, worin entweder keine Irrtümer möglich sind, wie Mathematik, oder keiner sehr gefährlich ist, wie Sprachen, Naturkunde, Geschichte usw., überhaupt aber in jedem Alter nur solche Wissenschaften, die demselben zugänglich und ganz und gar verständlich sind. Die Kindheit und Jugend ist die Zeit, Data zu sammeln und das Einzelne speziell und von Grund aus kennenzulernen; hingegen muß das Urteil im Allgemeinen noch suspendiert bleiben und die letzten Erklärungen hinausgeschoben werden. Man lasse die Urteilskraft, da sie Reife und Erfahrung voraussetzt, noch ruhen und hüte sich, ihr durch Einprägung von Vorurteilen zuvorzukommen, als wodurch man sie auf immer lähmt.

*

Der gewöhnliche Mensch hat deren so viel wie der Kastrat Zeugungskraft. Wer daran zweifelt, betrachte die gelehrte Welt.

*

Sooft ein Mensch irgendwie aus der Fassung kommt, durch ein Unglück zu Boden geschlagen wird oder sich erzürnt oder verzagt, so zeigt er eben dadurch, daß er die

Dinge anders findet, als er sie erwartete, folglich daß er im Irrtum befangen war, die Welt und das Leben nicht kannte, nicht wußte, wie durch Zufall die leblose Natur durch entgegengesetzte Zwecke, auch durch Bosheit die belebte den Willen des einzelnen bei jedem Schritte durchkreuzt: Er hat also entweder seine Vernunft nicht gebraucht, um zu einem allgemeinen Wissen dieser Beschaffenheit des Lebens zu kommen, oder auch es fehlt ihm an Urteilskraft, wenn, was er im Allgemeinen weiß, er doch im Einzelnen nicht wiedererkennt und deshalb davon überrascht und aus der Fassung gebracht wird.

*

Der Unstern für geistige Verdienste ist, daß sie zu warten haben, bis die das Gute loben, welche selbst nur das Schlechte hervorbringen, ja überhaupt schon, daß sie ihre Kronen aus den Händen der menschlichen Urteilskraft zu empfangen haben, einer Eigenschaft, von der den meisten so viel einwohnt wie dem Kastraten Zeugungskraft, will sagen, ein schwaches, unfruchtbares Analogon, so daß schon sie selbst den seltenen Naturgaben beizuzählen ist.

*

Autorität wirkt ja allein: Urteilen will keiner im Bewußtsein eigener Unfähigkeit, sondern wartet auf den Klügeren; statt dessen kommt der Unverschämtere und urteilt ihm vor, und dann geht die Herde.

## Verachtung

Die echte Verachtung haßt nicht, sie ist reine Überzeugung vom Unwert des andern oder wohl gar der Menschen überhaupt und mit Milde und Schonung zu vereinigen, weil man seiner Sicherheit und Ruhe halber vermeidet, die verachteten Wesen, die doch schaden können, zu reizen. Kommt aber durch irgendeinen Zufall diese leidenschaftslose, aus reiner Überzeugung entsprungene, ganz kalte Verachtung zum Vorschein, so schmerzt sie so, daß sie durch den blutigsten Haß erwidert wird.

*

HASS ist Sache des Herzens, VERACHTUNG des Kopfs. Das Ich hat keines von beiden in seiner Gewalt, denn sein Herz ist unveränderlich und wird durch Motive bewegt, und sein Kopf urteilt nach unwandelbaren Regeln und objektiven Datis. Das Ich ist bloß die Verknüpfung dieses Herzens mit diesem Kopfe, das Joch. Haß und Verachtung stehn in entschiedenem Antagonismus und schließen einander aus. Sogar hat mancher Haß keine andere Quelle als die Hochachtung, welche fremde Vorzüge erzwingen. Und andrerseits, wenn man alle erbärmlichen Wichte hassen wollte, da hätte man viel zu tun: Verachten kann man sie mit größter Bequemlichkeit samt und sonders. Die wahre, echte Verachtung, welche die Kehrseite des wahren, echten Stolzes ist, bleibt ganz heimlich und läßt nichts von sich merken. Denn wer die Verachtung merken läßt, gibt schon dadurch ein Zeichen einiger Achtung, sofern er den andern wissen lassen will, wie wenig er ihn schätze, wodurch er Haß verrät, der die Verachtung ausschließt und nur affektiert. Die echte Verachtung hingegen ist reine Überzeugung vom Unwert des andern und mit Nachsicht und Schonung vereinbar, mittelst welcher man eigener Ruhe und Sicherheit halber den Verachteten zu reizen vermeidet, da jeder schaden kann. Kommt dennoch einmal diese reine, kalte, aufrichtige Verachtung zum Vorschein, so wird sie durch den blutigsten Haß erwidert, weil sie mit Gleichem zu erwidern nicht in der Macht des Verachteten steht.

### Verantwortlichkeit

Es ist ein Grundirrtum aller Zeiten gewesen, die Notwendigkeit dem *Esse [Sein]* und die Freiheit dem *Operari [Handeln]* beizulegen. Umgekehrt, im *Esse* allein liegt die Freiheit, aber aus ihm und den Motiven folgt das *Operari* mit Notwendigkeit; und an dem, was wir tun, erkennen wir, was wir sind. Hierauf, und nicht auf dem vermeinten *libero arbitrio indifferentiae [Willensfreiheit]*, beruht das Bewußtsein der Verantwortlichkeit und die moralische Tendenz des Lebens. Es kommt alles darauf an, was einer ist: Was er tut, wird sich daraus von selber ergeben, als ein notwendiges Korollarium.

### Verbündete

In der Regel werden Leute von sehr großen Fähigkeiten sich mit den äußerst beschränkten Köpfen besser vertragen als mit den gewöhnlichen: aus demselben Grunde, weshalb der Despot und der Plebs, die Großeltern und die Enkel natürliche Alliierte sind.

### Verdienste

Gegen Verdienste gibt es zwei Verhaltensweisen: entweder welche zu haben oder keine gelten zu lassen. Die letztere wird, wegen größerer Bequemlichkeit, meistens vorgezogen.

*

Wer selbst Verdienste hat, läßt auch Verdienste gelten.

### Verehrung

Die Verehrung verträgt nicht die Nähe, sondern hält sich fast immer in der Ferne auf, weil sie bei persönlicher Gegenwart des Verehrten wie Butter an der Sonne schmilzt. Demnach werden selbst den schon bei der Mitwelt Berühmten neun Zehntel der in seiner Nähe Lebenden bloß nach Maßgabe seines Standes und Vermögens ästimieren, und allenfalls wird beim übrigen Zehntel infolge einer aus der Ferne gekommenen Kunde ein dumpfes Bewußtsein seiner Vorzüge stattfinden.

## Vergeben

Vergeben und Vergessen heißt gemachte kostbare Erfahrungen zum Fenster hinauswerfen.

## Vermögen

Leute, welche ererbtes Vermögen besitzen, wissen wenigstens sogleich ganz richtig, was das Kapital und was die Zinsen sind. Die meisten werden daher jenes sicherzustellen suchen, keinesfalls es angreifen, ja, wo möglich, wenigstens ein Achtel der Zinsen zurücklegen, künftigen Stockungen zu begegnen. Sie bleiben daher meistens im Wohlstande. – Auf Kaufleute ist diese ganze Bemerkung nicht anwendbar; denn ihnen ist das Geld selbst Mittel zum ferneren Erwerb, gleichsam Handwerksgerät, daher sie, auch wenn es ganz von ihnen selbst erworben ist, es sich durch Benutzung zu erhalten und zu vermehren suchen. Demgemäß ist in keinem Stande der Reichtum so eigentlich zu Hause wie in diesem.

*

Vorhandenes Vermögen soll man betrachten als eine Schutzmauer gegen die vielen möglichen Übel und UNFÄLLE, nicht als eine Erlaubnis oder gar Verpflichtung, die Pläsiers der Welt heranzuschaffen. – Leute, die von Hause aus kein Vermögen haben, aber endlich in die Lage kommen, durch ihre Talente, welcher Art sie auch seien, viel zu verdienen, geraten fast immer in die Einbildung, ihr Talent sei das bleibende Kapital und der Gewinn dadurch die Zinsen. Demgemäß legen sie dann nicht das Erworbene teilweise zurück, um so ein bleibendes Kapital zusammenzubringen, sondern geben aus in dem Maße, wie sie verdienen. Danach aber werden sie meistens in Armut geraten, weil ihr Erwerb stockt oder aufhört, nachdem entweder das Talent selbst erschöpft ist, indem es vergänglicher Art war, wie z. B. das zu fast allen schönen Künsten, oder auch, weil es nur unter besondern Umständen und Konjunkturen geltend zu machen war, welche aufgehört haben.

*

Ich glaube keineswegs etwas meiner Feder Unwürdiges zu tun, indem ich hier die Sorge für Erhaltung des erworbenen und des ererbten Vermögens anempfehle. Denn von Hause aus so viel zu besitzen, daß man, wäre es auch nur für seine Person und ohne Familie, in wahrer Unabhängigkeit, d. h. ohne zu arbeiten, bequem leben kann, ist ein unschätzbarer Vorzug: Denn es ist die Exemtion und die Immunität von der dem menschlichen Leben anhängenden Bedürftigkeit und Plage, also die Emanzipation vom allgemeinen Frondienst, diesem naturgemäßen Lose des Erdensohns. Nur unter dieser Begünstigung des Schicksals ist man als ein wahrer Freier geboren, denn nur so ist man Herr seiner Zeit und seiner Kräfte und darf jeden Morgen sagen: »Der Tag ist mein.« Auch ist ebendeshalb zwischen dem, der tausend, und dem, der hunderttausend Taler Renten hat, der Unterschied unendlich kleiner als zwischen ersterem und dem, der nichts hat. Seinen höchsten Wert aber erlangt das angeborene Vermögen, wenn es dem zugefallen ist, der, mit geistigen Kräften höherer Art ausgestattet, Bestrebungen verfolgt, die sich mit dem Erwerbe nicht wohl vertragen: Denn er kann jetzt seinem Genius leben; und wird der Menschheit seine Schuld dadurch hundertfach abtragen, daß er leistet, was kein anderer konnte und etwas hervorbringt, das ihrer Gesamtheit zugute kommt, wohl auch gar ihr zur Ehre gereicht. Ein anderer nun wieder wird in so bevorzugter Lage sich durch philanthropische Bestrebungen um die Menschheit verdient machen. Wer hingegen nichts von dem allen auch nur einigermaßen oder versuchsweise leistet, ja, nicht einmal durch gründliche Erlernung irgendeiner Wissenschaft sich wenigstens die Möglichkeit eröffnet, dieselbe zu fördern, – ein solcher ist bei angeerbtem Vermögen ein bloßer Tagedieb und verächtlich.

## Vernunft

Die Vernunft ist weiblicher Natur: Sie kann nur geben, nachdem sie empfangen hat.

*

Die Ausbildung der Vernunft durch Kenntnisse und Einsichten jeder Art ist dadurch moralisch wichtig, daß sie Motiven, für welche ohne sie der Mensch verschlossen bliebe, den Zugang öffnet. Solange er diese nicht verstehen konnte, waren sie für seinen Willen nicht vorhanden. Daher kann unter gleichen äußern Umständen die Lage eines Menschen das zweite Mal doch in der Tat eine ganz andere sein als das erste: wenn er nämlich erst in der Zwischenzeit fähig geworden ist, jene Umstände richtig und vollständig zu begreifen, wodurch jetzt Motive auf ihn wirken, denen er früher unzugänglich war. In diesem Sinn sagten die Scholastiker sehr richtig: *Causa finalis movet non secundum suum esse reale, sed secundum esse cognitum [die Endursache wirkt nicht nach ihrem wirklichen, sondern nach ihrem erkannten Wesen].* Weiter aber als auf die Berichtigung der Erkenntnis erstreckt sich keine moralische Einwirkung, und das Unternehmen, die Charakterfehler eines Menschen durch Reden und Moralisieren aufheben und so seinen Charakter selbst, seine eigentliche Moralität, umschaffen zu wollen, ist ganz gleich dem Vorhaben, Blei durch äußere Einwirkung in Gold zu verwandeln oder eine Eiche durch sorgfältige Pflege dahin zu bringen, daß sie Aprikosen trüge.

*

Wie der Verstand nur EINE Funktion hat: unmittelbare Erkenntnis des Verhältnisses von Ursach und Wirkung, und die Anschauung der wirklichen Welt, wie auch alle Klugheit, Sagazität und Erfindungsgabe, so mannigfaltig auch ihre Anwendung ist, doch ganz offenbar nichts anderes sind als Äußerungen jener einfachen Funktion, so hat auch die Vernunft EINE Funktion: Bildung des Begriffs; und aus dieser einzigen erklären sich sehr leicht und ganz und gar von selbst alle jene Erscheinungen, die das Leben des Menschen von dem des Tieres unterscheiden, und auf die Anwendung oder Nicht-Anwendung jener Funktion deutet schlechthin alles, was man überall und jederzeit vernünftig oder unvernünftig genannt hat.

*

Vernunft ist nicht das Licht, das aus dem Himmel glänzt, sondern nur ein Wegweiser, den wir selbst hinstellen, nach dem gewählten Ziel ihn richtend, daß er die Richtung zeige, wenn das Ziel selbst sich verbirgt. Aber richten kann man ihn nach der Hölle wie nach dem Himmel.

## Verschwendung

Nicht der GEIZ ist ein Laster, sondern sein Gegenteil, die VERSCHWENDUNG. Sie entspringt aus einer tierischen Beschränktheit auf die Gegenwart, gegen welche alsdann die noch in bloßen Gedanken bestehende Zukunft keine Macht erlangen kann, und beruht auf dem Wahn eines positiven und realen Wertes der sinnlichen Genüsse. Demgemäß sind künftiger Mangel und Elend der Preis, um welchen der Verschwender diese leeren, flüchtigen, ja oft bloß eingebildeten Genüsse erkauft. Dieserhalb soll man ihn fliehen wie einen Verpesteten, und, nachdem man sein Laster entdeckt hat, beizeiten mit ihm brechen, damit man nicht, wann späterhin die Folgen eintreten, entweder sie tragen zu helfen oder aber die Rolle der Freunde des Timon von Athen zu spielen habe.

## Verstand

Wie die meisten Menschen einerseits keinen Überfluß am Gelde haben, sondern knapp das Notdürftige, so auch andrerseits nicht am Verstand. Sie haben dessen knapp so viel, wie zum Dienste ihres Willens, d. h. zur Betreibung ihres Erwerbs, ausreicht. Dies getan, sind sie froh, maulaffen zu dürfen oder sich an sinnlichen Genüssen, auch wohl an kindischen Spielen zu ergötzen, an Karten, an Würfeln, oder auch sie führen miteinander die plattesten Diskurse, oder sie putzen sich heraus und machen dann einander Bücklinge. Schon derer, die einen ganz kleinen Überschuß intellektueller Kräfte haben, sind wenige.

*

In der praktischen Anwendung wird der Verstand Klugheit und, wenn sie mit Überlistung anderer geschieht, Schlauheit genannt, auch wohl, wenn seine Zwecke sehr geringfügig sind, Pfiffigkeit. Hingegen heißt er im bloß theoretischen Gebrauch VERSTAND schlechtweg, in den höhern Graden aber alsdann Scharfsinn, Einsicht, Sagazität, Penetration; sein Mangel hingegen Stumpfheit, Dummheit, Pinselhaftigkeit usw. Diese höchst verschiedenen Grade seiner Schärfe sind angeboren und nicht zu erlernen, wiewohl Übung und Kenntnis des Stoffs überall zur richtigen Handhabung erfordert sind, wie wir dies ja selbst an seiner ersten Anwendung, also an der empirischen Anschauung, gesehn haben. Vernunft hat jeder Tropf: Gibt man ihm die Prämissen, so vollzieht er den Schluß. Aber der Verstand liefert die PRIMÄRE Erkenntnis, folglich die intuitive, und da liegen die Unterschiede. Demgemäß ist auch der Kern jeder großen Entdeckung wie auch jedes welthistorischen Plans das Erzeugnis eines glücklichen Augenblicks, in welchem durch Gunst äußerer und innerer Umstände dem Verstande komplizierte Kausalreihen oder verborgene Ursachen tausendmal gesehener Phänomene oder nie betretene, dunkle Wege sich plötzlich erhellen.

*

Der Verstand ist keine extensive, sondern eine intensive Größe: Daher kann hierin einer es getrost gegen Zehntausend aufnehmen und gibt eine Versammlung von tausend Dummköpfen noch keinen gescheiten Mann.

*

Wie mit dem Eintritt der Sonne die sichtbare Welt dasteht, so verwandelt der Verstand mit einem Schlage, durch seine einzige, einfache Funktion die dumpfe, nichtssagende Empfindung in Anschauung. Was das Auge, das Ohr, die Hand empfindet, ist nicht die Anschauung: Es sind bloße Data. Erst indem der Verstand von der Wirkung auf die Ursache übergeht, steht die Welt da, als Anschauung im Raume ausgebreitet, der Gestalt nach wechselnd, der Materie nach durch alle Zeit beharrend.

*

Der Verstand ist in allen Tieren und allen Menschen der nämliche, hat überall dieselbe einfache Form: Erkenntnis der Kausalität, Übergang von Wirkung auf Ursach und von Ursach auf Wirkung, und nichts außerdem. Aber die Grade seiner Schärfe und die Ausdehnung seiner Erkenntnissphäre sind höchst verschieden, mannigfaltig und vielfach abgestuft, vom niedrigsten Grad, welcher nur das Kausalitätsverhältnis zwischen dem unmittelbaren Objekt und den mittelbaren erkennt, also eben hinreicht, durch den Übergang von der Einwirkung, welche der Leib erleidet, auf deren Ursach, diese als Objekt im Raum anzuschauen, bis zu den höheren Graden der Erkenntnis des kausalen Zusammenhanges der bloß mittelbaren Objekte untereinander, welche bis zum Verstehen der zusammengesetztesten Verkettungen von Ursachen und Wirkungen in der Natur geht.

## Verständigung

Nur die schlechteste Art der Erkenntnis ist MITTEILBAR, die abstrakte, – der bloße Schatten der Erkenntnis, der Begriff. Wenn ANSCHAUUNGEN MITTEILBAR wären, da gäbe es eine Mitteilung, die der Mühe lohnte. So muß am Ende jeder in seiner Haut bleiben und in seiner Hirnschale, und keiner kann dem andern helfen.

## Verstellung

Alle Verstellung ist Werk der Reflexion; aber auf die Dauer und unausgesetzt ist sie nicht haltbar: *Nemo potest personam diu ferre fictam [niemand kann lange eine verstellte Maske tragen]*, sagt Seneca im Buche *De clementia*; auch wird sie dann meistens erkannt und verfehlt ihre Wirkung. Im hohen Lebensdrange, wo es schneller Entschlüsse, kecken Handelns, raschen und festen Ergreifens bedarf, ist zwar Vernunft nötig, kann aber, wenn sie die Oberhand gewinnt und das intuitive, unmittelbare, rein verständige Ausfinden und zugleich Ergreifen des Rechten verwirrend hindert und Unentschlossenheit herbeiführt, leicht alles verderben.

### Vertrauen

An unserm Zutrauen zu andern haben sehr oft Trägheit, Selbstsucht und Eitelkeit den größten Anteil: Trägheit, wenn wir, um nicht selbst zu untersuchen, zu wachen, zu tun, lieber einem andern trauen; Selbstsucht, wenn das Bedürfnis, von unsern Angelegenheiten zu reden, uns verleitet, ihm etwas anzuvertrauen; Eitelkeit, wenn es zu dem gehört, worauf wir uns etwas zugute tun. Nichtsdestoweniger verlangen wir, daß man unser Zutrauen ehre. Über Mißtrauen hingegen sollten wir uns nicht erzürnen: Denn in demselben liegt ein Kompliment für die Redlichkeit, nämlich das aufrichtige Bekenntnis ihrer großen Seltenheit, infolge welcher sie zu den Dingen gehört, an deren Existenz man zweifelt.

### Vertrauensseligkeit

Wer erwartet, daß in der Welt die Teufel mit Hörnern und die Narren mit Schellen einhergehn, wird stets ihre Beute oder ihr Spiel sein. Hiezu kommt aber noch, daß im Umgange die Leute es machen wie der Mond und die Pucklichten, nämlich stets nur eine Seite zeigen, und sogar jeder ein angeborenes Talent hat, auf mimischem Wege seine Physiognomie zu einer Maske umzuarbeiten, welche genau darstellt, was er eigentlich sein SOLLTE, und die, weil sie ausschließlich auf seine Individualität berechnet ist, ihm so genau anliegt und anpaßt, daß die Wirkung überaus täuschend ausfällt. Er legt sie an, sooft es darauf ankommt, sich einzuschmeicheln. Man soll auf dieselbe so viel geben, als wäre sie aus Wachstuch, eingedenk des vortrefflichen italienischen Sprichworts: *Non e si tristo cane, che non meni la coda [so böse ist kein Hund, daß er nicht mit dem Schwanz wedelte]*. Jedenfalls soll man sich sorgfältig hüten, von irgendeinem Menschen neuer Bekanntschaft eine sehr günstige Meinung zu fassen, sonst wird man in den allermeisten Fällen zu eigener Beschämung oder gar Schaden enttäuscht werden. – Hierbei verdient auch ein Wort des Seneca berücksichtigt zu werden: *Argumenta morum ex minimis quoque licet capere (ep. 52) [Beweise für die Beschaffenheit eines Charakters kann man auch Kleinigkeiten entnehmen]*. Gerade in Kleinigkeiten, als bei welchen der Mensch sich nicht zusammennimmt, zeigt er seinen Charakter, und da kann man oft an geringfügigen Handlungen, an bloßen Manieren, den grenzenlosen, nicht die mindeste Rücksicht auf andere kennenden Egoismus bequem beobachten, der sich nachher im Großen nicht verleugnet, wiewohl verlarvt.

### Vorsicht

Um durch die Welt zu kommen, ist es zweckmäßig, einen großen Vorrat von Vorsicht und Nachsicht mitzunehmen: Durch erstere wird man vor Schaden und Verlust, durch letztere vor Streit und Händeln geschützt.

### Vorurteil

LIEBE und HASS verfälschen unser Urteil gänzlich: An unsern Feinden sehen wir nichts als Fehler, an unsern Lieblingen lauter Vorzüge, und selbst ihre Fehler scheinen uns liebenswürdig. Eine ähnliche geheime Macht übt unser VORTEIL, welcher Art er auch sei, über unser Urteil aus: Was ihm gemäß ist, erscheint uns alsbald billig, gerecht, vernünftig; was ihm zuwiderläuft, stellt sich uns im vollen Ernst als ungerecht und abscheulich oder zweckwidrig und absurd dar. Daher so viele Vorurteile des Standes, des Gewerbes, der Nation, der Sekte, der Religion. Eine gefaßte Hypothese gibt uns Luchsaugen für alles sie Bestätigende und macht uns blind für alles ihr Widersprechende. Was unserer Partei, unserm Plane, unserm Wunsche, unserer Hoffnung entgegensteht, können wir oft gar nicht fassen und begreifen, während es allen andern klar vorliegt; das jenen Günstige hingegen springt uns von ferne in die Augen. Was dem Herzen widerstrebt, läßt der Kopf nicht ein.

*

Was der Auffindung der Wahrheit am meisten entgegensteht, ist nicht der aus den Dingen hervorgehende und zum Irrtum verleitende falsche Schein, noch auch unmittelbar die Schwäche des Verstandes, sondern es ist die vorgefaßte Meinung, das Vorurteil, welches, als ein After-a-priori, der Wahrheit sich entgegenstellt und dann einem widrigen Winde gleicht, der das Schiff von der Richtung, in der allein das Land liegt, zurücktreibt, so daß jetzt Steuer und Segel vergeblich tätig sind.

*

Daß wir uns so oft in andern irren, ist nicht immer geradezu Schuld unsrer Urteilskraft, sondern entspringt meistens aus Bacons *intellectus luminis sicci non est, sed recipit infusionem a voluntate et affectibus [der Intellekt ist kein trockenes Licht, sondern erhält Zufluß vom Willen und von den Gemütsbewegungen],* indem wir nämlich, ohne es zu wissen, gleich anfangs durch Kleinigkeiten für oder gegen sie eingenommen sind. Sehr oft liegt es auch daran, daß wir nicht bei den wirklich an ihnen entdeckten Eigenschaften stehnbleiben, sondern von diesen noch auf andere schließen, die wir für unzertrennlich von jenen oder aber für mit ihnen unvereinbar halten: Z. B. von wahrgenommener Freigebigkeit schließen wir auf Gerechtigkeit; von Frömmigkeit auf Ehrlichkeit; von lügen auf betrügen; von betrügen auf stehlen u. dgl. m., welches vielen Irrtümern die Türe öffnet, infolge teils der Seltsamkeit der menschlichen Charaktere, teils der Einseitigkeit unsers Standpunkts. Zwar ist der Charakter durchweg konsequent und zusammenhängend, aber die Wurzel seiner sämtlichen Eigenschaften liegt zu tief, als daß man aus vereinzelten Datis bestimmen könnte, welche im gegebenen Fall zusammen bestehn können und welche nicht.

*

Wie hart und erstarrt die Denkungsart des großen Haufens sei und wie schwer ihr beizukommen, kann man besonders auf Reisen beobachten. Denn wer das Glück hat, mehr mit Büchern als mit Menschen leben zu dürfen, hat immer nur die leichte Mitteilung der Gedanken und Erkenntnisse nebst der schnellen Aktion und Reaktion der Geister aufeinander vor Augen, wobei er leicht vergißt, wie ganz anders es in der sozusagen allein wirklichen Menschenwelt hergeht, und am Ende gar vermeint, jede gewonnene Einsicht gehöre sogleich der Menschheit an. Man braucht aber nur einen Tag auf der Eisenbahn weitergefahren zu sein, um zu bemerken, daß da, wo man jetzt sich befindet, gewisse Vorurteile, Wahnbegriffe, Sitten, Gebräuche und Kleidungen herrschen, ja, seit Jahrhunderten sich erhalten, welche dort, wo man gestern gewesen, unbekannt sind. Ist es doch mit den Provinzialdialekten nicht anders. Hieraus kann man abnehmen, wie weit die Kluft ist zwischen dem Volk und den Büchern und wie langsam, wenn auch sicher, die erkannten Wahrheiten zum Volke gelangen, weshalb in Hinsicht auf die Schnelligkeit der Fortpflanzung dem physischen Lichte nichts unähnlicher ist als das geistige.

## Wahnsinn

Jede anhaltende Geistesarbeit erfordert Pausen und Ruhe, sonst erfolgt Stumpfheit und Unfähigkeit, freilich zunächst nur einstweilige. Wird aber diese Ruhe dem Intellekt anhaltend versagt, wird er übermäßig und unausgesetzt angespannt, so ist die Folge eine bleibende Abstumpfung desselben, welche im Alter übergehen kann in gänzliche Unfähigkeit, in Kindischwerden, in Blödsinn und Wahnsinn. Nicht dem Alter an und für sich, sondern der lange fortgesetzten tyrannischen Überanstrengung des Intellekts oder Gehirns ist es zuzuschreiben, wenn diese Übel in den letzten Jahren des Lebens sich einfinden. Daraus ist es zu erklären, daß SWIFT wahnsinnig, KANT kindisch wurde, WALTER SCOTT, auch WORDSWORTH, SOUTHEY und viele *minorum gentium [der weniger bedeutenden Leute]* stumpf und unfähig. GOETHE ist bis an sein Ende klar, geisteskräftig und geistestätig geblieben, weil er, der stets Welt- und Hofmann war, niemals seine geistigen Beschäftigungen mit Selbstzwang getrieben hat. Dasselbe gilt von WIELAND und dem einundneunzigjährigen KNEBEL, wie auch von VOLTAIRE. Dieses alles nun aber beweist, wie sehr sekundär, physisch und ein bloßes Werkzeug der Intellekt ist.

## Wahrheit

Die Gewalt der Wahrheit ist unglaublich groß und von unsäglicher Ausdauer. Wir finden ihre häufigen Spuren wieder in allen, selbst den bizarrsten, ja absurdesten Dogmen verschiedener Zeiten und Länder, zwar oft in sonderbarer Gesellschaft, in wunderlicher Vermischung, aber doch zu erkennen. Sie gleicht sodann einer Pflanze, welche unter einem Haufen großer Steine keimt, aber dennoch zum Lichte heranklimmt, sich durcharbeitend, mit vielen Umwegen und Krümmungen, verunstaltet, verblaßt, verkümmert, aber dennoch zum Lichte.

*

Die Wahrheit kann warten, denn sie hat ein langes Leben vor sich. Das Echte und ernstlich Gemeinte geht stets langsam seinen Gang und erreicht sein Ziel, freilich fast wie durch ein Wunder. Denn bei seinem Auftreten wird es in der Regel kalt, ja, mit Ungunst aufgenommen, ganz aus demselben Grunde, warum auch nachher, wann es in voller Anerkennung und bei der Nachwelt angelangt ist, die unberechenbar große Mehrzahl der Menschen es allein auf Autorität gelten läßt, um sich nicht zu kompromittieren, die Zahl der aufrichtigen Schätzer aber immer noch fast so klein bleibt wie am Anfang. Dennoch vermögen diese wenigen es in Ansehen zu halten, weil sie selbst in Ansehen stehen. Sie reichen es nun von Hand zu Hand über den Köpfen der unfähigen Menge einander zu, durch die Jahrhunderte.

*

Es liegt in jedem Menschen auch eine Neigung zur Wahrheit, die bei jeder Lüge erst überwältigt werden muß.

*

Wenn ein Tabulettkrämer den Herren Haarnadeln und den Damen Pfeifenköpfe anbietet, so lacht man über seine Dummheit; – aber wieviel toller ist der Einfall des Philosophen, der die WAHRHEIT zu Markte trägt, und sie an die MENSCHEN abzusetzen hofft: die WAHRHEIT – FÜR DIE MENSCHEN!!

*

Die Wahrheit ist nackt am schönsten, und der Eindruck, den sie macht, um so tiefer, als ihr Ausdruck einfacher war, teils, weil sie dann das ganze, durch keinen Nebengedanken zerstreute Gemüt des Hörers ungehindert einnimmt, teils, weil er fühlt, daß er hier nicht durch rhetorische Künste bestochen oder getäuscht ist, sondern die ganze Wirkung von der Sache selbst ausgeht.

*

Indem man sucht, menschliche Erkenntnis und Einsicht zu fördern, wird man stets den Widerstand des Zeitalters empfinden, gleich dem einer Last, die man zu ziehen hätte und die schwer auf den Boden drückt, aller Anstrengung trotzend. Dann muß man sich trösten mit der Gewißheit, zwar die Vorurteile gegen sich, aber die Wahrheit für sich zu haben, welche, sobald nur ihr Bundesgenosse, die Zeit, zu ihr gestoßen sein wird, des Sieges vollkommen gewiß ist, mithin, wenn auch nicht heute, doch morgen.

*

Wie HAMLET, wenn er den Geist seines Vaters erblickt, die Augen starr allein auf diesen heftet und alle Umstehenden unbeachtet läßt, – so haben ALLE DIE, WELCHE EINE GROSSE UND WICHTIGE WAHRHEIT zuerst erkannten, nur diese ihr ganzes Leben hindurch im Auge behalten, ohne auf das jeweilige Treiben der Zeitgenossen zu achten oder mit dem, was diese zu ihrem Gesichte sagten, sich aufzuhalten. Denn eine solche Erkenntnis macht den Blick gewissermaßen starr.

*

Die Natur, die Welt allein kann nie lügen, denn sie eben macht alle Wahrheit zur Wahrheit. Daher soll man auf sie sehn, sie ins Auge fassen, und zwar ihre großen, deutlichen Züge, ihren Hauptcharakter, diejenigen Erscheinungen, die allzeit und überall sind, nicht die kleinen, seltnen, mikroskopischen oder vorüberfliegenden Erscheinungen; diese mag der Zoolog und der Physiker verfolgen, der Philosoph hat wichtigere Dinge vor:

Denn er hat die Hauptsache auszumachen, das Ganze und Große der Wahrheit.

*

Die Wahrheit ist keine Hure, die sich denen an den Hals wirft, welche ihrer nicht begehren: Vielmehr ist sie eine so spröde Schöne, daß selbst, wer ihr alles opfert, noch nicht ihrer Gunst gewiß sein darf.

*

Das Leben ist kurz, und die Wahrheit wirkt ferne und lebt lange: Sagen wir die Wahrheit.

*

Das eben ist ja der Fluch dieser Welt der Not und des Bedürfnisses, daß diesen alles dienen und frönen muß: Daher eben ist sie nicht so beschaffen, daß in ihr irgendein edles und erhabenes Streben, wie das nach Licht und Wahrheit ist, ungehindert gedeihen und seiner selbst wegen dasein dürfte.

*

In allen Jahrhunderten hat die arme Wahrheit darüber erröten müssen, daß sie paradox war, und es ist doch nicht ihre Schuld. Sie kann nicht die Gestalt des thronenden allgemeinen Irrtums annehmen. Da sieht sie seufzend auf zu ihrem Schutzgott, der Zeit, welcher ihr Sieg und Ruhm zuwinkt, aber dessen Flügelschläge so groß und langsam sind, daß das Individuum darüber hinstirbt.

*

Die unglaublich große Mehrzahl der Menschen ist ihrer Natur zufolge durchaus keiner anderen als materieller Zwecke fähig, ja kann keine anderen begreifen. Demnach ist das Streben nach Wahrheit allein ein viel zu hohes und exzentrisches, als daß erwartet werden dürfte, daß alle, daß viele, ja daß auch nur einige aufrichtig daran teilnehmen sollten.

### Wandelbarkeit

Man sollte beständig die Wirkung der Zeit und die Wandelbarkeit der Dinge vor Augen haben und daher bei allem, was jetzt stattfindet, sofort das Gegenteil davon imaginieren: also im Glücke das Unglück, in der Freundschaft die Feindschaft, im schönen Wetter das schlechte, in der Liebe den Haß, im Zutrauen und Eröffnen den Verrat und die Reue, und so auch umgekehrt, sich lebhaft vergegenwärtigen. Dies würde eine bleibende Quelle wahrer Weltklugheit abgeben, indem wir stets besonnen bleiben und nicht so leicht getäuscht werden würden. Meistens würden wir dadurch nur die Wirkung der Zeit antizipiert haben.

### Weiber

Es ist unausstehlich anzusehn, wie stolz, hoffärtig und schnöde ein vornehmes Weib sich gegen ein niederes gebärdet, indem sie mit ihr spricht, weil bei Weibern aller Unterschied des Ranges viel prekärer ist als bei uns und viel schneller sich ändern und aufheben kann, weil, während bei uns tausend verschiedene Dinge auf die Waagschale kommen, bei ihnen nur eines entscheidet: WELCHEM MANN SIE GEFALLEN HABEN. Darum sind die Weiber viel schnöder gegeneinander als die Männer, auch weil sie wegen der Einseitigkeit ihres Berufs einander viel näherstehn als die Männer untereinander; so suchen sie den Standesunterschied mehr hervorzuheben.

## Weinen

Das Weinen ist keineswegs geradezu Äußerung des Schmerzes, denn bei den wenigsten Schmerzen wird geweint. Meines Erachtens weint man sogar nie unmittelbar über den empfundenen Schmerz, sondern immer nur über dessen Wiederholung in der Reflexion. Man geht nämlich von dem empfundenen Schmerz, selbst wann er körperlich ist, über zu einer bloßen Vorstellung desselben und findet dann seinen eigenen Zustand so bemitleidenswert, daß, wenn ein anderer der Dulder wäre, man voller Mitleid und Liebe ihm helfen zu werden fest und aufrichtig überzeugt ist; nun aber ist man selbst der Gegenstand seines eigenen aufrichtigen Mitleids; mit der hilfreichsten Gesinnung ist man selbst der Hilfsbedürftige, fühlt, daß man mehr duldet als man einen andern dulden sehen könnte, und in dieser sonderbar verflochtenen Stimmung, wo das unmittelbar gefühlte Leid erst auf einem doppelten Umwege wieder zur Perzeption kommt, als fremdes vorgestellt, als solches mitgefühlt und dann plötzlich wieder als unmittelbar eigenes wahrgenommen wird, – schafft sich die Natur durch jenen sonderbaren körperlichen Krampf Erleichterung. – Das WEINEN ist demnach MITLEID MIT SICH SELBST oder das auf seinen Ausgangspunkt zurückgeworfene Mitleid. Es ist daher durch Fähigkeit zur Liebe und zum Mitleid und durch Phantasie bedingt: Daher weder hartherzige noch phantasielose Menschen leicht weinen und das Weinen sogar immer als Zeichen eines gewissen Grades von Güte des Charakters angesehen wird und den Zorn entwaffnet, weil man fühlt, daß, wer noch weinen kann, auch notwendig der Liebe, d.h. des Mitleids gegen andere fähig sein muß, eben weil dieses auf die beschriebene Weise in jene zum Weinen führende Stimmung eingeht.

*

Wann wir nicht durch eigene, sondern durch fremde Leiden zum Weinen bewegt werden, so geschieht dies dadurch, daß wir uns in der Phantasie lebhaft an die Stelle des Leidenden versetzen oder auch in seinem

Schicksal das Los der ganzen Menschheit und folglich vor allem unser eigenes erblicken und also durch einen weiten Umweg immer doch wieder über uns selbst weinen, Mitleid mit uns selbst empfinden. Dies scheint auch ein Hauptgrund des durchgängigen, also natürlichen Weinens bei Todesfällen zu sein.

## Weiser

Ein Weiser ist man nur unter der Bedingung, in einer Welt voll Narren zu leben.

*

Im allgemeinen freilich haben die Weisen aller Zeiten immer dasselbe gesagt, und die Toren, d. h. die unermeßliche Majorität aller Zeiten, haben immer dasselbe, nämlich das Gegenteil, getan: Und so wird es denn auch ferner bleiben.

## Weisheit

Die Weisheit, welche in einem Menschen bloß theoretisch da ist, ohne praktisch zu werden, gleicht der gefüllten Rose, welche durch Farbe und Geruch andere ergötzt, aber abfällt, ohne Frucht angesetzt zu haben.

*

»Weisheit« scheint mir nicht bloß theoretische, sondern auch praktische Vollkommenheit zu bezeichnen. Ich würde sie definieren als die vollendete, richtige Erkenntnis der Dinge im ganzen und allgemeinen, die den Menschen so völlig durchdrungen hat, daß sie nun auch in seinem Handeln hervortritt, indem sie sein Tun überall leitet.

### Welt

Im unendlichen Raum zahllose leuchtende Kugeln, um jede von welchen etwa ein Dutzend kleinerer, beleuchteter sich wälzt, die inwendig heiß, mit erstarrter, kalter Rinde überzogen sind, auf der ein Schimmelüberzug lebende und erkennende Wesen erzeugt hat – dies ist die empirische Wahrheit, das Reale, die Welt. Jedoch ist es für ein denkendes Wesen eine mißliche Lage, auf einer jener zahllosen, im grenzenlosen Raum frei schwebenden Kugeln zu stehen, ohne zu wissen, woher noch wohin, und nur eines zu sein von unzählbaren ähnlichen Wesen, die sich drängen, reiben, quälen, rastlos und schnell entstehend und vergehend, in anfangs- und endloser Zeit.

*

Die Spaßphilosophen kennen nicht einmal das PROBLEM der Philosophie. Sie vermeinen, es sei GOTT. Von dem gehn sie als einem Gegebenen aus, mit dem haben sie es durchweg zu tun, ob er in der Welt oder draußen sei, ob er sein eignes Selbstbewußtsein habe oder sich des des Menschen bedienen müsse, und solche Possen ohne Ende. DIE WELT, DIE WELT, ihr Esel! ist das Problem der Philosophie, die Welt und sonst nichts!

*

Die Natur, die Welt soll der Philosoph ansehn, nur nebenbei die Bücher. Denn was diese geben, ist immer erst aus der zweiten Hand und meistens schon verfälscht; denn es ist immer nur ein Widerschein, ein Konterfei des Originals, welches die Welt ist, und selten war der Spiegel rein.

### Weltansicht

Jeder, welcher aus den ersten Jugendträumen erwacht ist, eigene und fremde Erfahrung beachtet, sich im Leben, in der Geschichte der Vergangenheit und des eigenen Zeitalters, endlich in den Werken der großen Dichter umgesehen hat, wird, wenn nicht irgendein unauslöschlich eingeprägtes Vorurteil seine Urteilskraft lähmt, wohl das Resultat erkennen, daß diese Menschenwelt das Reich des Zufalls und des Irrtums ist, die unbarmherzig darin schalten, im Großen wie im Kleinen, neben welchen aber noch Torheit und Bosheit die Geißel schwingen; daher es kommt, daß jedes Bessere nur mühsam sich durchdrängt, das Edle und Weise sehr selten zur Erscheinung gelangt und Wirksamkeit oder Gehör findet, aber das Absurde und Verkehrte im

Reiche des Denkens, das Platte und Abgeschmackte im Reiche der Kunst, das Böse und Hinterlistige im Reiche der Taten, nur durch kurze Unterbrechungen gestört, eigentlich die Herrschaft behaupten, hingegen das Treffliche jeder Art immer nur eine Ausnahme, ein Fall aus Millionen ist.

*

Keine aus objektiver Anschauung entsprungene und folgrecht durchgeführte ANSICHT DER WELT kann eigentlich falsch sein, sondern höchstens einseitig: so der vollkommne Materialismus, etwa der des *système de la nature*, der komplette Idealismus, etwa der des Berkeley, und dgl. mehr; sie alle sind wahr und sind es zugleich: aber jede nur von einem bestimmten Standpunkt aus; erhebt man sich über diesen, so erkennt man das bloß Relative ihrer Wahrheit, d. h. ihre Einheitlichkeit. Der höchste Standpunkt, als von dem man alles übersieht, ist der wahrste und umgekehrt.

**Weltenlauf**

So sehr auch auf der Bühne der Welt die Stücke und die Masken wechseln, so bleiben doch in allen die Schauspieler dieselben. Wir sitzen zusammen und reden und regen einander auf, und die Augenleuchten und die Stimmen werden schallender: Ganz ebenso haben andere gesessen, vor tausend Jahren; es war dasselbe und es waren dieselben; ebenso wird es sein über tausend Jahre. Die Vorrichtung, wodurch wir dessen nicht innewerden, ist die Zeit.

### Weltgebäude

Man hat auf mancherlei Weise versucht, die unermeßliche Größe des Weltgebäudes der Fassungskraft eines jeden näherzubringen und dann Anlaß zu erbaulichen Betrachtungen daher genommen, wie etwan über die relative Kleinheit der Erde und gar des Menschen; dann wieder, im Gegensatz hievon, über die Größe des Geistes in diesem so kleinen Menschen, der jene Weltgröße herausbringen, begreifen, ja messen kann u. dgl. m. Alles gut! Inzwischen ist mir bei Betrachtung der Unermeßlichkeit der Welt das Wichtigste dieses, daß das Wesen an sich, dessen Erscheinung die Welt ist – was immer es auch sein möchte –, doch nicht sein wahres Selbst solchergestalt im grenzenlosen Raum auseinandergezogen und zerteilt haben kann, sondern diese unendliche Ausdehnung ganz allein seiner Erscheinung angehört, es selbst hingegen in jeglichem Dinge der Natur, in jedem Lebenden, ganz und ungeteilt gegenwärtig ist; daher eben man nichts verliert, wenn man bei irgendeinem Einzelnen stehenbleibt, und auch die wahre Weisheit nicht dadurch zu erlangen ist, daß man die grenzenlose Welt ausmißt oder, was noch zweckmäßiger wäre, den endlosen Raum persönlich durchflöge, sondern vielmehr dadurch, daß man irgendein Einzelnes ganz erforscht, indem man das wahre und eigentliche Wesen desselben vollkommen erkennen und verstehen zu lernen sucht.

## Weltgericht

Will man wissen, was die Menschen, moralisch betrachtet, im ganzen und allgemeinen wert sind, so betrachte man ihr Schicksal im ganzen und allgemeinen. Dieses ist Mangel, Elend, Jammer, Qual und Tod. Die ewige Gerechtigkeit waltet: Wären sie nicht, im ganzen genommen, nichtswürdig, so würde ihr Schicksal, im ganzen genommen, nicht so traurig sein. In diesem Sinne können wir sagen: Die Welt selbst ist das Weltgericht. Könnte man allen Jammer der Welt in eine Waagschale legen und alle Schuld der Welt in die andere, so würde gewiß die Zunge einstehn.

## Weltkenntnis

Für den praktischen Menschen ist das nötigste Studium die Erlangung einer genauen und gründlichen Kenntnis davon, WIE ES EIGENTLICH IN DER WELT HERGEHT; aber es ist auch das langwierigste, indem es bis ins späte Alter fortdauert, ohne daß man ausgelernt hätte, während man in den Wissenschaften doch schon in der Jugend das Wichtigste bemeistert.

Der Knabe und Jüngling hat in jener Erkenntnis als Neuling die ersten und schwersten Lektionen zu lernen; aber oft hat selbst der reife Mann noch viel darin nachzuholen. Diese schon an sich bedeutende Schwierigkeit der Sache wird nun noch verdoppelt durch die ROMANE, als welche einen Hergang der Dinge und des Verhaltens der Menschen darstellen, wie er in der Wirklichkeit eigentlich nicht stattfindet. Dieser nun aber wird mit der Leichtgläubigkeit der Jugend aufgenommen und dem Geiste einverleibt, wodurch jetzt an die Stelle bloß negativer Unkunde ein ganzes Gewebe falscher Voraussetzungen als positiver Irrtum tritt, welcher nachher sogar die Schule der Erfahrung selbst verwirrt und ihre Lehren in falschem Lichte erscheinen läßt. Ging der Jüngling vorher im Dunkeln, so wird er jetzt noch von Irrlichtern irregeführt, das Mädchen oft noch mehr. Dies hat meistens den nachteiligsten Einfluß auf das ganze Leben. Entschieden im Vorteil stehn hier die Menschen, welche in ihrer Jugend zum Romanelesen keine Zeit oder Gelegenheit gehabt haben, wie Handwerker u.dgl. Wenige Romane sind von obigem Vorwurf auszunehmen, ja, wirken eher im entgegengesetzten Sinne: z.B. und vor allen GIL BLAS und sonstige Werke des LESAGE (oder vielmehr ihre spanischen Originale), ferner auch der VICAR OF WAKEFIELD und zum Teil die Romane WALTER SCOTTS.

Der Don Quijote kann als eine satirische Darstellung jenes Irrweges selbst angesehn werden.

### Weltklugheit

Man soll, wo möglich, gegen niemanden Animosität hegen, jedoch die *procédés [das Verhalten]* eines jeden sich wohlmerken und im Gedächtnis behalten, um danach den Wert desselben, wenigstens hinsichtlich unserer, festzustellen und demgemäß unser Verhalten und Betragen gegen ihn zu regeln, – stets überzeugt von der Unveränderlichkeit des Charakters. So schützt man sich vor törichter Vertraulichkeit und törichter Freundschaft. – »Weder lieben noch hassen« enthält die Hälfte aller Weltklugheit, »Nichts sagen und nichts glauben« die andere Hälfte. Freilich aber wird man einer Welt, welche Regeln wie diese nötig macht, gern den Rücken kehren.

### Weltmann

Der vollkommene Weltmann wäre der, welcher nie in Unschlüssigkeit stockte und nie in Übereilung geriete.

### Weltverständnis

Nur dem gedankenlosen Tiere scheint sich die Welt und das Dasein von selbst zu verstehn; dem Menschen hingegen ist sie ein Problem, dessen sogar der Roheste und Beschränkteste in einzelnen helleren Augenblicken lebhaft innewird, das aber jedem um so deutlicher und anhaltender ins Bewußtsein tritt, je heller und besonnener dieses ist und je mehr Stoff zum Denken er durch Bildung sich angeeignet hat, welches alles endlich in den zum Philosophieren geeigneten Köpfen sich … zu derjenigen Verwunderung steigert, die das Problem, welches die edlere Menschheit jeder Zeit und jedes Landes unablässig beschäftigt und ihr keine Ruhe läßt, in seiner ganzen Größe erfaßt. In der Tat ist die Unruhe, welche die nie ablaufende Uhr der Metaphysik in Bewegung erhält, das Bewußtsein, daß das Nichtsein dieser Welt ebenso möglich sei wie ihr Dasein.

### Weltwesen

Daß das Wesen der Welt nie vollständig und bis auf den Grund klar VERSTANDEN WERDEN kann (das Thema der Misosophen), liegt eben darin, daß ihr Ursprung und Kern kein Intellekt ist, sondern ein Erkenntnisloses, und daß die Erkenntnis, als ein fremdes und ein zufälliges Akzidens ihrer Erscheinung hinzugekommen, jenes daher nur nach Maßgabe seiner eigenen Beschaffenheit in sich aufnehmen kann.

### Wesensart

Wie nun der Charakter sich fertig einstellt, so bleibt er auch bis ins späte Alter unverändert. Der Angriff des

Alters, welcher die intellektuellen Kräfte allmählich verzehrt, läßt die moralischen Eigenschaften unberührt. Die Güte des Herzens macht den Greis noch verehrt und geliebt, wann sein Kopf schon die Schwächen zeigt, die ihn dem Kindesalter wieder zu nähern anfangen. Sanftmut, Geduld, Redlichkeit, Wahrhaftigkeit, Uneigennützigkeit, Menschenfreundlichkeit usw. erhalten sich durch das ganze Leben und gehen nicht durch Altersschwäche verloren; in jedem hellen Augenblick des abgelebten Greises treten sie unvermindert hervor wie die Sonne aus Winterwolken. Und andererseits bleibt Bosheit, Tücke, Habsucht, Hartherzigkeit, Falschheit, Egoismus und Schlechtigkeit jeder Art auch bis ins späteste Alter unvermindert. Wir würden dem nicht glauben, sondern ihn auslachen, der uns sagt:» In früheren Jahren war ich ein boshafter Schurke, jetzt aber bin ich ein redlicher und edelmütiger Mann.« Während also alle organischen Kräfte, die Muskelstärke, die Sinne, das Gedächtnis, Witz, Verstand, Genie sich abnutzen und im Alter stumpf werden, bleibt der Wille allein unversehrt und unverändert; der Drang und die Richtung des Wollens bleibt dieselbe, Ja, in manchen Stücken zeigt sich im Alter der Wille noch entschiedener; so in der Anhänglichkeit am Leben, welche bekanntlich zunimmt, sodann in der Festigkeit und Beharrlichkeit bei dem, was er einmal ergriffen hat, im Eigensinn; welches daraus erklärlich ist, daß die Empfänglichkeit des Intellekts für andere Eindrücke und dadurch die Beweglichkeit des Willens durch hinzuströmende Motive abgenommen hat; daher die Unversöhnlichkeit des Zorns und Hasses alter Leute.

### Wille

Eine Kubiklinie Wille wiegt mehr als ein Kubikfuß Erkenntnis. (Denn eben das Radikale ist der Wille; die Erkenntnis ist der Schaum!) Die Erkenntnis ist gar nicht von dieser Welt. Bestich den Willen; dann ist die Erkenntnis überzeugt und alles gewonnen.

*

Alle Religionen verheißen für die Vorzüge des Willens oder Herzens einen Lohn jenseits des Lebens, in der Ewigkeit, keine aber für die Vorzüge des Kopfes, des Verstandes. Die Tugend erwartet ihren Lohn in jener Welt, die Klugheit hofft ihn in dieser, das Genie weder in dieser noch in jener: Es ist sein eigener Lohn. Demnach ist der Wille der ewige Teil, der Intellekt der zeitliche.

*

Vor allen Dingen muß man Wille von Willkür zu unterscheiden wissen und einsehn, daß jener ohne diese bestehn kann, was freilich meine ganze Philosophie voraussetzt. Willkür heißt der Wille da, wo ihn die Erkenntnis beleuchtet und daher Motive, also Vorstellungen, die ihn bewegenden Ursachen sind. Dies heißt, objektiv ausgedrückt, wo die Einwirkung von außen, welche den Akt verursacht, durch ein Gehirn vermittelt ist.

*

Die Entscheidung des eigenen Willens ist bloß für seinen Zuschauer, den eigenen Intellekt, undeterminiert, mithin nur relativ und subjektiv, nämlich für das Subjekt des Erkennens; hingegen an sich selbst und objektiv ist bei jeder dargelegten Wahl die Entscheidung sogleich determiniert und notwendig. Nur kommt diese Determination erst durch die erfolgende Entscheidung ins Bewußtsein.

*

Von außen kann auf den Willen allein durch Motive gewirkt werden. Diese können aber nie den Willen selbst ändern, denn sie selbst haben Macht über ihn nur unter der Voraussetzung, daß er gerade ein solcher ist, wie er ist. Alles, was sie können, ist also, daß sie die Richtung seines Strebens ändern, d. h. machen, daß er das, was er unveränderlich sucht, auf einem anderen Wege suche als bisher. Daher kann Belehrung, verbesserte Erkenntnis, also Einwirkung von außen, zwar ihn lehren, daß er in den Mitteln irrte, und kann demnach machen, daß er das Ziel, dem er seinem inneren Wesen gemäß einmal nachstrebt, auf einem ganz anderen

Wege, sogar in einem ganz anderen Objekt als vorher verfolge: Niemals aber kann sie machen, daß er etwas wirklich anderes wolle, als er bisher gewollt hat; sondern dies bleibt unveränderlich, denn er ist ja nur dieses Wollen selbst, welches sonst aufgehoben werden müßte.

### Willensbeschlüsse

Willensbeschlüsse, die sich auf die Zukunft beziehen, sind bloße Überlegungen der Vernunft über das, was man dereinst wollen wird, nicht eigentliche Willensakte: Nur die Ausführung stempelt den Entschluß, der bis dahin immer nur noch veränderlicher Vorsatz ist und nur in der Vernunft, *in abstracto* existiert.

### Willenskraft

Jedes animalische Wesen, zumal der Mensch, bedarf, um in der Welt bestehn und fortkommen zu können, einer gewissen Angemessenheit und Proportion zwischen seinem Willen und seinem Intellekt. Je genauer und richtiger nun die Natur diese getroffen hat, desto leichter, sicherer und angenehmer wird er durch die Welt kommen. Inzwischen reicht eine bloße Annäherung zu dem eigentlich richtigen Punkte schon hin, ihn vor Verderben zu schützen. Es gibt demnach eine gewisse Breite innerhalb der Grenzen der Richtigkeit und

Angemessenheit des besagten Verhältnisses. Die dabei geltende Norm ist nun folgende: Da die Bestimmung des Intellekts ist, die Leuchte und der Lenker der Schritte des Willens zu sein, so muß, je heftiger, ungestümer und leidenschaftlicher der innere Drang eines Willens ist, desto vollkommener und heller der ihm beigegebene Intellekt sein, damit die Heftigkeit des Wollens und Strebens, die Glut der Leidenschaften, das Ungestüm der Affekte den Menschen nicht irreführe oder ihn fortreiße zum Unüberlegten, zum Falschen, zum Verderblichen, welches alles bei sehr heftigem Willen und sehr schwachem Intellekt unausbleiblich der Fall sein wird. Hingegen kann ein phlegmatischer Charakter, also ein schwacher, matter Wille, schon mit einem geringen Intellekt auskommen und bestehn; ein gemäßigter bedarf eines mäßigen. Überhaupt tendiert jedes Mißverhältnis zwischen einem Willen und seinem Intellekt, d. h. jede Abweichung von der aus obiger Norm folgenden Proportion dahin, den Menschen unglücklich zu machen.

*

Immer ist der Mensch auf sich selbst zurückgewiesen, wie in jeder, so in der Hauptsache. Vergebens macht er sich Götter, um von ihnen zu erbetteln und zu erschmeicheln, was nur die eigene Willenskraft herbeizuführen vermag.

## Willkür

Alles von der Natur oder dem Zufall oder Schicksal auf uns geworfene Leiden ist, *ceteris paribus,* nicht so schmerzlich wie das, welches fremde Willkür über uns verhängt. Dies rührt daher, daß wir Natur und Zufall als ursprüngliche Beherrscher der Welt anerkennen und einsehn, was durch sie uns traf, ebenso jeden andern getroffen haben würde; weshalb wir im Leiden aus dieser Quelle mehr das gemeinsame Los der Menschheit als unser eigenes bejammern. Hingegen hat das Leiden durch fremde Willkür eine ganz eigentümliche, bittere Zugabe zu dem Leiden oder Schaden selbst, nämlich das Bewußtsein fremder Überlegenheit, sei es durch Gewalt oder List, bei eigener Ohnmacht dagegen.

## Wissen

Das, was man weiß, hat doppelten Wert, wenn man zugleich das, was man nicht weiß, nicht zu wissen eingesteht.

*

Das Ende und das Ziel allen WISSENS ist, daß der Intellekt alle Äußerungen des Willens nicht nur in die anschauliche (denn dahin kommen sie von selbst), sondern auch in die ABSTRAKTE ERKENNTNIS aufgenommen hat; – also daß alles, was im Willen ist, auch im Begriff sei – und dahin streben alle echten, d. i. unbefangenen Reflexionen und Wissenschaften.

*

Studierende und Studierte aller Art und jedes Alters gehn in der Regel nur auf KUNDE aus, nicht auf EINSICHT. Sie setzen ihre Ehre darin, von allem Kunde zu haben, von allen Steinen oder Pflanzen oder Bataillen oder Experimenten und samt und sonders von allen Büchern. Daß die Kunde ein bloßes MITTEL zur Einsicht sei, an sich aber wenig oder keinen Wert habe, fällt ihnen nicht ein, ist hingegen die Denkungsart, welche den philosophischen Kopf charakterisiert. Bei der imposanten Gelehrsamkeit jener Vielwisser sage ich mir bisweilen: Oh, wie wenig muß doch einer zu denken gehabt haben, damit er so viel hat lesen können! Sogar wenn vom ältern Plinius berichtet wird, daß er beständig las oder sich vorlesen ließ, bei Tische, auf Reisen, im Bade, so dringt sich mir die Frage auf, ob denn der Mann so großen Mangel an eigenen Gedanken gehabt habe, daß ihm ohne Unterlaß fremde eingeflößt werden mußten, wie dem an der Auszehrung Leidenden ein *consommé [Kraftbrühe]*, ihn am Leben zu erhalten. Und von seinem Selbstdenken mir hohe Begriffe zu geben ist weder seine urteilslose Leichtgläubigkeit noch sein unaussprechlich widerwärtiger, schwer verständlicher, papiersparender Kollektaneenstil geeignet.

## Wissenschaft

Durch und durch beweisbar kann keine Wissenschaft sein, so wenig, als ein Gebäude in der Lauft stehn kann: Alle ihre Beweise müssen auf ein Anschauliches und daher nicht mehr Beweisbares zurückführen.

*

Empirische Wissenschaften, verfolgt rein ihrer selbst wegen, ohne philosophische Tendenz, sind wie ein Antlitz ohne Augen.

## Wollen

WOLLEN! Großes Wort! Zunge in der Waage des Weltgerichts! Brücke zwischen Himmel und Hölle!

## Wünsche

Jede der Welt abgewonnene Erfüllung unserer Wünsche gleicht doch nur dem Almosen, welches den Bettler heute am Leben erhält, damit er morgen wieder hungere, die Resignation dagegen dem ererbten Landgut: Es entnimmt den Besitzer aller Sorgen auf immer.

*

Oft wissen wir nicht, was wir wünschen oder was wir fürchten. Wir können jahrelang einen Wunsch hegen, ohne ihn uns einzugestehen oder auch nur zum klaren Bewußtsein kommen zu lassen, weil der Intellekt nichts davon erfahren soll, indem die gute Meinung, welche wir von uns selbst haben, dabei zu leiden hätte. Wird er aber erfüllt, so erfahren wir an unserer Freude nicht ohne Beschämung, daß wir dies gewünscht haben: z. B. den Tod eines nahen Anverwandten, den wir beerben. Und was wir eigentlich fürchten, wissen wir bisweilen nicht, weil uns der Mut fehlt, es uns zum klaren Bewußtsein zu bringen. Sogar sind wir oft über das eigentliche Motiv, aus dem wir etwas tun oder unterlassen, ganz im Irrtum, bis etwa endlich ein Zufall uns das Geheimnis aufdeckt und wir erkennen, daß, was wir für das Motiv gehalten, es nicht war, sondern ein anderes, welches wir uns nicht hatten eingestehen wollen, weil es der guten Meinung, die wir von uns selbst hegen, keineswegs entspricht.

*

Die Belehrung, welche jedem sein Leben gibt, besteht im ganzen darin, daß die Gegenstände seiner Wünsche beständig täuschen, wanken und fallen, sonach mehr Qual als Freude bringen, bis endlich sogar der ganze Grund und Boden, auf dem sie sämtlich stehen, einstürzt, indem sein Leben selbst vernichtet wird und er so die letzte Bekräftigung erhält, daß all sein Streben und Wollen eine Verkehrtheit, ein Irrweg war.

## Zeit

Zur Plage unsers Daseins trägt nicht wenig auch dieses bei, daß stets die Zeit uns drängt, uns nicht zu Atem kommen läßt und hinter jedem her ist wie ein Zuchtmeister mit der Peitsche. – Bloß dem setzt sie nicht zu, den sie der Langeweile überliefert hat.

*

Wir können die Zeit einem endlos drehenden Kreise vergleichen: Die stets sinkende Hälfte wäre die Vergangenheit, die stets steigende die Zukunft; oben aber der unteilbare Punkt, der die Tangente berührt, wäre die ausdehnungslose Gegenwart: Wie die Tangente nicht mit fortrollt, so auch nicht die Gegenwart, der Berührungspunkt des Objekts, dessen Form die Zeit ist, mit dem Subjekt, das keine Form hat, weil es nicht zum Erkennbaren gehört, sondern Bedingung alles Erkennbaren ist.

## Zeitdauer

Vom Standpunkte der Jugend aus gesehn, ist das Leben eine unendlich lange Zukunft, von Standpunkte des Alters aus eine sehr kurze Vergangenheit … Man muß alt geworden sein, also lange gelebt haben, um zu erkennen, wie ephemer das Leben ist. – Die Zeit selbst hat in unserer Jugend einen viel langsameren Schritt, daher das erste Viertel unseres Lebens nicht nur das glücklichste, sondern auch das längste ist, so daß es viel mehr Erinnerungen zurückläßt und jeder, wenn es darauf ankäme, aus demselben mehr zu erzählen wissen würde als aus zweien der folgenden. Sogar werden, wie im Frühling des Jahres, so auch in dem des Lebens, die Tage zuletzt von einer lästigen Länge. Im Herbste beider werden sie kurz, aber heiterer und beständiger.

## Zeitgeist

Wie jeder Mensch eine Physiognomie hat, nach der man ihn vorläufig beurteilt, so hat auch jedes Zeitalter eine, die nicht minder charakteristisch ist. Denn der jedesmalige Zeitgeist gleicht einem scharfen Ostwinde, der durch alles hindurchbläst. Daher findet man seine Spur in allem Tun, Denken, Schreiben, in Musik und Malerei, im Florieren dieser oder jener Kunst: Allem und jedem drückt er seinen Stempel auf, daher z. B. das Zeitalter der Phrasen ohne Sinn auch das der Musiken ohne Melodie und der Formen ohne Zweck und Absicht sein mußte. Höchstens können die dicken Mauern eines Klosters jenem Ostwinde den Zugang versperren, wenn er sie alsdann nicht gar umreißt. Darum also erteilt der Geist einer Zeit ihr auch die äußere Physiognomie. Diese besteht in der Bauart, in der Kleidung nebst der Art, Haar und Bart zu stutzen, und in der Form der Möbeln und Geräte. Die jetzige Zeit trägt durch Mangel an Originalität in allen diesen Dingen den Stempel der Charakterlosigkeit.

*

Alle Nachahmer, alle Manieristen fassen das Wesen fremder musterhafter Leistungen im Begriffe auf; aber Begriffe können nie einem Werke inneres Leben erteilen. Das Zeitalter, d. h. die jedesmalige stumpfe Menge, kennt selbst nur Begriffe und klebt daran, nimmt daher manierierte Werke mit schnellem und lautem Beifall auf; dieselben Werke sind aber nach wenig Jahren schon ungenießbar, weil der Zeitgeist, d. h. die herrschenden Begriffe, sich geändert haben, auf denen allein jene wurzeln konnten. Nur die echten Werke, welche aus der Natur, dem Leben, unmittelbar geschöpft sind, bleiben wie diese selbst ewig jung und stets urkräftig. Denn sie gehören keinem Zeitalter, sondern der Menschheit an; und wie sie eben deshalb von ihrem eigenen Zeitalter, welchem sich anzuschmiegen sie verschmähten, lau aufgenommen, und, weil sie die jedesmalige Verirrung desselben mittelbar und negativ aufdeckten, spät und ungern anerkannt wurden, so können sie dafür auch nicht veralten, sondern sprechen auch in der spätesten Zeit immer noch frisch und immer wieder neu an: dann sind sie auch dem Übersehen und Verkanntwerden nicht ferner ausgesetzt, da sie gekrönt und sanktioniert dastehen durch den Beifall der wenigen.

*

Wehe der Zeit, wo in der Philosophie Frechheit und Unsinn Einsicht und Verstand verdrängt haben! Denn die Früchte nehmen den Geschmack des Bodens an, auf welchem sie gewachsen sind. Was laut, öffentlich, allseitig angepriesen wird, das wird gelesen, ist also die Geistesnahrung des sich ausbildenden Geschlechts: Diese aber hat auf dessen Säfte und nachher auf dessen Erzeugnisse den entschiedensten Einfluß. Daher bestimmt die herrschende Philosophie einer Zeit ihren Geist. Herrscht nun also die Philosophie des absoluten Unsinns, gelten aus der Lauft gegriffene und unter Tollhäuslergeschwätz vorgebrachte Absurditäten für große Gedanken, – nun, da entsteht nach solcher Aussaat das saubere Geschlecht, ohne Geist, ohne Wahrheitsliebe, ohne Redlichkeit, ohne Geschmack, ohne Aufschwung zu irgend etwas Edlem, zu irgend etwas über die materiellen Interessen, zu denen auch die politischen gehören, Hinausliegendem, – wie wir es da vor uns sehn. Hieraus ist es zu erklären, wie auf das Zeitalter, da Kant philosophierte, Goethe dichtete, Mozart komponierte, das jetzige hat folgen können, das der politischen Dichter, der noch politischeren Philosophen, der hungrigen, vom Lug und Trug der Literatur ihr Leben fristenden Literaten und der die Sprache mutwillig verhunzenden Tintenkleckser jeder Art.

## Zeitungen

Zeitungen sind der Sekundenzeiger der Geschichte. Derselbe aber ist meistens nicht nur von unedlerem Metalle als die beiden andern, sondern geht auch selten richtig. – Die sogenannten »leitenden Artikel« darin sind der Chorus zu dem Drama der jeweiligen Begebenheiten. – Übertreibung in jeder Art ist der Zeitungsschreiberei ebenso wesentlich wie der dramatischen Kunst, denn es gilt, aus jedem Vorfall möglichst viel machen. Daher auch sind alle Zeitungsschreiber, von Handwerks wegen, Alarmisten: Dies ist ihre Art, sich interessant zu machen. Sie gleichen aber dadurch den kleinen Hunden, die bei allem, was sich irgend regt, sogleich ein lautes Gebell erheben. Hiernach hat man seine Beachtung ihrer Alarmtrompete abzumessen, damit sie keinem die Verdauung verderbe, und soll überhaupt wissen, daß die Zeitung ein Vergrößerungsglas ist, und dies noch im besten Fall: Denn gar oft ist sie ein bloßes Schattenspiel an der Wand.

## Zeitverschwendung

Das Denken mit einem wahrhaft großen Geiste stärkt den eigenen, erteilt ihm eine regelrechte Bewegung, versetzt ihn in den richtigen Schwung: Es wirkt analog der Hand des Schreibmeisters, welche die des Kindes führt. Hingegen das Denken mit Leuten, die es eigentlich auf bloßen Schein, mithin auf Täuschung des Lesers abgesehn haben, wie Fichte, Schelling und Hegel, verdirbt den Kopf in eben dem Maße, nicht weniger das Denken mit Querköpfen oder mit solchen, die sich ihren Verstand verkehrt angezogen haben, von denen Herbart ein Beispiel ist. Überhaupt aber ist das Lesen der Schriften selbst auch nur gewöhnlicher Köpfe in Fächern, wo es sich nicht um Tatsachen oder deren Ermittelung handelt, sondern bloß eigene Gedanken den Stoff ausmachen, eine heillose Verschwendung der eigenen Zeit und Kraft.

**Zeugung**

Man denke sich einmal, daß der Zeugungsakt weder ein Bedürfnis noch von Wollust begleitet, sondern eine Sache der reinen, vernünftigen Überlegung wäre: Könnte wohl dann das Menschengeschlecht noch bestehn? Würde nicht vielmehr jeder so viel Mitleid mit der kommenden Generation gehabt haben, daß er ihr die Last des Daseins lieber erspart oder wenigstens es nicht hätte auf sich nehmen mögen, sie kaltblütig ihr aufzulegen?

*

Auf die Zeugung folgt Leben, und auf das Leben unwiderruflich der Tod. Nun ist es der Betrachtung wert, wie die Wollust der Zeugung, die das eine Individuum (der Vater) genießt, nicht von ihm selbst, sondern von einem andern(dem Sohne) durch Leben und mithin durch Tod gebüßt wird. Hier tritt auf eine besondre Weise die Einheit des Menschengeschlechts und seiner Sündhaftigkeit hervor, da der gewöhnlichen Betrachtung jene Einheit durch die Zeit aufgehoben erscheint. Die Zeugung ist ein Leben wollen in der erhöhten Potenz: Unser eigenes Leben büßen wir selbst durch den Tod, aber jenes gleichsam quadrierte Lebenwollen muß ein andres Individuum durch Leben und Tod büßen.

**Zorn**

Der ZORN schafft sogleich ein Blendwerk, welches in einer monströsen Vergrößerung und Verzerrung seines Anlasses besteht. Dieses Blendwerk erhöht nun selbst wieder den Zorn und wird darauf durch diesen erhöhten Zorn selbst abermals vergrößert. So steigert sich fortwährend die gegenseitige Wirkung, bis der *furor brevis [kurze Raserei]* da ist. Diesem vorzubeugen, sollten lebhafte Personen, sobald sie anfangen, sich zu ärgern, es über sich zu gewinnen suchen, daß sie die Sache für jetzt sich aus dem Sinne schlügen, denn dieselbe wird, wenn sie nach einer Stunde darauf zurückkommen, ihnen schon lange nicht so arg und bald vielleicht unbedeutend erscheinen.

## Zufall

Bei widrigen Zufällen trösten wir uns auch wohl mit dem oft bewährten Sprüchlein »Wer weiß, wozu es gut ist«, – welches eigentlich aus der Einsicht entsprungen ist, obwohl der ZUFALL die Welt beherrscht, er doch den IRRTUM zum Mitregenten hat, und, weil wir diesem ebensosehr als jenem unterworfen sind, vielleicht eben das ein Glück ist, was uns jetzt als ein Unglück erscheint. So fliehen wir dann von den Streichen des einen Welttyrannen zum andern, indem wir vom Zufall an den Irrtum appellieren.

*

Wohl ist der Zufall eine böse Macht, der man sowenig wie möglich anheimstellen soll. Jedoch wer ist unter allen Gebern der einzige, welcher, indem er gibt, uns zugleich aufs deutlichste zeigt, daß wir gar keine Ansprüche auf seine Gaben haben, daß wir solche durchaus nicht unserer Würdigkeit, sondern ganz allein seiner Güte und Gnade zu danken haben und daß wir eben hieraus die freudige Hoffnung schöpfen dürfen, doch ferner manche unverdiente Gabe demutsvoll zu empfangen? – Es ist der Zufall: er, der die königliche Kunst versteht, einleuchtend zumachen, daß gegen seine Gunst und Gnade alles Verdienst ohnmächtig ist und nichts gilt.

## Zufriedenheit

Die Grenze unsrer vernünftigen Wünsche hinsichtlich des Besitzes zu bestimmen ist schwierig, wo nicht unmöglich. Denn die Zufriedenheit eines jeden in dieser Hinsicht beruht nicht auf einer absoluten, sondern auf einer bloß relativen Größe, nämlich auf dem Verhältnis zwischen seinen Ansprüchen und seinem Besitz daher dieser letztere, für sich allein betrachtet, so bedeutungsleer ist wie der Zähler eines Bruchs ohne den Nenner. Die Güter, auf welche Anspruch zu machen einem Menschen nie in den Sinn gekommen ist, entbehrt er durchaus nicht, sondern ist auch ohne sie völlig zufrieden, während ein anderer, der hundertmal mehr besitzt als er, sich unglücklich fühlt, weil ihm eines abgeht, darauf er Anspruch macht. Jeder hat auch in dieser Hinsicht einen eigenen Horizont des für ihn möglicherweise Erreichbaren: So weit wie dieser gehn seine Ansprüche.

*

Ein guter, gemäßigter, sanfter Charakter kann unter dürftigen Umständen zufrieden sein, während ein begehrlicher, neidischer und böser es bei allem Reichtum nicht ist. Nun aber gar dem, welcher beständig den Genuß einer außerordentlichen, geistig eminenten Individualität hat, sind die meisten der allgemein angestrebten Genüsse ganz überflüssig, ja, nur störend und lästig.

## Zukunft

Die VERNUNFT verdient auch ein PROPHET zu heißen, hält sie uns doch das Zukünftige vor, nämlich als dereinstige Folge und Wirkung unsers gegenwärtigen Tuns. Dadurch eben ist sie geeignet, uns im Zaum zu halten, wann Begierden der Wollust oder Aufwallungen des Zorns oder Gelüste der Habsucht uns verleiten wollen zu dem, was künftig bereut werden müßte.

Ich habe die Zuversicht, daß die Zeit meiner Philosophie entgegenreift, und mit herzstärkender Freude sehe ich, wie im Laufe der Jahre allmählich die empirischen Wissenschaften auftreten als unverdächtige Zeugen für eine Lehre, über welche die »Philosophen von Profession« (diese charakteristische Benennung, sogar auch die des »philosophischen Gewerbes«, geben einige naiv sich selbst) siebenzehn Jahre hindurch ein staatskluges, unverbrüchliches Schweigen beobachtet und von ihr zu reden dem in ihre Politik uneingeweihten Jean Paul überlassen haben. Denn sie zu loben mag ihnen verfänglich, sie aber zu tadeln bei genauer Erwägung nicht so recht sicher geschienen haben, und das Publikum, welches nicht »von der Profession und dem Gewerbe« ist, damit bekannt zu machen, daß man sehr ernstlich philosophieren könne, ohne weder unverständlich noch langweilig zu sein, mochte auch eben nicht vonnöten scheinen: Wozu also hätten sie sich mit ihr kompromittieren sollen, da ja durch Schweigen sich niemand verrät, die beliebte Sekretierungsmethode als bewährtes Mittel gegen Verdienste zur Hand und so viel bald ausgemacht war, daß, bei dermaligen Zeitumständen, jene Philosophie sich nicht wohl qualifiziere, vom Katheder doziert zu werden, welches denn doch nach ihrer Herzensmeinung der wahre und letzte Zweck aller Philosophie ist, – so sehr und so gewiß, daß, wenn vom hohen Olymp herab die splitternackte Wahrheit käme, jedoch, was sie brächte, den durch dermalige Zeitumstände hervorgerufenen Anforderungen und den Zwecken hoher Vorgesetzter nicht entsprechend befunden würde, die Herren »von der Profession und dem Gewerbe« mit dieser indezenten Nymphe wahrlich auch keine Zeit verlieren, sondern sie eiligst nach ihrem Olymp zurückkomplimentieren, dann drei Finger auf den Mund legen und ungestört bei ihren Kompendien bleiben würden. Denn freilich, wer mit dieser nackten Schönheit, dieser lockenden Sirene, dieser Braut ohne Aussteuer buhlt, der muß dem Glück entsagen, ein Staats- und Katheder-Philosoph zu sein. Er wird, wenn er es hoch bringt, ein Dachkammerphilosoph. Allein dagegen wird er statt eines Publikums von erwerblustigen Brotstudenten eines haben, das aus den seltenen, auserlesenen, denkenden Wesen besteht, die, spärlich ausgestreut unter der zahllosen Menge, einzeln im Laufe der Zeit, fast wie ein Naturspiel erscheinen. Und aus der Ferne winkt eine dankbare Nachwelt. Aber die müssen gar keine Ahnung davon haben, wie schön, wie liebenswert die Wahrheit sei, welche Freude im Verfolgen ihrer Spur, welche Wonne in ihrem Genusse liege, die sich einbilden können, daß, wer ihr Antlitz geschaut hat, sie verlassen, sie verleugnen, sie verunstalten könnte, um jener ihren prostituierten Beifall, oder ihre Ämter, oder ihr Geld, oder gar ihre Hofratstitel. Eher würde man Brillenschleifen, wie Spinoza, oder Wasser schöpfen, wie Kleanthes. Sie mögen daher auch ferner es halten, wie sie wollen: Die Wahrheit wird dem »Gewerbe« zu Gefallen keine andere werden. Wirklich ist die ernstlich gemeinte Philosophie den Universitäten, als wo die Wissenschaften unter Vormundschaft des Staates stehn, entwachsen. Vielleicht aber kann es mit ihr dahin kommen, daß sie den geheimen Wissenschaften beigezählt wird; während ihre Afterart, jene *ancilla theologiae [Magd der Theologie]* der Universitäten, jene schlechte Doublette der Scholastik, deren oberstes Kriterium philosophischer Wahrheit der Landeskatechismus ist, desto lauter die Hörsäle widerhallen läßt. – *You, that way; we, this way. – Shakesp. L. L. L. the end [ihr dahin; wir dorthin – Shakespeare: Verlorne Liebesmüh, V, 2, Schluß].*

Arthur Schopenhauer